松下啓一 著

現代自治体論

励ます地方自治の展開・地方自治法を越えて

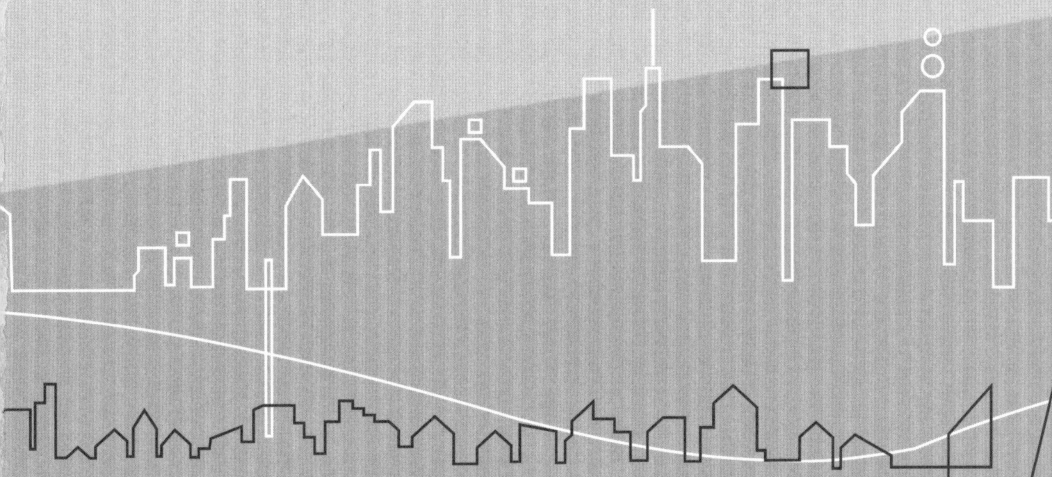

萌書房

はじめに

自治の時代になった。本格的な分権時代の到来で，自治体は，国に頼らず，自前で自治を創っていかなければならなくなった。また協働の時代となり，市民の主体的な参加やコミュニティとの連携・協力が不可欠になった。

地方自治については，様々な定義ができるが，あえて意訳すると，地方自治とは人々を幸せにする手段と言える。つまり，地方自治を行うことで，市民一人ひとりが，希望を持て，暮らしやすい社会が実現するものである。

こうした期待とは裏腹に，地方自治の現状は，必ずしも楽観できるものとはなっていない。たしかに時代の風は自治体に吹いているが，その現実は厳しく，威勢のよい言葉だけが空回りしているとも言える。

こうしたなかで，市民を本当に幸せにする地方自治が行われるにはどうしたらよいか。それを考えるのが本書のねらいである。

まず大切なのは，理念である。なぜ地方自治があるのか，地方自治によって何を実現するのか，あらためて，地方自治の原点に立ち戻って，その意義を確認したい。

これまでの地方自治においては，地方政府（行政・議会）と市民との関係を二項対立的にとらえて，地方政府をコントロールすれば市民は幸せになれると考えられてきた。しかし，主権国家ですら，その存在意義が問われる時代にあって，国（中央政府）と国民との関係をそのまま地方に当てはめても，市民の豊かな暮らしは創れない。対峙するだけではなく，ときには協力，協調し，またあるときは競争，競合するといった，重層的・複合的な関係性のなかで地方自治をとらえていく必要があるだろう。コントロールする自治と同時に応援し，励ます自治も必要である。

そうした地方自治を実現するのが制度や政策であるが，近年，地方分権改革などによって，自治体に資源・権限を再配分する動きが加速している。これは地方自治の理念を具体化する有効な方法ではあるが，しかし，せっかくの資源や権限を使いこなせなければ宝の持ち腐れるになる。下手をすると，市民に失望を与えるだけになる。

資源・権限をうまく使いこなす方法であるが，自治体は，本来こうあるべきだという観念論にとどまっては先に進めない。だからといって，自治体職員や議員，市民の心がけ論に入ってしまっては，道を見失ってしまう。考えるべきは，今ある権限や資源をフルに活用し，地域で実践していく理念や手法を示すことである。

本書は，以上のような問題意識から，地方自治の理念，制度，政策を論じたものである。その意味で，これまでの自治体論とはだいぶ様子が違っていると思うが，政策現場のニーズにあった現代の自治体論だと思う。

横浜市役所で26年間，たくさんのことを学んできた。市役所を早期定年退職して，大阪国際大学，相模女子大学と移って，ここでも多くの人たちに出会い，多くのことを学んできた。また，全国の自治体職員や市民，そして学生たちともずいぶんと議論をし，一緒に活動をしてきた。本書は，そうした実践のうえにでき上がったものである。気がつくと，私も大学を卒業する歳になった。

本書を参考に，全国の自治体で，人々を幸せにする自治が行われることになれば，著者としては望外の幸せである。

目　　次

現代自治体論

——励ます地方自治の展開・地方自治法を越えて——

第Ⅰ部

励ます地方自治の意義と理念
――私たちはどういう社会をめざすのか

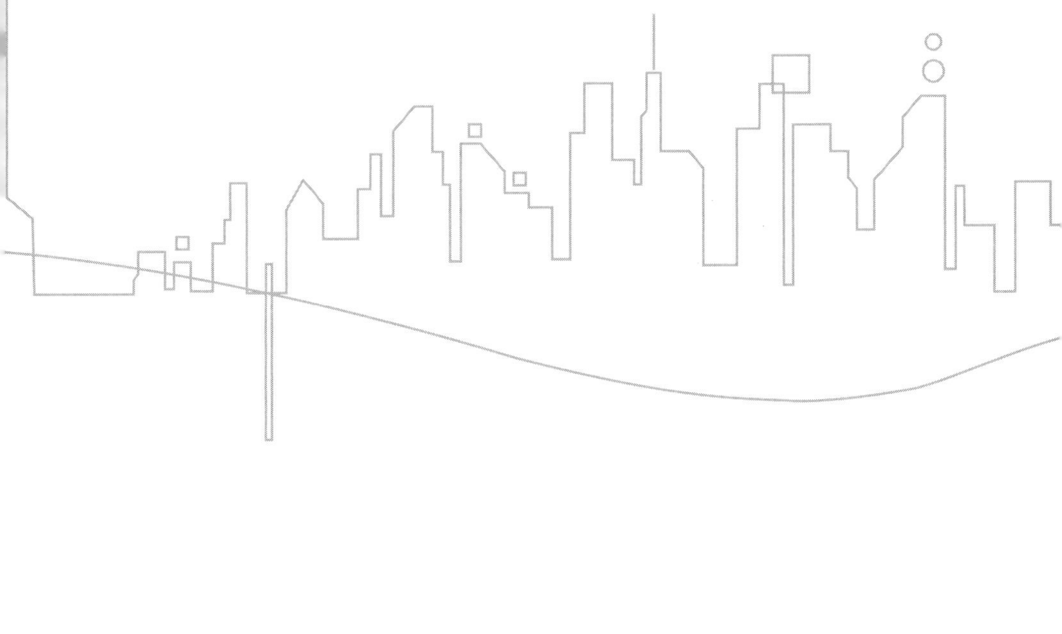

第1章 地方自治の基礎理論

1. 地方自治の意義・目的

人が集まって暮らすと，そこに自然と自治が生まれる。一定の地域を単位に地方自治が行われるようになる。

地方自治は，国民国家ができる以前から行われていたが，日本国憲法時代になって，初めて憲法上の制度として規定された。地方自治の重要性があらためて確認されたということになるが，最初に，この地方自治の意義から考えてみよう。

⑴個人の尊重

●個人の尊重（憲法13条）

日本国憲法には，地方自治の章（第8章）が置かれている。条文は，地方自治の基本原則（92条），地方公共団体の機関とその直接選挙（93条），地方公共団体の権能（94条），一の地方公共団体のみに適用される特別法の住民投票（95条）のわずか4条にすぎないが，憲法上の制度とされたことで，地方自治制度の本質的内容は法律をもってしても変えることができないという積極的意義を持つようになった。[1)]

憲法に規定された地方自治であるが，その究極の目的は，憲法13条に規定

1) 佐藤幸治『憲法』（青林書院，1995年）267頁。第8章で示された地方自治の諸原則や基本的な条文は，憲法改正手続によらなければ改変できない。

する個人が尊重される社会の実現にある。「すべて国民は，個人として尊重される」(13条前段）とは，各個人は，それぞれかけがえのない価値を持ち，その人格は最大限に尊重されなければならないということである。「尊重」の意味は，政府によって尊重されるということにとどまらず，市民一人ひとりに価値があり，その個性や能力を存分に発揮することで，社会のイノベーションを引き起こし，市民が幸せに暮らせる社会をつくっていこうということでもある。

この個人の尊重を担保するために，第3章では国民の基本的人権を保障し，その基本的人権を担保するために，第4章以下では，統治機構の諸規定が用意されている。地方自治は，その統治機構の1つである。

このように地方自治は憲法によって守られているが，それは同時に，あるべき地方自治の実現に向けて，不断の努力を怠ることがないように鼓舞・激励されているとも言える[2)]。

＊2012年の自由民主党の憲法改正案では，憲法13条は，「全て国民は，人として尊重される」に改められている。これは，「個人として尊重される」という表現が，個人主義を助長してきた嫌いがあるためという理由であるとされるが，「個人として尊重される」とした規定が，今日までの日本の発展の基礎になったこと，新たな日本の再発展の起点になるという歴史的，積極的意味を理解しない内容と言わざるをえない。

●個人が尊重される社会の実現

個人が尊重される社会は，どのようにすれば実現するのか。

これは国家からの関与を受けない（消極的自由）だけでは実現しない。個人の尊重は，国家だけでなく，他の市民，コミュニティ，企業なども行うべきことである。また，自分が尊重されるということは，自らも他者を尊重するということでもある。市民相互間で尊重し合う社会をつくっていくことで初めて，個人が尊重される社会が実現する。

しばしば誤解されるが，憲法の規定は私人間に適用されるかという論点があ

2）原田尚彦教授は，「地方自治の本旨」は，自治権を不当な侵害から防御する「法規概念」であるとともに，地方制度とその運用に目標を与え，これを誘導する「指標概念」であるとしている（原田尚彦『地方自治の法としくみ』学陽書房，2001年，20頁）。

り，直接適用説は妥当でないとされる。しかし，これは私人間の紛争を憲法訴訟として訴えることはできないという意味にすぎず，憲法の理念を私人間においても，浸透させ，実現することは，大いに行うべきことである。とりわけ，地方自治は，民主主義の学校であるから，こうした憲法理念を実現する場としては最もふさわしい。

こうした個人が尊重される社会を実現していくのが，地方自治の意義である。

＊最高裁は，三菱樹脂事件判決で間接適用説を採用したとされる。「私的支配関係においては，個人の基本的な自由や平等に対する具体的な侵害またはそのおそれがあり，その態様，程度が社会的に許容しうる限度を超えるときは，これに対する立法措置によってその是正を図ることが可能であるし，また，場合によっては，私的自治に対する一般的制限規定である民法1条，90条や不法行為に関する諸規定等の適切な運用によつて，一面で私的自治の原則を尊重しながら，他面で社会的許容性の限度を超える侵害に対し基本的な自由や平等の利益を保護し，その間の適切な調整を図る方途も存するのである（最判昭和48年12月12日民集第27巻11号1536頁）。

⑵民主主義と地方自治

●民主主義の学校

政治史からは，民主制は最悪な政治形態とされる。古代アテネでも，アルギヌサイの戦いでスパルタを破った将軍たちは，あおられて理性を失った民衆によって殺されてしまう。その手続きの不法を説く者は，「民衆（デーモス）が望むことを妨げるのは許されない」と強迫されることになる。ソクラテスは，最後まで反対するが，結局，民主主義に殺され，その弟子のプラトンをして，哲人政治こそが最良形態と言わしめた。フランス革命では，デモクラシーの名の下に市民の虐殺が行われ，最も民主的と言われるワイマール憲法からナチスが生まれている。最近では，アメリカは中東に西欧流の民主主義を持ち込んだが，成功しているとは言いがたい。民主制は実に扱いにくに制度と言える。

しかし，もはや哲人政治や貴族制には戻れない時代にあって，私たちは民主制を使いこなし，民主主義の枠組みのなかで，より幸せな暮らしを実現していくしかないだろう。

民主主義が機能するためには，共同体の課題に対し，市民自身が自律的に関与し，公共的な態度で臨むことが前提になるが，地方自治は，こうした民主主義を実践するのにふさわしい舞台である。地方で民主主義を重ねていくことで，国家の統治や社会全般に民主主義が確立することになっていく。

「地方自治は，民主政治の最良の学校，その成功の最良の保証人[3)]」と言われるが，それは，地方自治が「共同の問題に関する共同の利益，及び公共的義務並びに個人的義務の自覚を市民に与え，之を的確公正に処理せんとする関心を持たせ」るとともに，「他人の為だけでなく，他人と一緒に能率的に働き得るやうな教育を人人に賦与する。それは，常識，穏健性，判断力，社交心等を発達せしめる[4)]」からである。

このような民主主義をどうすれば揺るぎないものにできるか。それを制度や仕組みに結実することが求められている。

＊ルソーは，民主主義の理想を熱く語っている。「身を労するかわりに，金を出してみるがよい。やがて諸君の手には鉄鎖が返ってくるであろう。……ほんとうに自由な国では，市民たちは万事自分の手で行い，なに一つ金ずくではすまさない。彼らは自分の義務を免れるために金を払うどころか，金を払ってもいいから自分の義務は自分で果たしたいと思うだろう」(ルソー，井上幸治訳『人間不平等起源論・社会契約論』中公文庫，2005年，第3篇第15章)。

●熟議の民主主義

民主主義の本質は，形式的な多数決ではない。単なる多数決は多数の横暴になってしまう。民主主義の基本原理は価値の相対性である。つまり，他者の主張にも価値があることを認め，そのよいところを取れ入れて，よりよいものをつくっていくのが民主主義の本義である。

このような民主主義は，小さな共同体のほうが容易に実現できる。民主制が成立する要件としては，構成員が容易に集まれる小規模な共同体社会，構成員間で経済的に平等であること，参加者の意欲を阻害しない程度に簡素な争点であること，公的な事柄に積極的関与することをよしとする高い市民性等があ

3) ジェームズ・ブライス，松山武訳『近代民主政治』第1巻（岩波書店，1929年）160頁。
4) 同，158-159頁。

る。[5]

地方自治では，国家間での争いや高踏的理念は当面のテーマではなく，住民に身近な防災・防犯，福祉などが喫緊の課題である。[6]人が容易に集まることができる小さな範囲であれば，誰でも考えることができ，当事者になることができる。

エリート民主主義の立場からは，平均的市民は，常に合理的な判断を成しうるという民主的市民としての能力を欠いており，また能率の面から見ても，非現実的であると批判される。[7]1930年代のドイツ・ワイマール共和国において，大規模な大衆参加がファシズムを進行させたという現実もある。

たしかに，国家レベルの問題は，市民にとっては現実性の乏しい問題かもしれないが，地方自治の問題は，いわば日々の暮らしの問題であり，市民が参加する条件を整え，参加の経験を累積していけば，地方自治では普通の市民でも参加できるものも多い。代表制の枠組みを前提に，熟議で形成された市民の意見を直接取り入れることは十分に可能である。

●支配と被支配の交替

民主主義を機能させる有効な方法の1つが，支配と被支配の交替である。市民は普段は統治者から支配される立場にいるが，支配される側ばかりにいると，人任せ，無関心になる。そこで，ときには市民を政策決定に主体的に関わる立場にすることで，政策課題は多面的で複雑であることを理解し，決定は苦渋の決断であることを体験するというものである。

---

5) ルソーは『社会契約論』で，民主制の成立条件として4つを挙げている。第1に，国が小さく，人民が容易に集まることができ，お互いが知り合うことが容易なこと，第2に，習俗がごく簡素で，習慣がきわめて単純で，多くの事務や面倒な議論をしないですむこと，第3に，人民の間で地位や財産がほぼ平等であること，第4に，奢侈がきわめて少ないか，まったく存在しないこと（第3篇第4章）。

6) 平成27年度横浜市民意識調査では，市政への要望については，「地震などの災害対策」（32.9％）が3割を超え最も多く，次いで「高齢者福祉」（26.8％），「病院や救急医療など地域医療」（26.7％），「通勤・通学・買い物道路や歩道の整備」（26.0％），「防犯対策」（25.9％）などの順となっている。

7) 蒲島教授は，エリート民主主義を次のように要約している。「平均的な市民は民主的市民としての能力を欠いており，民主政治の安定と効率的運営は，賢明さと民主主義的価値に深くコミットしているエリートに委任すべきである」（蒲島郁夫『政治参加』東京大学出版会，1988年，29頁）。

アリストテレスも，民主制がよく機能するには，すべての市民が平等に支配・被支配の地位に就かねばならないとする。すべての人が交替で役職に就けば，支配者が自分の利益だけを追求することは難しくなる。次は交替して，支配される立場になるからである。逆に，いつまでも同じ人が支配の立場を続ければ，主人が奴隷を支配するようなものとなってしまうおそれがあり，また多数者の狂気にも陥りやすくなるとする。アリストテレスは，この「支配しかつ支配される能力」を「善き市民の徳」と規定するが，この支配と被支配の交替が，民主制を衆愚や専制に陥らせないカギになる。住民にとって身近な課題ならば，支配と被支配の交替を実践することは可能である。

＊アリストテレスは，「「支配された者でなければ善き支配者たることはできない」という言葉も実際真実である。そしてこの両者の徳は異なってはいるが，しかし，善き国民は支配されることも知り，かつできなければならない。そうしてそれが国民の徳である」と言う[8)]。

2. 地方自治の本質

(1)地方自治の本質――国家との関係

●固有権説，伝来説，制度的保障説

地方自治の意義は，国家との関係で考えると明確になる。地方自治の本質については，大別すると次の3つの考え方がある[9)]。

① 固有権説……地方自治体は，固有の権利として一定の範囲の自治権を有する。

たしかに沿革的・歴史的に見れば，地方自治は国家に先がけ，自然発生的に誕生した。この説が，地方自治は，国家権力に対抗して，市民の自由を守る役割を果たすとする点も魅力的である。他方，主権国家を前提とすると，国権，主権，統治権の単一・不可分性という近代公法の公理に矛盾することになる。

---

8) アリストテレス，山本光雄訳『政治学』アリストテレス全集15（岩波書店，1969年）101頁。

9) なお，近年は，自治体の前国家性を根拠に，固有権説を評価・見直して，自主立法権や自主財政権を強調する立場（新固有権説），地方自治体の統治権についても，直接地域住民から信託されたものと考える説（社会契約説）も主張されている。野中俊彦他『憲法Ⅱ〔第5版〕』（有斐閣，2012年）363-365頁。

② 伝来説……地方の自治権は国家の統治権から由来する。

近代国家では，主権は国家に統合されることから，地方自治権といえども国家に淵源があることが主な理由である。主権国家を前提とする限り，実践的で説得力がある説である。他方，憲法が独立の章を設けて地方自治を保障していることを考えると，法律で一切の地方自治体を廃止することができるというのは無理がある。

③ 制度的保障説……地方自治は，憲法によって制度として保障されたもので，地方自治の本質的内容は国の法律によっても侵害されない。憲法伝来説とも言われ，有力な考え方である。

この立場では，地方自治制度は法律によって創設・改廃できるが，まったく自由というわけではなく，「地方自治の本旨」という枠組みの制約を受けることになる。両説の折衷的な考え方である。制度的保障説が多数説とされている。

制度的保障説では，地方自治の本質的内容とは何かが問われることになる。

＊制度的保障説に立つ判例として，大牟田市電気税訴訟第1審判決（福岡地判昭和55年6月5日判時966号3頁）は，「憲法94条，基本的には92条によって認められる自治権がいかなる内容を有するかについては，憲法自体から窺い知ることはできない。そもそも憲法は地方自治の制度を制度として保障しているのであって，現に採られているあるいは採らるべき地方自治制を具体的に保障しているものではな」いと判示している。

● 各説の優劣

一見すると固有権説と伝来説は，両極端で両者の距離が遠いように思えるが，実際はそうでもない。

固有権説は，連邦制まで行き着くが，この立場では，同じ日本のなかで，地方ごとに違う制度を許容することになる。しかし，日本国民の多くは，こうした違いを望んでいないだろう。

伝来説では，国が地方を自由に規律できることになるが，今日では，地域の事情や主体性を無視して画一的な政策をつくることはできない相談である。

出発点は違っても，両説は，ほぼ中間地点まで歩み寄り，その接点でわずかな違いが出てくるにすぎない。

また，3説のうち，固有権説が，最も地方自治を推進する立場のように見えるが，これも，それほど単純な話ではない。地方分権を推し進めれば，地方ごとの公共サービスの違いを認めることになる。この公共サービスの差は，地方ごとの経済力の反映でもあるため，経済的に厳しい地方は，ますます公共サービスが低下し，迷惑施設（原子力発電所や廃棄物処分場）が立ち並ぶことになる。これに対して，経済的に豊かな自治体は，その経済力でほかの自治体に迷惑施設を押しつけ，自分たちは利益だけを享受することになる。地方自治は，地方の独立が目的ではなく，市民一人ひとりが大切にされる社会をつくるのが目的である。単純な固有権説は，地方自治の理念を裏切ることになってしまう。

日本国憲法における地方自治は，憲法13条の実現という究極の目的を達成するための具体的仕組みとして，位置づけられ，運用されるべきである。とりわけ地方分権以降，地方自治は，国と地方の分立という垂直的権力分立を図ることで，中央政府の独断，暴走等をチェックする役割に加えて，中央の政治とは違うもう1つの価値の実現を地方自治に期待するようになった点に注目すべきである。

要するに，地方自治とは，市民を幸せにするという実践的な事柄であるので，単に地方自治の本質論から，アプリオリに結論を導いても地方自治の目的は実現しない。こうした単線思考で地方自治を考えるのではなく，市民の暮らしのなかから，地方自治の意義を実践的に考えていく必要がある。

＊垂直的権力分立は，政府の答弁にも見ることができる。

現行日本国憲法は，第8章におきまして地方自治の原則を明文で認めております。そして94条は，「地方公共団体は，その財産を管理し，事務を処理し，及び行政を執行する機能を有する」このように明文で規定しているわけでございますので，地方公共団体の行政執行権は憲法上保障されておる。

したがいまして，ただいま御指摘になりました憲法65条の「行政権は，内閣に属する。」というその意味は，行政権は原則として内閣に属するんだ。逆に言いますと，地方公共団体に属する地方行政執行権を除いた意味における行政の主体は，最高行政機関としては内閣である，それが三権分立の一翼を担うんだという意味に解されております（衆議院　予算委員会　平成8年12月06日大森（政）政府委員）。

(2)国家と地方自治体の違い――自治の原点から

●アジアモンスーンに育まれて

日本の地方自治の原点は，アジアモンスーンに育まれた風土にある。

アジアモンスーン地域のはずれに位置する日本では，降る雨を活かして稲作で暮らしてきた。インド・東南アジア地域の湿った南西モンスーン気流とチベット高原の北で形成された乾いた空気の境目にできるのが梅雨前線である。また夏から秋にかけては，台風が何度も上陸する。その影響で，日本の降水量は1年間で平均1718㎜，世界平均（880㎜）の約2倍も雨が降る。

ところが，日本の河川はきわめて急峻で，世界の河川と縦断面曲線で比較してみると分かるが，日本の河川はまるで滝のようである。つまり，何もしなければ，せっかく降った雨が，一気に海に流出してしまうことになる。

季節性のある降雨量，急峻な河川という自然条件のなかで，稲にとって必要な潤沢な水を確保するために，日本では，自然に手を加えて，灌漑することによって，稲作を行ってきた。川から水路を引き，毛細血管のような水路網を整備したが，その水路の総延長は約40万㎞にも及ぶという。

●協力・助け合いの装置としての地方自治

稲作には，大量の水が必要である。苗作りから稲刈りまで，稲の一生の間には1株あたり約20㎏の水を吸うと言われている。稲作を継続するためには，水の利用や管理が不可欠で，そこから独自の社会経済的関係が生まれてくる。

水の利用と管理ルールは，飢餓と直結し，人々の生死と関係するから，用水の配分方式は，強い規範として構成員を制約する。その貴重な水を村人同士で分かち合うための共同管理機能も発達させてきた。それでも，水をめぐっては，隣村や村内のトラブルが起こるが，その調整機能も発達させた。これが地方自治の施設管理機能，課題解決機能のルーツである。ただ，管理や調整だけでは息が詰まるので，親睦機能も充実する。むら祭りである。

歴史的には，こうした地域の相互扶助により人々の暮らしは支えられてきた。互いの信頼と協力・連携というソーシャル・キャピタル（社会資本）が，暮らしのなかに蓄積して，今日の地方自治の土台となっている。このようなムラの機能を維持・運営するため，村役場などの機関がつくられるが，この機関は，もともとは村人（むらびと）を管理するためでなく，村人（むらびと）を守るために存在する。

●想像の共同体・現実の共同体

同じ国家に所属している人々のことをネーション（nation）と呼ぶ。そして，国家の一員として，歴史，文化，言語を同じくするという思想がナショナリズムである。このナショナリズムは，新しい概念で，一般には1789年のフランス革命に始まるとされる。

フランスには，それまで国王の国はあったが，国民の国はなかった。フランス革命では，国王を倒すために集まった見知らぬ人々は，お互いに連帯して戦った。その後，新しくつくられたフランスを潰そうと周辺列国は軍隊を送り込んでくるが，ここでも，この見知らぬ人たちは，自分たちがつくった国を守るために連帯して戦った。そこでは，「自由，平等，博愛」という共通の理想の下に戦う人は，みなフランス人となる。国民国家の誕生である。

ベネディクト・アンダーソン（Benedict Richard O' Gorman Anderson）は，国民（nation）をイメージとして心に描かれた想像の共同体（imagined community）と呼んだが，ネーションは，どこかに実在するものではなく，人々の頭のなかに形成される想像の産物である[10)]。

ネーションをつくるために，政府は，無理をすることになる。国語の統一もその1つで，フランス革命当時でも3割のフランス人はフランス語を話せなかったという。日本も事情は同じで，ばらばらな日本を統一するために，ときの政府は標準語をつくり，教育制度を整備して，急速に日本人としての統一化を図っていく。また国民国家は歴史も偽造する。国が1つという考え方に反する歴史的事実は，否定されることになる。

特に後発の国民国家は，後発ゆえ無理を重ねる。ドイツが国民国家として統一されたのは1871年であるから，フランス革命（1789年）に遅れること約80年，日本の明治維新（1868年）よりも遅いことになる。この遅れてやってきた国民国家ドイツは，ゲルマン文化の優位性を主張してナショナリズムをあおり，そ

10）ベネディクト・アンダーソン，白石隆・白石さや訳『想像の共同体――ナショナリズムの起源と流行――』（リブロポート，1987年）（「増補」がNTT出版より1997年に，「定本」が書籍工房早山より2007年に出版）。

れがナチスのユダヤ人虐殺にまでつながっていく。

他方，国家ができるずっと以前から地方自治は行われていた。国が想像の共同体ならば，地方は現実の共同体である。人が集まって一緒に暮らすようになると，様々な問題が起こるが，これら諸問題を地域住民で連携，協力しながら，解決してきたのが地方自治である。

この地方自治を支えるのがパトリオティズム（郷土愛）である。パトリオティズムも多義的に使われるが，自らが生を受け，暮らしてきた土地に対する執着と愛情という思想で，そこから連携や協力が生まれてくる。パトリオティズムは，つくられたものではなく，自然に身についたものである。地方自治は，国民国家のように，たかだか二百数十年の歴史ではなく，はるか昔から，私たちは日々の生活のなかで続けてきた。

とりわけ日本では，パトリオティズムの奥に高い市民性がある。これは明治維新に先立つ江戸時代の名望家たちによる公共活動と庶民の教育・教養の高さに由来するが，この「豊かな市民性」を再確認し，それを発展させていくのが，新しい地方自治である。

●地方に主権はあるか

主権国家を前提とすると，地方自治権といえども国家に淵源があること，また後ほど述べる二重の信託論によって，国に対する信託システムを地方にも持ち込むと，地方も国と同じように，権力的な存在と考えることになる。では国と地方は同じなのか。

国と地方の最大の違いは，国には主権があるが地方には主権がないということである。

国家の要件は，領土，国民，主権であるとされている。このうち主権概念は，絶対君主が地方に群雄割拠する封建領主やローマ教皇の干渉を排除して，権力の一元化を図ってきたという歴史的経緯から分かるように，絶対性を基本とする。

主権は多義的な概念で，統治権（国家権力そのもの），最高独立性（国家権力が対外的に他のいかなる権力主体からも意思形成において制限されず独立であり，対内的には他のいかなる権力主体にも優越して最高であること），最高決定権（国政についての最高の決定権，最終決定力）が主権の内容に含まれる。[11]

これに対して，地方には主権がない。もし地方に主権があれば，領域内のすべての人や物に対し排他的に統治を行い，自由に処分することができることになってしまう。地方に主権があれば，自治体ごとの制度の違いが許容されることになる（州に主権を認めるアメリカ合衆国では，カリフォルニア州では同性婚を認めるがテキサス州では認めない）。地方主権は，連邦制まで行き着くが，国民の多くは，そこまでは望んでいないであろう。わが国において，地方主権と言っても，「地方の主導権」程度の意味で，地方の自立（自律）を言っているにすぎない。

主権論から考えれば，国の行動原理は統治になるが，これに対して，主権がない地方の行動原理は，統治とは別の原理，つまり自立と助け合いによる。

●行動原理の違い

国と地方では，何よりも対峙すべき相手が違う。国の場合は，主権国家を前提とする限り，対峙する相手方はまずは他国である。主権を守るために，交戦権があるという議論になる。これでは戦争を誘発するばかりだから，共同体をつくり，戦争を止めようという試みがEUである。主権は，領土支配という属地性を持つとともに，国民を支配するという属人性も併せ持つ。主権国家は，領域内にあるすべての人や物を支配する権限を持つが，それための国内法を自由に制定でき，それを担保するための軍隊や警察を持つことができる。その行き過ぎを規制するのが立憲主義である。

これに対して，地方自治で対峙すべき相手は，住民の身の回りで起こっている災害や犯罪，環境の悪化，老いや病気などである。ここでは侵略する外国も，懸案の領土問題も出てこない。

対峙すべき相手が違うということは，守る方法が違ってくるということである。国の場合は，対内的主権を貫徹するために，警察等の強制力を行使するが，他方，地方の場合，それらもある程度は必要であるが，それだけでは，災害や老い・病気，環境の悪化等といった地域の課題から，市民の暮らしを守ることができない。市民の自覚や自主努力，相互の協力や連携が，これら課題から市民を守る有効な手段である。政策も，規制力だけではだめで，誘導支援的な政

11）芦部信喜（高橋和之補訂）『憲法〔第6版〕』（岩波書店，2015年）39-40頁。

策が重要になる。

とりわけ日本の強みは，弥生時代から続く，長い日本的自治のなかで獲得してきた自立性，協調性，連帯性である[12]。他国ではまねができないこの強みを大いに活かそうというのが「励ます地方自治」である。

(3)地方政府論の意義と展開

●地方政府論

近年，地方自治体を地方政府と言い換えるようになった。政府と言えるには，立法・司法・行政の三権を備えることが必要であるが，地方自治体は，自治立法権と自治行政権を持ち，不十分ながらも行政不服審査手続等の準司法機能を持っていることから，機能的にも地方政府と言えるとされる。

地方政府と位置づけるねらいは，従来の国と地方を上下と見る関係から，両者を対等な政府間関係とするためである。これによって，自治体の自己統治を促進するとともに，政府同士の適切な役割分担，相互協力や補完等を行うことで，市民ニーズに合致した，効率的で効果的な政治，行政を実現することができる。また，政府と位置づけることで，住民による民主的統制，自己統治が明確になるという積極的意義がある。

他方，地方政府論は，同じ政府だから，地方自治の制度設計にあっては，国の考え方や仕組みを持って来ればよいという単純な議論になりがちである。すでに述べたように国と地方の違いを軽視して，国のシステムを安易に地方に導入すると，ミニ国家ができ上がってしまう。

地方政府という言葉は，地方分権改革推進委員会（2007年）など，政府関係の文書にも表れている。

地方分権改革推進委員会の「地方分権改革推進にあたっての基本的な考え方」では，「地方が主役の国づくり」を掲げ，「中央政府と対等・協力の関係にある地方政府の確立」を目指した。そのために，地方自治体を「自治行政権のみならず自治財政権，自治立法権を有する完全自治体」とすることを掲げ，特

12）　和辻哲郎は，「モンスーン域の人間の構造を受容的忍従的として把捉することができる」としている（和辻哲郎『風土・人間的考察』岩波書店，1925年，26頁）。

に基礎自治体について，さらなる体制の充実強化を目指すこととしている。同委員会は，その後の勧告のなかで，地方政府という言葉を多用している。

2010年に閣議決定された「地域主権戦略大綱」においては，国と地方の関係を，「対等の立場で対話のできる新たなパートナーシップの関係」としている。

●政府間関係

国と地方自治体の関係を表すものとして政府間関係という概念が使用される。1930年代にアメリカでは，連邦政府が補助事業等を通して，地方政府への関与を強めていくが，そのなかで連邦，州，地方政府のあり方を示す概念として，政府間関係（intergovernmental relations）という用語が使われた。

日本でも，1970年代以降，中央集権システムの限界が顕在化し始めた反面，地方自治体が活発な活動を始めるなかで，国と地方との新しい関係が問われるようになった。

政府間関係の代表的なモデルは，垂直的行政統制モデルと相互依存・水平的政治競争モデルである。[13)]

垂直的行政統制モデルは，地方の自主性は弱く，中央が政策や法の運用を統制していると考えるものである。発議・決定は中央省庁の官僚によって行われ，それが都道府県の関係部局を通じて，さらに市町村まで下りてくる。地方は，中央省庁に対して従順で，中央省庁からの政策的・財政的な支援がなければ，地方は行政を行うことができないというものである。この垂直的行政統制モデルを支えたのが，機関委任事務，国による補助金や起債，天下り人事である。

これに対して，国・地方の関係を相互利用関係ととらえるのが相互依存・水平的政治競争モデルである。

たしかに，初期には中央から地方への垂直的な統制が行われていたが，高度経済成長期以後，選挙や要望等を通して市町村に集約された住民ニーズは，地方からの要求となって，中央の政策にも影響を与え，また，中央も地方の要求を省庁間競争に利用することなどが行われた。地方は，主要施策を中央から，押しつけられているばかりではないということになる。機関委任事務，補助金，

13）これを紹介・検討した文献として村松岐夫『地方自治』（東京大学出版会，1988年）第2章。

天下り人事も，地方の側がそれを利用してきた側面もある。

地方分権の推進によって，垂直的行政統制モデルは，大きく後退したが，それでも依然として，集権的な地方制度が維持されている。その顕著な例が，地方財政制度で，地方財政計画や地方交付税等による財源保障，自治体課税権の制約など，自治体財政の基本構造は，依然として集権的である。また自治体の政策能力の不足を補う形で行われる国による政策誘導，政策調整が，機能としての集権的統制システムを下支えしている。

他方，国といえども，地方の要望，ニーズを踏まえなければ政策は，正当性を持ちえなくなっているし，また，情報公開制度や個人情報保護制度，最近では空き家問題のように，地方の政策が他自治体に波及し，それが中央省庁の政策にまで影響を及ぼしている。

この垂直統制と水平競争を併せ持つのが，日本の政府間関係で，これを柔構造的集権制と見るか，柔構造的分権制と見るかは評価が分かれるところであるが，中央と地方のそれぞれの自立性と相互の依存・補完関係のバランスを取りながら，地方行政を行っていると言えよう。

●地方自治法1条の2

この政府間関係を法制度として表現したのが，1999年の法改正によって追加された地方自治法1条の2の規定である。

地方自治体（市町村・都道府県）の役割は，地域における行政を自主的かつ総合的に実施することであるのに対して，国は，国際社会における国家としての存立に関わる事務（外交や防衛など），全国的に統一して定めることが望ましい国民の諸活動（取引に関するルールなど）や地方自治に関する基本的な準則に関する事務（地方公共団体の組織など），全国的な規模，視点に立って行わなければならない施策や事業の実施（年金制度など）を担当する。

つまり，国と地方自治体の役割を分け，国は国でなければできない事務を重点的に担い，住民に身近な行政はできる限り地方自治体に委ねるというのが，新しい地方自治法の考え方である。

それゆえ国は，できる限り地方に事務配分するとともに，地方へ配分された事務についての関与等は極力少なくし，また地方自治体に関する制度の策定，施策の実施にあたっては，自治体の自主性・自立性が十分に発揮されるようにしなければならないとされた(2条10項)。

(4)国際化・グローバル化の影響

●国際化・グローバル化

地方自治は，これまで国家との関係で論じられることが多かった。これは，もっぱら市民の権利の侵害者は国家であり，市民の権利を守る砦として地方自治を考えるという視点に由来する。その地方自治が，今度は，グローバル化によって存在意義を問われるようになってきた。

なお，グローバル化と似ている言葉に国際化がある。同じようだが，実は問題のとらえ方が違っている点に注意する必要がある。国際化は，その言葉のように，国の際を考えるもので，国の枠組みを前提として国家間のあり方を検討する問題である。その調整役が国連などの国際機関である。これに対して，グローバル化は，まさに地球を基本に考えるもので，国家の枠組みと国家間の壁を取り払い，地球全体で考える問題である。インターネットを見ても分かるように，情報は国境を越えて動いている。国内の制度ではもちろん，国際機関でも，この動きをコントロールすることが，非常に難しくなっている。今日では，地球全体が1つの基準で行動することが多くなっている。

●グローバル化と地方自治

グローバル化が地方自治に与える影響については，2つの見方がある。

第1は，グローバル化で国家の統治力が低下することから，逆に地域・自治体の自立性が高まり，自治体としての独自性や多様化が促進されるという見方である。グローバル化が進めば進むほど，文化や生活に支えられているローカルな部分が重要になってきて，身近で顔が見える関係が，安全・安心，信頼という価値観と結びつき，地方自治がさらに魅力的で，価値があるものになっていくという立場である。

第2は，グローバル化が進むなかで，グローバルスタンダードや国際的な競争原理がさらに浸透することから，国が中央集権的色彩を強め，その結果，地方自治が弱体化するという見方である。たしかにグローバルスタンダードが，地域の伝統や生活に影響を及ぼすことは間違いないだろう。その結果，地方自治の基本であるコミュニティの基盤を弱体化してしまうおそれも十分にある。国家のなかで，その庇護を受けながら活動してきた従来型の地方自治は，存在基盤から揺らぐことになる。

グローバル化のなかで地方自治はどうなっていくのか。その先は十分には展望できないが，どちらにしても，グローバル化のマイナス面を小さくし，新たに生まれるプラスの可能性を伸ばすという発想と実践が大事である。その場合，地域において，守り・残し，発展させていく価値と機能は何なのか，それをだれが担うのかが議論の出発である。これは机上で考えていてもなかなか分からない。地域を歩き，住民と議論すると自然に分かってくる。そして，そのうえで，住民が幸せに暮すことができる方途を総合的に考えることが自治経営と言える。

3. 日本の地方自治の特徴——世界との比較

(1)諸外国の地方自治制度

地方自治は，もともと地域性，歴史性を持っていることから，国ごとに形態は実に多様である。ここでは諸外国の地方自治制度を概観するなかで，日本の地方自治制度の特質を考えてみよう[14]。

●アメリカ

日本の地方自治を考える際に，常に参考とされるのがアメリカの地方自治である。ただ，アメリカ連邦憲法は，連邦と州の権限は規定しているが，地方自治の仕組みについては特に規定していない。アイオワ州の最高裁判所判事のジョン・F・ディロンは，「地方自治体は州の創造物」（これをディロンの法則という）という言葉を残しているが，実際，州憲法における地方自治の規定は様々で，州ごとに地方自治の仕組みが異なっている。

そのため，全体を一律に説明することが難しいが，アメリカの地方自治体は，日本と同様に，一般的な地方自治体と日本の一部事務組合のような特別の目的

14）　本章の記述は，自治体国際化協会の各国の地方自治制度シリーズ等を参考にした。

を持った地方自治体に分けられる。普通地方自治体には，カウンティ（County），タウンシップ（Township），市町村（Municipality）があり，特別地方自治体には，学校区（School district），特別区（Special district）がある。これら自治体は，全米で9万ほどある。

カウンティは，もともとは州の出先機関であるが，今日では地方政府としての性格を持っている。タウンシップは，カウンティが分割・区分された政府の単位である。いずれも州によって受動的に創設された点に着目して，準地方自治体とされる。

これに対して，市町村は，規模に応じて，シティ（City），バラー（Borough），ヴィレッジ（Village）などと呼ばれるが，広範な自治権が与えられ，住民の自発的な要請に応じて，州法によって創設される地方自治体である。

法人化の方法は，州法によって異なるが，一定の条件をクリアした地域住民に対して，自分たちの自治体の権限や形態等を定める憲章の作成権限を与え，住民自らが憲章（ホーム・ルール・チャーター Home rule charter）を定めて，州政府に法人化を申請できるという方式も認められている[15)]。なお，こうした設立行為がないと，市町村がつくられないため，アメリカでは市町村がない非法人地域（Unincorporated Area）も珍しくない。

また議会と首長の関係も多様で，

① 日本と同様に公選の議会が議決機関，公選の首長が執行機関となる。さらに市長の権限によって強市長型と弱市長型に分類される。

② 公選の議会が議決機関となり，議会が選任する支配人が執行機関となる。

③ 公選の理事が議決機関である理事会を構成し，理事は市の各部門の行政の長として個別の行政を執行する。

などのパターンがある。

このうち②のパターンは，日本から見ると，なかなかイメージがしにくいが，行政の専門家であるシティ・マネージャーを任命して行政を任せる方式は，最

15） 住民自らが自治体をつくるという仕組みは，住民自治のうえからは，きわめて意義深いが，自分たちの支払った税金が，カウンティのために使われ，自分たちには還元されないと考えた富裕層が，州法の手続きに則って，自分たち（富裕層）だけの自治体をつくることができるという側面にも注意が必要である。

近，日本でも注目されている。

それは地方分権以後，市町村の役割が純化し，住民のサービス実現が市町村の目的であることが明確になってきたことに由来する。住民サービスの実現には，政治の専門家よりも行政の専門家のほうがふさわしいからである。例えば，どこの市町村でも市政の最重要事項と言えば地域の安全であるが，子どもが安心して暮らせるかどうかは，政治的信条や政党の違いによって違ってくるものではない。要するに，市民の税金を効率的に使って，住民の福祉を実現するのが，市町村の役割であることが明確になってくると，行政運営の専門家を雇用して行政に当たらせるべきという考え方も一定の合理性を有するからである。

＊1868年に，当時アイオワ州最高裁の判事であったディロン（John F. Dillon）は，City of Clinton v. Cedar Rapids and Missouri River Railroad Company, 1868で，次のように判示した。

（仮訳）「地方自治体の起源は州議会に帰するのであり，その権限はすべて州議会から引き出されている。州議会が地方自治体に生命を吹き込むのであり，それ無しに地方自治体は存在できない。州議会は創造するのであるから，破壊することもできる。破壊できるのであれば，権限を縮小したり統制したりすることもできる。もし何らかの憲法的制限がなければ，州議会は1本の法律によって，どんなに愚かで間違ったことをやりかねないと我々が思ったとしても，州内のすべての地方自治体を廃止してしまうかもしれないし，地方自治体はそれを止めることができない。我々は，地方自治体そのものに関しては，この権限が無制限であることを知っている。地方自治体は，言ってみれば，州議会の意のままになる店子に過ぎないのである」（仮訳は，「地方自治の保障のグランドデザインII――自治制度研究会報告書――」全国知事会，平成18年12月，2頁）。

●イギリス

イギリスの地方自治も，地域ごとに多様である。地方自治体は，カウンティ（County）とディストリクト（District）の二層制（都道府県と市町村に対応）とユニタリー（Unitary）の一層制に分かれている。イングランドでは，これら自治体の下に，パリッシュ（Parish）と呼ばれる自治組織がある（ウェールズ，スコットランドではコミュニティ・カウンシル（Community Council）と呼ばれる）。パリッシュは教会の教区に起源を持つが，主たる機能はコミュニティホールの管理・提供などといった身近な行政サービスの提供である。なおパリッシュについても，最近，日本で関心が急速に高まっている。平成の市町村合併によって，旧来の町や村が大きな都市に吸収されていったが，その結果，独自性を持った地域が消滅してしまうのではないかという心配があるなかで，地域コミュニティのあるべき姿として，パリッシュが注目されているからである。

なお，イギリスでは，2000年地方自治法（Local Government Act 2000）による改革が行われた。イギリスでは，それまでは議員からなる委員会が執行機関を兼務し，議長が市長となる委員会制度（Committee System）を採用していたが，この方式では，政治的責任の所在が曖昧になること，政策決定過程が非効率的になりがちという問題点も指摘されていた。

そこで，イギリスでは，次の3つの制度から選択できる改革を行った。

① 公選の議会が議決機関となり，公選の首長とその指名した議員が内閣を構成して行政を執行する。

② 公選の議会が議決機関となり，議員が互選したリーダーとリーダー又は議会が選出した議員が内閣を構成して行政を執行する（この方式を採用した自治体が大半である）。

③ 公選の議会が議決機関となり，公選の首長と議会が選任した行政の専門家であるカウンシル・マネージャーに行政の執行を委ねる。アメリカの市支配人制と類似したものである。

●ドイツ

日本の近代化，さらには地方自治制度の導入にあたって，そのモデルとなったのがドイツである。

ドイツには中世から自治権のある自由都市（ハンブルク・ブレーメンなど）の伝統があり，もともと地方分権的な政治が行われていた。そのドイツが，1871年に国民国家として統一され，その後，急速に世界有数の列強に成長していくが，植民地主義にあおられ，列強諸国間の競争が激化すると，国内のマイノリティー（ユダヤ人等）を抑圧することで，国民統合を進めるようなった。そして，ナショナリズムの台頭が中央集権制と結びついた結果，ナチス・ドイツが生まれるに至った。

敗戦後のドイツは東西に分断され，東ドイツは一党独裁体制による政治システム，西ドイツはナチスの反省を踏まえ採用した連邦国家システムと，それぞれ全く違う道を歩むことになる。西ドイツはその後，戦後復興を果たし，急速な経済発展を遂げることとなるが，今日のドイツにとって，大きな転機となったのが1990年の東西ドイツの再統一である。この再統一は成功だったという評価が大勢を占めているが，時が経つにつれ，経済格差をはじめとする様々な問題が顕在化しており，再統一後，時を経過した今日でも，ドイツ社会に大きな影を落としている。

このように，遅い近代化と急速な列強への仲間入り，中央集権とナショナリズム，敗戦と戦後復興，そして高度経済成長と，その過程が日本と似ていることから，多くの日本人が，ドイツに対して，ある種の畏敬・親近感を持ち，目標としている背景になっている。良くも悪くもドイツは日本のモデル的な存在となってきた。

他方，ドイツは日本のモデルだと言っても，ヨーロッパの国である。国境を接する他の国々の影響・荒波を受けながら国づくりが行われてきた。地方自治制度についても，ヨーロッパでは，絶対王政が確立していく過程のなかで，地方領主や自由都市が自由を確保するために，団体自治という形で主張してきたという伝統がある。ドイツの連邦制は，その反映であるが，地方自治の後背にある民主主義の歴史も，日本とはずいぶん違っている。

ドイツ連邦共和国の名称にあるように，ドイツは16の州が強い自治権を持つ連邦制を採用している。州が，まず所管権限を持ち，連邦の権限は基本法に列挙された事項に限定されている。

憲法（ドイツ連邦共和国基本法）では，市町村は，地域的共同体のすべての事項について，法律の範囲内で自らの責任において規律する権利を保障されなければならないとしている（第28条）。連邦制を取るドイツでは，市町村の組織・権限は，各州の市町村法によって定められている。

議会と首長の関係では，その役割配分をめぐって，4つのパターンがあった。[16)]

① 北ドイツ評議会型……公選の議会が議決機関となり，同時に議員が互選する議長が市町村長を兼ねる方式である。行政執行は，議会が行政執行責

16) 『ドイツの地方自治〔2011年改訂版〕』（自治体国際化協会，2011年）。

任者を選任して当たらせることになる。

② 南ドイツ評議会型……南ドイツのバイエルン州などのタイプである。議会も市町村長も住民によって直接選挙される点が特徴で。市町村長は，議会の議長となるとともに行政の執行機関となる。東ドイツの諸州がこの制度を採用している。

③ 参事会制……公選の議会が議決機関となり，行政を指揮監督する参事会を選出する。参事会は合議制の行政機関である。プロイセンの市町村制の流れをくむ制度である。

④ 首長制……公選の議会が，互選する議長が市町村長を兼ねて，行政を執行する。フランスの流れをくむ制度である。首長には大きな権限が集中することになる。

いかにも連邦制の国ドイツらしい多様な制度が並立していた。

しかし，東西ドイツ統一による旧東ドイツの民主化改革，その影響を受けた旧西ドイツ地域における地域民主主義の強化要求によって，ドイツの地方自治制度は，住民が市町村長を直接公選する制度に収斂されていった。

そのなかでも，議会と市長の関係は，①議長と市長の兼任制（住民によって直接選挙された市町村長が行政機関の長であり，かつ議会議長となるが，権限は行政と議会に分割される）。②議長と市長の並立制（住民によって直接選挙された市町村長が行政機関の長である一方，市町村の最高意思決定機関である議会は議員のなかから選ばれた議長が主宰する）に大別される。

⑵日本の地方自治制度の特徴

世界の地方自治制度と比較すると，日本の地方自治制度は，次のような特徴を持っている。

●国法によって創設されている

日本の地方自治体は，普通地方公共団体と特別地方公共団体に分類され，普通地方公共団体は，さらに都道府県と市町村に分類される。日本全体が47の都道府県に分属され，次いで都道府県はすべて市町村に分属されている。アメリカのような非法人地域はない。

アメリカの市町村は，設立行為が必要であるが，日本の市町村は，国法によって，すでに創設されている点が，両者の大きな違いである。住民にとっては，いわば受動的に与えられた自治体を「住民の福祉の増進を図ることを基本として，地域における行政を自主的かつ総合的に実施する役割を広く担う」(1条の2) べき存在に深化させていくために，地方自治の理論と実践が問われてくるということでもある。

●一様性

連邦国家であるアメリカやドイツと違って，日本は単一国家で，中央政府が全国民と全領土を直接統治している。権限配分については，同じ市でも，政令指定都市，中核市，特例市があり，一般の市町村とでは若干，保有する権限が違うが，市民の権利・義務，執行機関，議会，その両者の関係など基本的な枠組みは同じである。

日本の地方自治の組織形態は，首長も議員も，市民によって直接選挙される二元代表制を採用している。すでに見たように，アメリカやドイツでは，地域によって異なっている。日本でも国は，首相を国会議員から選挙する議院内閣制であるので，地方自治において，二元代表制を採用する積極的意義を問い直す必要があるだろう。

●財政調整制度

日本とアメリカとの大きな違いの1つは，財政調整制度である。日本には地方交付税などの財政調整制度がある。

つまり医療や教育のような基本的な行政サービスは，これを利用する個人から見ると地域的な違いがほとんどないから，日本のどこに住んでも同程度のサービスがあることが当然ということになるが，他方，供給面から見ると，地域間で財政力に著しい格差があり，もし地方の財政力に合わせた支出を行うと，財政力の豊かな自治体はどこまでも豊かに，財政力の乏しい自治体はますます窮乏化するという結果になってしまう。そこで，日本では国がイニシアティブを取って，財政力の弱い自治体に，税収を配分して財源の均衡化 (財政調整機能) を図り，その結果，日本のどこに住んでいても，同等の行政サービスを受けられるようにしている (財源保障機能)。

その結果，どの地域も同じという均一性，画一性が進み，国と地方の上下関係という垂直的な行政統制という課題も生まれてくることになる。

●住民の不在

全体で473条に及ぶ地方自治法のなかで，住民を主語にしている条文は，住民の役務の提供を受ける権利と負担を分任する義務（法10条2項）と直接請求権（11条～13条），住民監査請求・住民訴訟（法242条，242条の2）の6条のみである。日本の地方自治法においては，地方自治を行うのは，行政と議会という立場である。住民自治とは言っても，地方自治法における住民は，サービスの客体か，あるいは役所に対して要求し，又は訴えを起こす立場にとどまり，自治の主体として，考え，責任を持ち，行動するという位置づけにはなっていない。

第2章 自治を取り巻く状況の変化

1. 社会経済状況の変化

(1)家族の変化

家族は，最も小さなコミュニティであり，人が最初に出会うコミュニティでもある。人は家庭内における日々の暮らしのなかで，基本的な生活習慣や規範意識を身につけ，学校や社会で生活する基礎を学ぶことになる。また家庭は，第一義的な福祉の実践の場でもある。家庭は心の安らぎや温もりを感じる場であり，貧困や病気などからの解放，健康を確保する役割を持っている[1]。

この家族が持つ教育機能・福祉機能も，核家族化，共働き世帯の増加，家族の個別化の進展等によって，変化し，弱体化することになった。

＊核家族化では，1世帯あたりの平均世帯人員数は，1950年では5.0人あったものが，1980年は3.22人，1990年には3人を切り（2.99人），2000年には2.67人，2016年で2.47人と年々，減少している。世帯構造も，「夫婦と未婚の子のみの世帯」（29.5％），「単独世帯」（26.9％），「夫婦のみの世帯」（23.7％）で，これで全体の約8割を占める（厚生労働省『国民生活基礎調査』2017年6月）。

こうした家族が有する教育機能・福祉機能の変化，弱体化は，一人ひとりの市民の自立（自律）と相互協力の上に成り立つ，地方自治の運営に微妙に影響

1） 総理府「女性の暮らしと仕事に関する世論調査」（1991年）では，家族機能のうち最も求める面はどれかという設問に対して，半数以上（53.6％）の人が，心の安らぎを得る情緒面と回答している。

を与えるとともに，弱体化した家族機能の再生や補強が，自治体に期待されるようになる。

⑵経済環境の変化

●経済的自立の困難性

経済的自立，つまり自身の収入で生計を立てられる状態（これは多くの場合，就労することを指す）は，市民の自立にとっても重要な要素となるが，失業，非正規雇用の広がりのなかで，経済的な側面からも，市民の自立が困難な状況が生まれてきた。

＊非正規雇用労働者は，1994年以降現在まで緩やかに増加している（正規雇用労働者は，2014年までの間に緩やかに減少していたが，2015年については8年ぶりに増加に転じ，2016年も増加した）。雇用者全体の37.5％を占め，不本意非正規雇用は，非正規雇用労働者全体の15.6％となっている。年代別に見ると，人口減少傾向にある15～24歳の非正規雇用者数がやや増加している点が特徴的である。若い世代へ向けた社会保障制度や就労支援施策の必要性を示唆している。

非正規雇用は，企業サイドにおいては，経営環境の不安定さに対応して，雇用調整ができる形態として採用されるものである。その意味で企業の経営環境といった外的な不安定要因が反映したものであるので，自治体のみで対応しきれるものではないが，市民の経済的自立の困難性は，自治の基本である市民の自立（自律）を妨げ，それが地方自治の運営にも影響を与えることになる。

●企業福祉の変容

企業福祉とは，使用者が労働者やその家族の健康や生活の福祉を向上させるために行う諸施策で，使用者が労働者に提供する，賃金以外の現金給付やサービスの提供を指す。社会保険料の事業主負担分のほか，社宅や独身寮，運動施設や保養所などの余暇施設，文化・体育・レクリエーション活動の支援など，様々な制度がある。起源的には企業福祉は労働力の確保と安定，企業との一体感の醸成，労働能率向上など広義の労働条件の1つであるが，公的福祉の不足を補うものとして，日本の福祉の実現に寄与してきた。日本の国民負担率は世界のなかでも中位から低位に位置するにもかかわらず，世界の1位，2位を争う長寿国となったのは，企業福祉を含む様々な福祉が，公的福祉を補完してきたためである[2)]。

企業福祉は，終身雇用，年功賃金などといった日本型雇用制度・慣行の反映であるが，この労働慣行を支える基盤が変化するに伴い，さらには，企業を取り巻く厳しい経営環境のなかで，その維持が困難になってきた。企業福祉は見直しを迫られるとともに，その代替機能を政府に期待されるようになってくるが，それが地方自治の運営にも影響を与えてくる。

(3)地域の機能の変化

●地域の意義・機能

地域には，様々な機能がある。

第1は，住民を守る機能である。交通安全，防犯，非行防止，青少年育成，防火・防災，資源回収，高齢者や障がい者福祉，環境保全・美化，清掃・衛生，生活改善等といった地域の住民の暮らしを守る機能がある。

国土交通省の調査[3)]によると，住んでいる地域が抱えている課題としては，「地域の治安の向上（防犯）」，「ごみ，不用品の再資源化，交換，分別（ごみ問題）」，「災害時の対応（防災・防火）」，「環境保全・美化」，「高齢者・障がい者の健康維持や生活支援」が上位を占めている。これに対する自治会・町内会の重点活動テーマは，「地域の治安の向上（防犯）」，「環境保全・美化」，「ごみ，不用品の再資源化，交換，分別（ごみ問題）」，「災害時の対応（防災・防火）」が上位を占めており，自治会・町内会は，地域課題の解決に重点的に取り組んでいることがうかがえる。

＊宮崎市『自治会活動の手引き』では，自治会の代表的な機能として，8つの機能を掲げている。⑴親睦機能：運動会，お祭りなど，⑵相互扶助機能：青少年の健全

2）2016年度に企業が負担した福利厚生費（法定福利費と法定外福利費の合計）は，従業員1人1ヵ月平均11万844円で過去最高となった。法定福利費は，社会保険料の増加等により，7年連続増加した。法定外福利費の内訳を見ると，医療・健康費用の「ヘルスケアサポート」が1000円台を維持し（従業員1人1カ月あたりで1023円，前年度比10.6％増），また「育児関連」も368円となっている（『2016年度福利厚生費調査結果概要』日本経済団体連合会，2017年）。

3）「大都市圏におけるコミュニティの再生・創出に関する調査」（2005年，国土交通省国土計画局）。

育成，独居老人の見守り，慶弔の世話など，(3)生活防衛的機能：防犯灯の維持管理などの防犯，自主防災組織の活動などの防災及び交通安全活動など，(4)環境整備機能：地域の清掃やごみの分別の指導など，(5)行政補完機能：市・県広報紙の配布などの行政情報の伝達や公共事業への協力など，(6)要望・要求機能：行政等への陳情，要望など，(7)総合調整機能：各種団体や住民相互の意見の調整など，(8)生涯学習機能：サークルの育成，各種講座の世話など。

第2は，親睦機能である。地域の人々の交流と親睦の促進に関する活動で，祭礼・盆踊り，運動会，文化祭等がある。第1の機能を十分に果たすには，相互の理解，共感が必要だからである。

地域が果たす機能は，地方自治の原点とも言える機能であるが，高度経済成長，都市化の進展で，各地でインフラ整備や都市開発が活発に行われた反面，地域のつながりや連帯感は希薄化し，地域の意義も軽視されるようになった。また人口減少・少子超高齢化は，地域の役割を増加させた反面，担い手の不足等，機能面で大きな課題を抱えるようになった。

＊地域が保有する機能の意義については，大災害が発生した場合をイメージすると容易に想像がつく。

①災害発生直後は，人命救助・安全確保が最優先となる。特に被害は，高齢者・障がい者，情報弱者に集中するので，地域内での緊急的な助け合いが重要になる。安否の確認，救出活動（移動介助），避難所への誘導，けがや病気への応急処置，さらには初期ニーズの把握，ボランティアの受け入れ体制準備，生活必需品の拠出（物資の調達，配布）等の活動は，地域コミュニティなしには行うことができない。

②次の生活支援期（1週間～1カ月程度）では，被災者住民の生活支援，避難所生活の安定化（慢性疾患，精神衛生，避難所の環境への配慮），そして被災者の自立支援が必要になる。救援物資の仕分けや配布，調達，避難所の手伝い（炊き出し等），被災者のニーズの把握，屋内・屋外の片づけ，個別ニーズに応じた手伝い（外出の付添，引っ越し手伝い），外部のボランティアの受け入れ等においても，地域の力は欠かせない。

●市民を育てる機能

地域には，自治を担う市民を育てる機能がある。地域活動に参加することで，あいさつをするといった基本的な生活習慣，約束を守るといった規範意識，前向きに議論するためのコミュニケーション能力を身につけることができる。市民としての自立（自律）は，気の合う友人や家族だけでなく，自分と意見や常識が異なる人たちとの議論や行動を通じて，習得することができるが，地域活動は，最良の機会である。また地域のまちづくりを通して，公共的な興味・関心を養うこともできる。

●近隣関係の希薄化

こうした地域の機能が弱体化している。地域のつながりの希薄化を数量的に示すことは容易ではないが，近隣関係は確実に希薄化していると言える。

平成19年版国民生活白書によれば，近所付き合いの程度では，近隣の人と「親しくつき合っている」は，1975年は52.8％となっていたが，2007年では，「よく行き来している」は10.7％にとどまっている。設問自体は異なるが，希薄化の傾向は見て取れる。

居住地域と職場・学校等が分離して，主に昼間における地域との関わりが少なくなっていることも一因である。

●自治会加入率の減少

自治会の加入率も，地区ごとにばらつきがあるが，全体としては1960年代頃が最も高く，その後，減少傾向になり，低迷は現在でも続いている。また，自治会加入は世帯単位なので，仮に加入率の数値自体は大きく低下していなくても，動ける若者世代の参加が少ないために，役割を十分に果たせないという自治会も多い。

これは，自治会そのものの課題のほか，共働き世帯の増加などライフスタイルの変化，アパートやマンションなど住環境の変化など，様々な要因が影響している。要するに自治会加入が当たり前とされた時代から，個人の価値観が尊重される時代へ変化したということである。

地域機能の弱体化は，自治の基本である市民の自立（自律）を妨げ，それが地方自治の運営にも影響を与えることになる。また地域機能の代替を自治体に期待されるようになる。

＊自治会加入率については，平成19年版国民生活白書では，2003年の認可地縁団体に関する調査から，自治会への加入率そのものは変化していないとし，「地縁団体への参加率は高水準であるとの点では，30年前から現在までそれほど大きな変化がなかったと考えて良い」と結論づけている。

他方，日本都市センターの調査では，2000年と2013年の2つの調査を比較し，「5割以下が加入」が3倍程度に増え，全員加入しているという趣旨の回答が，25.4％から0.6％まで大幅な下落を見せていることから，「2000年から現在までに地縁型住民自治組織の加入率の低下傾向があきらかになっている[4)]」と指摘している。

そもそも認可地縁団体に対する調査結果が，そのまま普通の自治会・町内会に適用できるのかという疑問があるが，仮に，国民生活白書の結論が正しいとして，2003年までは，加入率は維持されていたとしても，その後，加入率は急速に低下してきていると言えよう。

⑷人口減少，少子超高齢化の影響

家族，地域，企業などの変化に構造的に関わり，地方自治の運営に大きな影響を与えるのが，人口減少・少子超高齢化である。

●日本の将来人口推計

日本の人口は2005年に初めて減少を記録し，その後2年間の人口横ばい期間を経て，2008年を境として本格的に減少を始めている。

国立社会保障人口問題研究所の推計では，2014年4月に1億2713万3000人であった人口が，2025年は1億2065万8000人，2048年には1億人を割り9913万人になるとされている。2014年から2048年の34年間で，2800万人減少する計算である。

また，高齢化率（65歳以上人口の比率）は，高い水準で上昇を続け，2012年には4人に1人，2030年には3人に1人が高齢者という状況が予測される。ここで注意すべきは，高齢者が減少する局面に入っても，高齢化率は上昇を続ける点である。そして，2060年には，国民の2.5人に1人が65歳以上になると予測されている。

つまり，日本は，団塊の世代が平均寿命を迎える2040年代頃になれば「少産少死」で安定するわけではなく，その後も人口減少や高齢化が続く社会であるということである。ここに問題の困難性が潜んでいる。

●人口減少の背景

人口減少の背景は多様である。直接的な背景としては，未婚化，晩婚化，晩

4）公益財団法人日本都市センター「地域コミュニティと行政の新しい関係づくり――全国812都市自治体へのアンケート調査結果と取組事例から――」（2014年）207頁。

図表Ⅰ-2-1　日本の人口推移

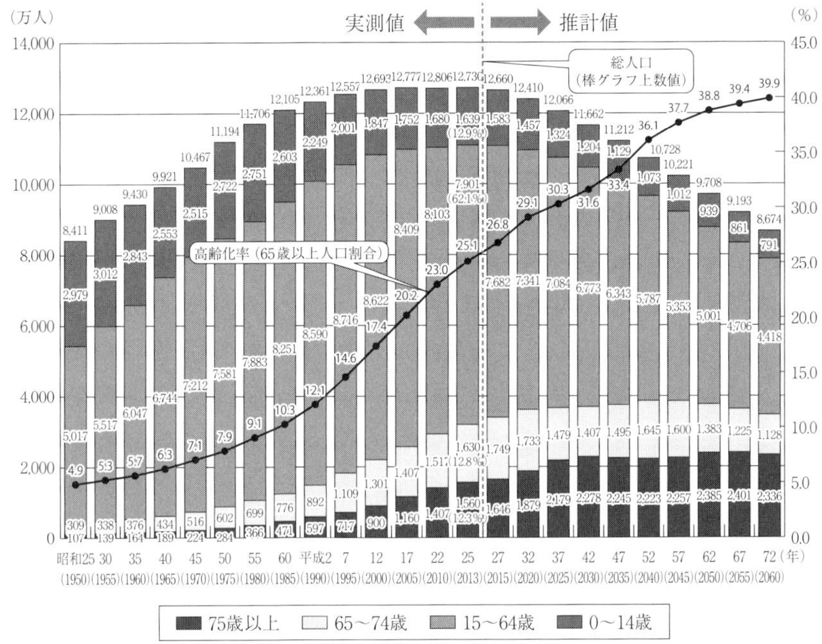

（出典）　内閣府『平成26年度版高齢者白書』。

産化が挙げられるが，その裏には，社会の成熟化に伴う個人の多様な生き方という社会構造そのものの変化がある。

生涯未婚率は，男女ともに年々上昇している。1980年と2010年との比較では，男性は2.60％から20.14％（17.54ポイントの増加），女性は4.45％から10.61％（6.16ポイントの増加）に上昇している。その上昇のスピードが加速度的になっている点に注意すべきである。

結婚と出産がほぼセットとなっている日本では，未婚率の上昇は出生率の低下に直結するから，今後も未婚率の高止まりが続く限り，出生率の改善は難しいことになる。

また，平均初婚年齢と母親の平均出生時年齢では，平均初婚年齢は，1980年は25.2歳であったが，2011年には29.0歳となっており，約4歳上昇している。

図表Ⅰ-2-2　生涯未婚率の年次推移

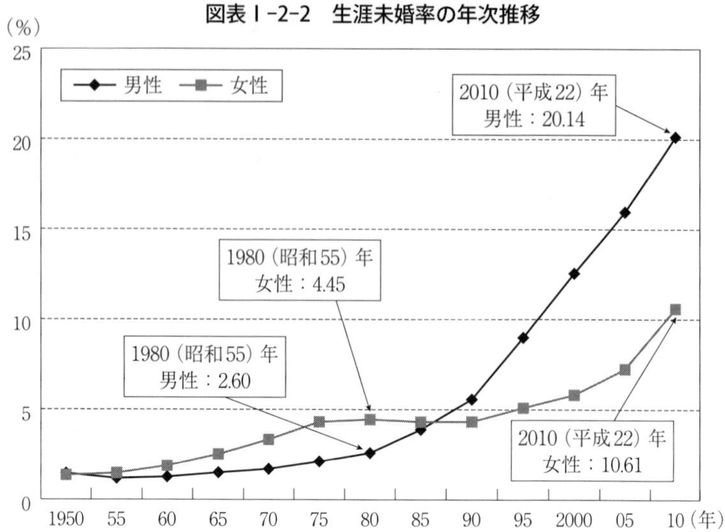

（出典）　内閣府『平成26年度版少子化対策白書』。

それに押し上げられる形で平均出生時年齢も上昇しており，2011年には，第1子出産時の平均年齢は，30.1歳となった。結婚年齢が上がると，生涯不妊率も加速度的に上昇することから，晩婚化の進行は，確実に少子化をもたらすことになる。

●税収の大幅減少

人口減少，少子超高齢化は，様々なところに影響を与えるが，自治経営に最も大きな影響を与えるのが，税収の大幅減少である。市町村の場合は，市町村民税の個人分の影響が最も大きく，次いで市町村税の法人分や地方消費税の影響が大きい（固定資産税は，その影響度が小さい）。他方，都道府県民税や法人事業税が中心の都道府県では，人口減少の影響をもろに受けることになる。

高齢化の進展も税収減につながる。平成28年度国民生活基礎調査（厚生労働省）によると，2015年の1世帯あたり平均所得金額（熊本県を除く）は，「全世帯」が545万8000円で，このうち「高齢者世帯」が308万4000円，「児童のいる世帯」が707万8000円となっている。高齢者世帯の所得の大部分が，公的年金等の非課税割合の大きな所得によって構成されていることから（公的年金・恩給が65.4％，稼働所得が21.1％となっている），それが所得税や住民税の減少につながり，たとえ同じ人口がいても，高齢化で国や自治体の税収は大きく減少することになる。

＊人口ボーナス・人口オーナス……戦後，日本でも1951年までは合計特殊出生率が3を超えていた（団塊の世代）。この世代が，1960年代後半になると，大きなボリュームを持つ生産年齢層になって日本の経済成長を支えていく（高齢化率は，1970年代は10％以下にとどまっていた）。人口ボーナスである。今日では，この生産年齢層が高齢者層になり，また，出生率の低下による生産年齢人口比率の低下と相まって，今日の厳しい社会経済時代を迎えている。人口オーナス（onus＝重荷）時代になったと言われる。

◉社会保障コストの大幅増加

超高齢化社会の到来で，社会全体の社会保障コストは大幅に増加する。高齢者は生産年齢層に比べ，病気になりやすく，年金や介護などは基本的には高齢者が対象だからである。

2015年度の社会保障給付費（ILO基準）の総額は114兆8596億円であり，対前年度増加額は2兆6924億円，伸び率は2.4％であった[5)]。国の歳出構造を見ても，社会保障費が約3分の1を占めており，国民所得に占める年金や医療の保険料等によって構成される社会保障負担率も右肩上がりとなっている。

直接的な社会保障経費以外においても，超高齢化の影響で，社会全体のコストは大幅に増加していく。例えば，認知症であるが，厚生労働省研究班の調査では，2025年の認知症高齢者は推計470万人，認知症予備軍の380万人を合わせると約850万人となると推定している。人口100人あたり，認知症患者が7人いる社会である[6)]。

認知症の症状のなかでも，特に徘徊行動は，全国的な問題となっており，認知症の疑いで徘徊し，行方不明届を提出された件数は1万5000人を超す（警察庁生活安全局生活安全企画課「平成28年度における行方不明者の状況」）。認知症に対する社会全体のコストだけでも，膨大となる。

5）　2015年度社会保障費用統計（2017年8月国立社会保障・人口問題研究所）。
6）　認知症高齢者数（8,500千人）÷総人口（120,659千人）×100≒7.04％。

＊大牟田市の「安心して徘徊できるまちづくり」は，徘徊高齢者を隣近所，地域ぐるみで，声掛け，見守り，保護していく仕組みを構築して，認知症になっても安心して暮らせるまちを目指すものである。

その発端となった駛馬（はやめ）南校区の「はやめ南人情ネットワーク」は，公民館，子ども会，PTA，老人会などの既存の地域組織，病院やタクシー会社，郵便局，介護サービスなどの事業者が集まり，高齢者の見守りや世代間交流，認知症の人やその家族を地域で支えるための活動などを行ってきた。特に「徘徊模擬訓練」は，駛馬南校区から全校区へ，そして大牟田市から全国へと広がっていった。

●自然減・社会減対策

人口減少に対しては，自然減（自然増）対策と社会減（社会増）対策がある。

自然減対策についても，経済協力開発機構（OECD）のレポートによると，日本でも「入学前児童の保育の拡大」や「育児費用の直接的軽減」などの政策を実施すれば，合計特殊出生率は2.0まで上昇する可能性があることが報告されている[7)]。

このことから，国や自治体が適切な自然減対策を講じれば，合計特殊出生率を上昇させ，将来的には人口減少に歯止めがかかる可能性もある。しかしながら，その効果が表れるまで数十年かかり，当面は，日本全体の人口としては減少し続けることが想定される。

他方，社会減対策は，自治体間における人の奪い合いであるから，競争のために過剰な行政サービスが提供されるようになれば，財政的な負担が増え，将来的な財政面の悪化や行政サービスの低下を引き起こし，結果的に住民の負担増加につながる懸念がある。社会増の要因は，外的な要因に依存する部分が多く，自治体の施策が社会減の克服に及ぼす影響は限定的とならざるをえない。

＊人口増加自治体の要因は，種々の要素が絡むが，主として[8)]，

① 産業の集積（産業誘致や工場立地，大学や研究機関の集積により，就業機会等が増加したことに伴い人口が流入しているケース。茨城県つくば市，茨城県神栖市など）

② 住環境の整備（産業集積地等が近隣にある地域において，土地区画整理等によ

7） 経済協力開発機構（OECD）のレポート。内閣官房まち・ひと・しごと創生本部事務局『まち・ひと・しごと創生「長期ビジョン」「総合戦略」パンフレット』で紹介されている。

8） 公益財団法人神奈川県市町村振興協会市町村研修センター「平成27年度政策形成実践研究報告書　人口減少社会への順応――フルセット行政からの脱却――」（2016年）。

り住環境の整備が進んだことに伴い人口が流入しているケース。岐阜県美濃加茂市，愛知県長久手市など）

③　交通環境の充実（鉄道や道路など，交通機関の整備により，大都市や地方中核都市へのアクセスが向上したことに伴い人口が流入しているケース（千葉県流山市，埼玉県伊奈町など）

自治体の自助努力と言うよりも僥倖とも言える要素も強い。

●**人口減少順応施策**

自治体の政策として，長期的な視点において自然減に歯止めをかけることや短期・中期的な視点において社会減の克服を目指すことは，重要な目標であり，そのための施策を展開していく必要があることは間違いない。

それでも，相当の期間において日本全体の人口が減少していくことが確実視されている状況においては，もう1つの人口政策として，人口減少を受け入れ，それに順応するための施策を優先的かつ戦略的に取り組むことも重要である。

人口増加は，あくまでも豊かで住みやすいまちを創るための条件の1つにすぎないと考えると，人口が減少するなかにおいても，住民サービスの質を維持し，さらには質的向上を目指す施策もありうるからである。

次章以下に述べる「励ます地方自治」は，人口減少順応時代を乗り切る基本理念になると思われる。

2. 自治体改革の意義と限界

これまで自治を支えてきた家庭や学校，地域，企業の役割が弱体化した。人口減少や少子超高齢化は容易に避けることはできず，減っていく税収と増え続ける支出のなかで，住民の安定した暮らしをどのように維持していくのか，自治体の役割が問われ，その改革が急務となった。

⑴地方分権

●**第3の改革**

地方分権とは，単に権限が国から地方に移譲されるということではなく，明治維新以来続いてきた日本の統治システムを転換する大変革である。それゆえ，地方分権は，明治維新，戦後改革に次ぐ，第3の改革と言われる。

第1，第2の改革を通しても変わらなかったのが，国→都道府県→市町村という中央集権的・垂直的な統治システムであるが，それを排して，水平・並列的な協治関係に変えた点が第3の改革と言われる所以である。

地方分権が，急速に具体化するのが1990年代に入ってからであるが，それには次のような社会経済的背景がある。

明治維新を経て，日本は，中央集権体制の下，国家が主導する開発独裁の手法によって，重厚長大産業や装置産業に集中的な社会投資を行い，日本経済を発展させてきた。第2次世界大戦では，国土は徹底的に破壊されるが，ここでも国（中央政府）が全国的な視点に立って，工業立地政策を展開し，道路や鉄道等の社会資本整備を行って，日本経済を再び復興させた。このように中央集権的統治方式は，計画性，公平性，指導性という点で，優れたシステムである。

しかし，ナショナルミニマムが達成され，市民の関心が個性的で多様なニーズに移ると，中央集権的統治システムは，その限界が露呈し，それに替わる新たなシステムが模索されるようになる。それが地方分権である。地方分権というと，理念的で運動論的なイメージが強いが，こうした社会経済的背景を持っている。

●地方自治法の改正

地方分権は，1993年に衆参両院で行われた「地方分権の推進に関する決議」がスタートであるが，制度として結実するのが，1999年の地方自治法の改正である。

地方自治法第1条に追加して，自治体と国の役割分担を明確にしたうえで，自治体は，「住民の福祉の増進を図ることを基本として，地域における行政を自主的かつ総合的に実施する役割を広く担うもの」（1条の2）とした。

その具体化として，国の法律は，地方を尊重し，地方の役割を大切にしながらつくらなければならないという立法原則（2条11項），法令を解釈するときは，地方自治の本旨に基づいて，国と地方の役割分担を踏まえて解釈・運用しなければいけないという法令解釈運用の原則（2条12項），自治事務に対する配慮原則（2条13項）を新たに規定している。

●第1期地方分権改革

1995年の地方分権推進法の施行に伴って地方分権推進員会が設置され，5次にわたる勧告が行われ，1998年には地方分権推進計画が決定された。2000年4月からは，地方分権推進一括法が施行されたが，その中核となったのが機関委任事務制度の廃止である。これによって，国と地方自治体は，法律上，上下・主従関係から対等・協力関係となった。

＊機関委任事務では，その事務を行う限りにおいて，地方自治体の長である知事・市町村長は国の出先機関として位置づけられ，当該事務を所管する国の省庁の包括的な指揮監督の下に，当該事務を執行してきた。都道府県が処理する事務の7割から8割，市町村が処理する事務の3割から4割が機関委任事務であった。

機関委任事務の廃止を受けて，自治体の事務が，法定受託事務と自治事務に区分され，国の関与も，事務区分ごとに関与の基本類型，関与の手続及び係争処理手続が定められた。

また，国の権限を都道府県や市町村に，都道府県の権限を市町村に移譲するといった改革も行われた。総じて言えば，国の関与・規制を弱めて，自治体の自主性を高める内容となっているが，税財源の配分の見直し，自治体の事務への義務付け・枠付け等の課題は残されたままとなった。

●三位一体改革

地方分権を具体化するには，権限と同時に財源面からも自主性を発揮できるようにする必要がある。自治体の収入と支出の逆転・不均衡を地方交付税や補助金で賄うシステムが，国の地方支配につながり，地方の自立性を損なっていることから，補助金を減らし，地方交付税を改革し，それらに見合う額の国税を地方税へ移すのが三位一体の改革である[9]。

ただ現実には，地方交付税等の削減に対応した国から地方への税源移譲が進まないことから，むしろ地方財政は悪化するなど，地方が財源面から自主性を発揮するという改革のねらいとは程遠い内容になっている。「未完の改革」と

---

9) 財政調整制度は，都市と地方の対立を内包している。都市住民にとってみれば，都市で集めた税金を地方で使うことへの不満が内在している。自主財源を増やし，地方交付税や補助金を減らす三位一体の改革は，都市住民の不満に応えるという側面がある。

いわれる所以である。

●第2期地方分権改革

第2期地方分権改革は，国から地方への権限の移譲や国の義務付け・枠付けの廃止・縮小などを目指すものとなった。

義務付けとは，自治体に一定の活動を義務づける規制，枠付けとは，自治体の活動について手続や判断基準を枠づけるものである。これらは，行政サービスの標準化を図り，全国一律の一定水準を確保することができる反面，自治体の裁量権を縛り，地域ニーズを踏まえた行政サービスを妨げることになる。[10)]

地方分権推進委員会では，第1次から第4次までの勧告が行われ，それを受けて，「地域の自主性及び自立性を高めるための改革の推進を図るための関係法律の整備に関する法律」（地方分権一括法）が成立し，国から地方への権限移譲とともに，施設・公物設置管理基準の見直し，国等の関与（協議，同意，許可・認可・承認）の見直し，計画等の策定及びその手続の見直しが行われた。

こうして，2014年5月成立の第4次地方分権一括法までの間で，地方自治体への事務・権限の移譲は一通りの検討を終え，地方分権改革は新たな局面を迎えることになった。[11)]

●地域組織の分権改革の遅れ

地方分権改革は，国，都道府県，市町村を上下・主従の関係から，対等・協力の関係へ変えたが，実際には，市町村の行政各部の下に，自治会・町内会，社会福祉協議会，青少年団体など様々な地域組織が縦割りで設置されていることが多い。行政各部は，地域の各種団体と連携しながら，地域課題の解決や住民サービスの提供に取り組んでいる。地域団体のなかには，その方針決定についても，行政各部の指導を受け，行政各部の技術的，財政的な援助がなければ活動を継続できないという地域団体もある。

行政各部と地域団体の関係は，垂直的統制関係だけでなく，地域団体の要求

10） 地方分権改革推進委員会第2次勧告によると，自治体における事務の実施やその方法を縛っている「義務付け・枠付け」は，1万57条項あり，そのうち4076条項の見直しの検討が行われ，第1次一括法から第4次一括法等により，見直すべきとされた1316条項のうち，975条項について実際の見直しが行われた。

11） 2014年度からは，個々の地方自治体から地方分権改革に関する提案を広く募集し，それらの提案の実現に向けて検討を行う「提案募集方式」が導入された。

や取り組みが，行政各部の政策革新を生み出しているという水平的競争関係にもあることに注意すべきである。これは国と地方との関係と同じである。

行政各部－地域組織という縦系列が，地域課題の解決や住民サービスの提供に効率的，効果的に寄与するというメリットがある反面，縦割りからはみ出すテーマには十分に対応できず，また助成金などの活動資金も縦割りとなるために，機動的に運用できないという課題も生まれている。地域組織の分権改革が問われている。

⑵市町村合併

●明治・昭和の市町村合併の特色

日本の市町村数は，1888年（明治21年）には7万を超えていたが，明治，昭和，平成の3度の大合併により，市町村数は，2016年（平成28年）10月10日時点では1718まで減少した。

明治の大合併は，近代地方自治制度である市制町村制の施行に伴い，戸数約300～500戸を標準規模として全国的に行われた町村合併である。これは，行政上の目的（教育，徴税，土木，救済，戸籍の事務処理）に合った規模と，江戸時代から引き継がれた自然集落であった町村の規模の隔たりをなくすために実施された。結果として，町村数は約5分の1となり，1889年（明治22年）には1万5859の市町村数となった。

昭和の大合併では，人口規模8000人を標準として町村の合併が推進された。8000人という数字は，新制中学校の設置管理をしていくために必要と考えられた人口数である。戦後，新制中学校の設置管理，市町村消防や自治体警察の創設，社会福祉，保健衛生関係の新しい事務が市町村の事務とされた。これら事務を効率的に行うために，1953年（昭和28年）の町村合併促進法と，これに続く1956年（昭和31年）の新市町村建設促進法により，「町村数を約3分の1に減少することを目途」とする町村合併促進基本計画の達成を図ったものである。これにより，1947年（昭和22年）の地方自治法施行時に1万505あった市町村数はほぼ3分の1になり，1961年（昭和36年）には3472となった。

●平成の大合併

平成の合併は，地方分権の担い手にふさわしい行財政基盤を有し，地域の総合的な行政主体としての基礎的自治体を形成するために，政府の強いリーダーシップの下に行われた市町村合併である。

市町村の合併の特例に関する法律に基づき実施され，1999年（平成11年）から2005年（平成17年）までは，合併特例債や合併算定替の大幅な延長といった手厚い財政支援措置により推進された。また，2005年以降は，新たな合併特例法に基づく国・都道府県の積極的な関与により推進されてきた。

平成の合併推進の結果，1999年3月と2010年3月を比較すると，市町村数は3232から1727に，1市町村あたりの平均人口は3万6387人から6万8947人になり，平均面積も114.8㎢から215.0㎢にほぼ倍増した。また，人口1万人未満の市町村は1537から459と大幅に減少した。

●合併の課題

平成の合併は，地方分権の担い手にふさわしい自治体とは何かという理念から発想し，それは市町村の規模と行政能力が比例し，規模の拡大が効率的な行政につながるという「誤解」に基づいて合併が推進された。たしかに合併によって，財政支出の削減等の効果もあったが，むしろ逆に，行政と住民相互の連帯の弱まり，想定した財政計画との乖離，周辺部の衰退等の弊害のほうが顕著になっている。平成の合併の評価は難しいが，あらためて地方自治とは何かを考える契機となった。

⑶地方創生

●地方創生

地方では，人口減少が止まらず，地域社会・地域経済の維持がますます困難になっている。他方，東京圏には過度に人口が集中して，長時間通勤や住宅価格の高さなどといった弊害も生じている。

地方創生は，これら課題に正面から取り組み，①東京一極集中を是正し，②若い世代の就労・結婚・子育ての希望の実現，③地域の特性に即した地域課題の解決を図ることで，「国民が安心して働き，希望通り結婚し子育てができ，将来に夢や希望を持つことができるような，魅力あふれる地方を創生」し，それぞれの地域ごとに地域の特性に応じたまちの実現を目指すものである。

- 地方は自らが地域資源を掘り起こし，それを活用することにより，魅力あふれる地域づくりに努めるとともに外部との積極的なつながりにより，新たな視点から地域の活性化を図るものとする。
- 東京圏は，世界に開かれた「国際都市」へのさらなる発展を目指すものとする。

地方創生は，日本の創生であり，地方と東京圏がそれぞれの強みを活かし，日本全体を引っ張っていくものとして取り組まれている（まち・ひと・しごと創生「長期ビジョン」が目指す将来の方向）。

●国による多様な支援と切れ目のない施策

地方創生においては，国は地方に対し，多様な支援と切れ目のない施策を展開していくとしている。

情報支援では，各地域が，産業・人口・社会インフラなどに関し必要なデータ分析を行って，各地域に即した地域課題を抽出し対処できるよう，国は地域経済分析システムを整備する。

人的支援では，小規模市町村に国家公務員等を首長の補佐役として派遣する制度（地方創生人材支援制度），市町村等の要望に応じ，当該地域に愛着・関心を持つ，意欲ある府省庁の職員を相談窓口として選任する制度（地方創生コンシェルジュ制度）を定めている。

財政支援では，地方創生の深化のための新型交付金の創設などが行われた。

税制・地方財政措置では，企業の地方拠点強化に関する取り組みを促進するための税制措置や地方創生の取り組みに要する経費について地方財政計画に計上し，地方交付税を含む地方の一般財源確保等，自治体の戦略策定に対する国の支援を明確にしている。

このように地域活性化に向けた国の後押しは本格的であるが，これが地方の内発力を呼び起こし，国と自治体が相互に協力・連携し合うことで，地方創生に弾みをつけていこうというものである。

●地方創生の課題と展開

地方自治そのものが危機を迎えるなか，国を挙げて地方創生に取り組もうとしている点は評価できるが，地方創生が成功するには，地域の市民，企業，地域団体，NPOなど関係者一人ひとりが，よい地域にしたいとの気持ちを抱いて，自らの強みを活かした取り組みを継続的に展開することが必要である。

しかし，現状の地方創生は，相変わらず，国による上からの地域づくりになってしまっている。例えば，地方版総合戦略は，本来ならば，住民一人ひとりが，当事者となって，アイディアを出しながらつくるべきであるが，政府のスケジュールに合わせるために，結局，役所が机上でつくってしまった。

国の動きを追い風にしつつ，地方自治体では，地域の関係者の自主的，内発的な取り組みを情報支援，人的支援，財政支援等を切れ目なく展開することで，後押ししていくことが必要である。こうした励ます地方自治を実践していかなければ，地方創生は成功しないだろう。

3. 地方自治の新たな展望

(1)市民の主体性が存分に発揮される地方自治

これまでの自治体改革は，行政や議会・議員の削減・スリム化，効率化という観点からの「地方公共団体改革」にとどまっている。

人口減少，少子超高齢化の時代にあっては，スリム化・効率化だけでは，地方自治は持続できない。市民も含めた「自治体改革」が必要である。

その改革の方向性は，政府の役割は政府でなければできないところにとどめ，市民が自分たちでできることは自分たちで行うという「住民自治」への転換である。税金による公共サービスの提供とともに，市民の経験や知恵・知識，行動力による公共サービスを提供することで，自治（まち）をつくっていく地方自治である。行政や議会・議員とは異なる市民ならではの発想力，行動力が発揮される地方自治である。

⑵重層的分権制による地方自治

平成の大合併では，地方分権の担い手にふさわしい自治経営の単位を目指すという理念が，基礎自治体の規模の拡大につながった。しかし，地域課題には，狭域的な課題から広域的な課題まで幅があるため，規模として適切でない場合が出てくる。

地方自治は，地域に暮らすなかで日常的に発生する生活課題の解決を図ることが出発点であることから，市町村合併とは違うもう一つの，小さな圏域を単位とした自治を再構築する必要がある。

他方，テーマによっては，より広い圏域で課題を共有化し，様々な関係者が，持てる知見や行動力を寄せ集めて協力・連携したほうがよいものもある。問題領域によっては市町村レベルで対応できない事例もある。例えば，難病対策では，市町村レベルでは対象者の数が少なく，また，高い専門性が求められることから，いわゆる2次医療圏や都道府県単位での対応が必要な場合もある。

あるときは小規模な自治単位で，またあるときには広域的な自治体連合単位でといった柔軟で重層的な分権制による地方自治が必要である。

⑶励ます地方自治の展開

地方自治の法や仕組みは，市民が行政や議会を疑い，監視するという思想ででき上がっている。地方自治といえども国家権力の一部で，地方自治をつかさどる役所も権力的な存在であると考えるからである。

たしかに，地方自治にもそうした一面があるのは事実であるが，それだけでは地方自治の実態を十分にとらえることはできない。何よりも地方自治は，もっと大らかで，前向きなものだからである。

人口減少・超高齢化時代に入り，これまでの私たちの暮らしを支えてきた社会の構造そのものが大きく変化してきた。同時に，私たちの生活を根本から脅かす大災害は，早晩，確実にやってくる。こうした厳しい時代にあって，私たちの暮らしを守り，豊かなものにしていくためには，市民が行政や議会・議員を監視するだけではなく，行政，議会・議員，市民のそれぞれが，その持てる力を存分に発揮できるような「励ます地方自治」に転換する必要がある。

第3章 監視の地方自治から励ます地方自治へ

1. 監視の地方自治

⑴監視の地方自治とは何か

●監視の地方自治

地方自治制度は，行政や議会・議員を民主的に統制するという観点から組み立てられている。例えば地方自治法第1条「目的」には，この法律は，地方自治の本旨に基づいて，地方公共団体の区分並びに地方公共団体の組織及び運営に関する事項の大綱を定め，併せて国と地方公共団体との間の基本的関係を確立することにより，「地方公共団体における民主的にして能率的な行政の確保を図るとともに，地方公共団体の健全な発達を保障することを目的とする」と書かれている。

この目的を受けて，地方自治法では，行政や議会・議員の民主的統制に関する詳細な事項が定められている。473条に及ぶ地方自治法の規定の大半は，行政や議会・議員を民主的に統制するための規定と言える。

住民についても，地方自治法全体で住民が主語の規定はわずか6条しかないが，その大半が，行政や議会・議員を監視する役割として規定されている。

具体的に見てみると，まず10条では，住民が役務の提供を等しく受ける権利とともに負担を分任する義務が規定され，続く11条で選挙に参与する権利が規定されているが，12条では条例の制定・改廃，事務監査の請求権，13条は議会の解散，議員，長，副知事・副市町村長，選挙管理委員，監査委員等の解職といった直接請求権，さらに242条と242条の2では，住民監査請求，住民訴訟が規定されている。

●監視の地方自治の諸制度

地方自治法以外でも，監視の地方自治の諸制度が用意されている。地方自治の関連法としては，地方自治の組織（地方公務員法など），個別の行政部門（地方公営企業法など），地方自治の作用（行政不服審査法など）等に関する法律があるが，いずれも行政を管理し，監視するための法律である。

例えば情報公開制度であるが，この制度は伝統的な住民自治の概念に起源を有している。市政は，市民の信託を受けて行われるものであり，行政は信託者（主権者）である市民に対して，その活動について説明する責務（説明責任）を負っている。逆に言えば，市民は市政に関して知る権利を持っていて，それが情報公開請求権であり，市民が行政をコントロールするための制度が情報公開制度である。

個人情報保護制度も，その規制の対象は行政で，個人情報の取り扱いについて必要なルールを定め，自己情報の閲覧，目的外利用の禁止，自己情報の訂正等の権利を保障することで，行政による市民の個人情報の無秩序な利用から市民のプライバシーを守り，公正で信頼される行政を担保しようという制度である。

●住民監査制度

住民監査制度は，執行機関や職員の違法，不当な財務会計上の行為や怠る事実について，直接，住民が，その是正や防止，損害の補填を求めて，監査委員に監査を請求する制度である。監査委員の職権発動を促すことで，誤りを自治体内部で補正する仕組みである（242条）。

① 請求者は，選挙権の有無や人数に関係なく，1人でもできる（12条の事務監査請求は，一定数の有権者が必要）。

② 対象となる行為は，財務会計上の行為ならば違法なものに限られず，不当なものも含まれる。

③ 手続は，行為より1年以内に，行為や怠る事実を証する書面を添えて監査委員に行う。

④ 請求に理由がないときは，監査委員は，理由をつけて書面で通知・公表し，理由があるときは，議会・長・執行機関・職員に必要な措置を勧告する（請求より60日以内）。

⑤ 勧告を受けたときは，期間内に措置し，監査委員に報告し，監査委員は請求人に通知・公表する。

全国都市監査委員会の調査（2006年度）では，655件の請求のうち，監査実施は413件（63％），うち勧告は40件（6％）である。この数字の評価は分かれるが，審査の信頼性に対する疑義と同時に，安易な監査請求が行われているのではないかという疑義もある。

＊監査の信頼性については，監査委員の監査能力の向上（OB制限の強化，常勤化の推進，事務局体制の強化），監査手続の透明性（監査結果の全面公開，監査業務の広報・広聴）等が指摘されている。

●行政活動の典型としての行政行為

監視の地方自治では，税金の賦課徴収のような行政行為を自治体の典型的活動と考える。

行政行為とは，行政庁が法律に基づき，一方的に市民の法的地位を具体的に決定する（例えば税金を払わせる）行為である。その行政行為の効力として，公定力，自力執行力，不可争力等がある。

公定力とは，行政行為に瑕疵があっても，それが権限のある者（行政庁・裁判所）によって取り消されるまでは有効なものとして扱われる力である。具体的には，10万円の課税処分が誤りであっても，本人が裁判所に訴えて，行政行為を取り消さない限り10万円を払う義務を負うというものである。民事訴訟のように，裁判で争って決定するまで拒否・無視できるとすると，行政の本来の目的である公共の福祉や秩序維持ができず，結局，国民全体にとっても不利益になることから，行政には，この公定力が認められる[1)]。

また，自力執行力は，行政行為によって命ぜられた義務を相手方が履行しな

1） 実務の対応は，これとはまるで違う。課税の誤りが発見された場合は，直ちに是正措置が取られ，ケースによっては「おわび」の記者会見が行われる。実務にとっては公定力は講学上の世界のことである。

い場合に，行政庁が自力で，つまり裁判所の判決を得ることなく，その義務の内容を実現できる効力である。民事ならば，権利者は義務者を相手取って，その義務の履行を求める民事訴訟を起こし，裁判所の判決を得て，執行官に強制執行を依頼して内容の実現を図ることになるが，このやり方では公務遂行の支障があり，市民生活の安定を阻害することになるからである。

不可争力は，不服申立期間，出訴期間の経過によって行政行為の効力を争えなくなる効力である（形式的確定力）。いつまでも訴えができるとすると，行政活動が不安定になる。行政上の法律関係を早期安定させる機能である。

地方自治体は，こうした強い権力を持っていると考えられており，その濫用から市民の権利を守るのが監視の地方自治である。

(2)監視の地方自治──その積極的意義

●政府による統治と官製の地方制度

統一国家の形成を急ぐ明治政府にとっては，地方自治制度の確立は急務となった。

1878年（明治11年）には，郡区町村編制法，府県会規則，地方税規則の地方3新法によって，統一的な地方制度を設置した。郡区町村編制法により，大区・小区を廃し，府県の下に郡区町村を設置，郡長・区長・戸長を配置した。府県会規則により，府県に公選議員からなる府県会を設置し，地方税により支弁すべき経費及びその徴収方法についての議定権を付与した。

1880年（明治13年）には区町村会法を制定して，区町村にも選挙で選ばれた議員で組織する議会を設置した。

1888年（明治21年）には，市制町村制を採用し，市及び町村を基礎的地方公共団体とした。市町村に独立の法人格を認め，公共事務・委任事務を処理するものとし，条例・規則の制定権を付与した。市町村会は，公民の等級選挙制に基づく公選名誉職議員で構成し，市町村に関する一切の事件及び委任された事件を議決できる。執行機関は，市にあっては市長及び市参事会（市長・助役・名誉職参事会員で構成），町村にあっては町村長とし，市長は市会から推薦のあった者のうちから内務大臣が選任し，他は市会・町村会の選挙で選ぶことになった。[2]

1889年（明治22年）には，空前の町村廃合を実施し，7万1341あった市町村の合併を実施して，約5分の1の1万5859に統合した。生活の場である村が，行政による管理の都合によって改編されたわけである（これを行政村（ぎょうせいそん）と言う）。[3]

これらは，1889年2月の憲法発布，1890年（明治23年）10月の国会開設に備えて，明治政府は，まず地方制度の安定を図ろうとした意図もある。つまり，地方行政に重きをなす地方名望家を国家の官僚制的な統治機構のなかに取り込むことで，政府の支柱とするとともに，村落共同体の「隣保団結の旧慣」を維持，発展させて公共秩序の安定を図った点は重要である。[4]

1890年には，府県制，郡制を制定し，国の行政機関としてではなく，地方公共団体としての府県・郡について規定した。知事は官選で内務大臣直属となるという制度がつくられた。

明治期，大正期，昭和期と，選挙権・被選挙権の拡充，議会の強化などが行われ，地方自治制度は，近代的・民主的なものへ展開するが，戦時下になると，一転して，地方団体は戦争目的を支える存在として機能するようになる。行政統制という側面が強調され，相互扶助が悪用された。

●監視の地方自治の積極的意義

監視の地方自治は，自治体を市民の政府とし，市民の意思に従って，自治体が行動することを求めるとともに，自治体の専横から市民の権利・自由を守るという積極的意義を持っている（二重の信託論は，国を侵害者とし，その専横から地方を守るという意義も含まれている）。

信託論によれば，政府というのは市民からの信託によって成り立っており，市民は政府の創造主である。自治体政府は市民の政府ではあるが，権力的な存在であるという一面を持っているため，ときには，市民の権利・自由を侵害す

2）市制町村制の上諭を見ると，「朕地方共同ノ利益ヲ発達セシメ，衆庶臣民ノ幸福ヲ増進スルコトヲ欲シ，隣保団結ノ旧慣ヲ存重シテ益々之ヲ拡張シ」と規定している。住民同士で助け合うという自然発生的な側面と，それを朕（天皇）が欲して定めるという統制的な両面を持つ上諭となっている。

3）生活の場であった村（自然村（しぜんそん））と行政村を対比する官民二元論に対して，二項対立的にすぎ，行政村が育んできた自主的な地域公共性を軽視するものであるという批判がある。

4）明治の地方自治制度を山縣有朋がリードしたというのも示唆的である。

る場合がありえる（歴史的にも戦争目的のために地方自治が国民監視の手段として使われた）。そこで，自治体政府の専横から市民を守るために，自治体政府を監視する必要がある。この監視の地方自治の積極的意義については，励ます地方自治の立場においても否定するものではない。

(3)監視の地方自治の限界――監視だけで幸せになれるのか

●守りの行政

政府をチェックし，監視するシステムを国と地方の違いや地方自治の独自性を軽視して，地方にいわば形式的・機械的に持ち込むことによって，今日では，むしろ弊害が目立つようになった。

その弊害の1つが，守りに徹した行政である。市民からの監視，ときにはそれがエスカレートした非難や攻撃にも耐えられるように，行政は防衛線をぐっと下げて行動している。

法的対応は常に後追いで，法的保護の行き渡らない政策課題が常に発生するが，そこに行政が踏み込もうとしないと批判される。しかし，これはある意味，無理もないことで，行政が意を決して打って出ると，相手方から，その法的根拠を問われ，立ちすくむことになるからである。「誤ったコンプライアンス」であるが，要するに，行政を監視するという視点はむろん重要であるが，それだけでは地方自治は役割を果たせないということである。現実に起ころうとしている課題に対して，行政が前に出ることを後押しする，励ましの地方自治が必要になっている。

●高コスト・高リスク

自治を権力的・規制的に進めようとすると，膨大な管理コストがかかってしまう。無理に強制すると反発のリスクも生まれてくる。地方自治においては，権力的・規制的な進め方は，コストパフォーマンスが悪い。

それは地方自治が上意下達ではなく，自立性と助け合いで運営されているからである。地方自治では，本来は私的自治で処理すべきテーマも政策課題になってくるが，これを権力的，規制的手法で解決しようとしても，効果は限定的で効率も悪い。

その典型例が空き家問題で，空家対策特別措置法では，空き屋所有者等に対して助言，指導，勧告，命令を行い，それでも解決しない場合，行政代執行によって問題解決を図るという内容となっている。

しかし，現実に使おうとすると，高コスト，高リスクとなる。行政代執行では，行政が所有者に代わって強制的に空き家を処分し，それに要した費用は，所有者に請求することになるが，現実には，所有者が特定できないために求償ができず，あるいは所有者が判明していても資力が乏しいために費用回収ができず，結果的に自治体が費用負担することになってしまう場合が多い[5)]。費用回収が容易ではないという課題を抱える行政代執行の適用に対しては，住民監査請求や住民訴訟が起こされる余地も十分にある。

このように強制的手段は，高コスト，高リスクであるために，実際にはほとんど使えない仕組みになっている。空き家対策で真に有効なのは，管理不全の空き家をつくらない対策，空き家を所有者自らが自主的に撤去するように，後押しする対策である。

●反知性主義の加速

反知性主義やポピュリズムは，本来，民衆の声，民主的なものとして生まれたが，今日では，逆に民主主義への脅威になっている。

市民の間で，首長や議員といったエスタブリッシュメントに対する漠然とした不満や不信があり，市民が漠然と思っている思い込みや都市伝説（自治体職員は，9時から5時までの勤務で，高給をもらってのんびり仕事をしている）を安易にあおる傾向があるからである。そこに，良いか悪いか，単純に分かりやすく，二者択一で迫る手法（例えば住民投票など）が使われるから，悪しき反知性主義やポピュリズムがさらに加速させられてしまう。

こうした現状に対して，民主主義の学校である地方自治が，最後の砦として，踏ん張ることが期待されているが，監視の地方自治は，結果的に反知性主義やポピュリズムを加速する結果となっている。

5）空き家適正管理条例に基づき，行政代執行による空き家解体を実施した秋田県大仙市の事例では，解体撤去費用は概算で178万5000円がかかったとされる。

●依存の自治を生む

自治体政府に対する監視は，本来，政府を市民のものとするためのものであるが，現実には，それが反転して，行政への要求や依存に変化してしまっている。住民自治の仕組みが，その通りに機能せずに，お役所依存主義，お任せ民主主義が蔓延するようになった。

つまり，「市民は主権者である。だから，役所は市民の言う通りにしろ」という関係が，要求型市民を産み，さらには役所に任せておけばいい，役所が何とかしてくれるというお任せ民主主義を産んでいる。現実には，要求・依存関係がさらに転じて，行政が雇い主であるはずの市民を統治するという逆転関係になってしまっている。

●励ます地方自治の展開へ

これまでの政府と市民の仕組みは，政府を縛り，監視するという関係でつくられてきた。しかし，もともとの出自は，18世紀の事情に対応した国と国民との間のシステムであるが，それを地方自治に当てはめたものである。

しかし，国ができるはるか以前から，地方自治はあった。市民は，地域の問題を自分たちで考え，協力しながら解決するという，自治の長い歴史を持っている。政府に対する監視が，本来の趣旨を見失い，政府への要求，依存に転じ，さらには，市民が本来持っていた自治の力を失わせてしまっているなかで，ずっと続けてきた市民の自治を再度思い出し，自治の力を使って，閉塞感に苛まれている社会を乗り越え，新たな社会を再構築しようというのが，励ます地方自治である。

2. 励ます地方自治の展開

⑴励ます地方自治とは何か

●励ます地方自治

自治体政府が税金を使って公共サービスを行い，その自治体政府をチェックすることで，市民一人ひとりが尊重される社会を実現するという自治だけでなく，それと並行して，自治体政府の担い手である行政や議会が，その使命を存分に発揮できるように励まし，また市民，コミュニティ，企業等も，公共の担い手として，その持てる力を存分に発揮できるように後押しするのが，励ます地方自治である。自治体政府の監視という単線的な自治だけでなく，それと併せて，自治体政府（行政・議会）や市民，コミュニティ等が存分に力を発揮する双輪型の自治を目指すのが，励ます地方自治である。

●行政の定義の再構築

行政とは何か，その定義をめぐって論争が続いてきた。多数説は，積極的定義をあきらめ，「国家作用のうちから立法と司法を控除したもの」を行政と考える。これに対して，「行政は，法のもとに法の規制を受けながら，現実具体的に国家目的の積極的実現をめざして行なわれる全体として統一性をもった継続的な形成的国家活動[6)]」と積極的定義を試みる説もある。この積極説でも，行政の全領域をあまねく定義しようとするのではなく，行政法学の対象を画定し，解釈上の問題が生じたときの指針となるように，行政の本質部分を押さえようという意図であろう。

法律による行政の理論が，権力的性質を有する行政を法律の優位や法律の留保などの原理によって，コントロールしようとする点は高く評価できるが，もともと，行政は，国民の幸せ実現のための作用であると考えると，現代においては，地域コミュニティやNPO，企業等の公共活動を後見し，支援することも，行政の重要な役割と考え，行政法理論を再構築するときになったと言えよう。それが「個人の尊重」という日本国憲法の理念を具体化する行政の役割であろう。

●市政の重要課題から考える

励ます地方自治の意義は，地方自治体の現場から考えると容易に理解できる。

地方自治では，国家間での争いや高踏的理念は当面の課題ではなく，どこの自治体でも市政の最重要事項は，防災，防犯，子どもの安全，高齢者福祉である。近年，特に市民的関心が高いのが防災である。早晩やってくる大震災に対して，できる限りの準備を行い，被害をどうすれば最小限に防ぐことができるのか，それが市民の関心事である。

6）田中二郎『新版行政法〔全訂第2版〕』上巻（弘文堂，1974年）5頁。

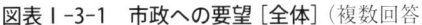

図表Ⅰ-3-1　市政への要望［全体］（複数回答）

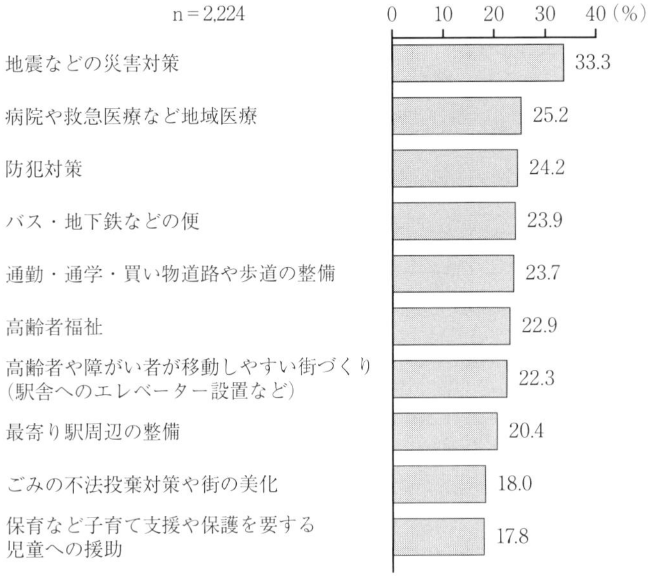

（出典）　平成26年度横浜市民意識調査「市政への要望　今後充実すべき公共サービス」。

言うまでもなく防災は，市民が自治体政府を監視するだけでは行うことができない。市民自身のほか，地域団体やNPOが当事者として関わり，相互に協力し，助け合う必要がある。自治体政府は，こうした活動を応援し，協力することが主たる役割となる。

防犯，子どもの安全，高齢者福祉についても，事情は同様で，自治体政府に対する監視だけでは，自治の目的である住民の幸せを実現することはできない。一人ひとりの市民，地域団体，NPO等が，当事者として相互に協力，連携することが必要で，自治体政府の役割は，こうした活動を後押しすることが重要になる。

●励ましの自治経営

監視だけではなくて，「励まし」も自治経営の基本理念とするのが，励ます地方自治である（双輪型自治）。

ナショナルミニマム，シビルミニマムが達成されていない時代では，政府に対しそれを求め，政府と対峙する要求・対立型の自治は，豊かな社会を実現するのに有効な方法であった。

ところが，ナショナルミニマム，シビルミニマムが一応達成されるようになると，対立・要求は，成長のバネにはならず，むしろ社会全体にとって大きな負担になってくる。要求・対立が，結果的には依存に転化し，市民が本来持っていた自治力を蝕んでいくことになる。

これに対して，励ます地方自治は，これまで政府任せであった市民が，公共的なことに関わり，持てるパワーを発揮するというものである。そのパワーをエネルギーに転換して，次世代に続く持続可能な新たな社会をつくっていくのが励ます地方自治である。

こうした新しい社会づくりは，一定の豊かさを実現し，市民力が豊かな日本でなければできないことである。それを地域からやっていこうというのが，励ましによる自治経営である。

(2)住民自治の再構築

●地方自治の本旨

憲法92条は，地方公共団体の組織及び運営に関する事項は地方自治の本旨に基づいて法律により定めると規定している。地方自治の本旨とは，住民自治と団体自治を意味するとされ，その意義については，次のように説明されている[7]。

「住民自治とは，地域の住民が地域的な行政需要を自己の意思に基づき自己の責任において充足することを指し，団体自治とは，国から独立した地域団体を設け，この団体が自己の事務を自己の機関によりその団体の責任において処理することをいう。これは，いずれも，地方的な事務に関する公的意思の形成のあり方に関するものであるが，前者は意思形成にかかる住民の政治的参加の

7）「地方自治の本旨というのは，……地方公共団体の運営は原則として住民自身の責任においてみずからの手で行うという住民自治の原則と，もう一つは，国から独立した地方公共団体の存在を認め，これに地方の行政を自主的に処理させるという団体自治の原則をともに実現するという，……地方自治の原則でございます」（平成11年7月7日　参・行財政特別委　大森政府委員答弁）。

要素に着目したものであり，後者は地域の団体の国家からの独立した意思形成の点に着眼したものである[8]」。

地方自治の本旨は，通常，団体自治，住民自治とされ，たしかにそのいずれもが重要であるが，これらは，あくまでも何かを実現するための手段にすぎない。団体自治，住民自治の先にある自治の目的こそが重要で，その目標を確実に実現していくのが地方自治の本旨である。その目標は，憲法13条の個人が尊重される社会の実現にある。

●住民自治の再構築

地方自治のキーワードである住民自治も，励ます地方自治の立場からは，概念が大きく変わってくる。

これまでは，市民と自治体政府との関係を二項対立的にとらえ，市民が自治体政府をコントロールすることが住民自治とされてきた。

しかし，本来の住民自治は，地域の事柄は，地域の住民が自己の意思・責任に基づいて行うという原則で，古代アテネでは，抽選によって選ばれた市民自らが民会で政策決定を行い，住民の自治にふさわしい直接民主主義が行われていた。その後，国家機能が拡大するなかで，住民が選出した議会の活動を通じて民意を実現するようになるなかで，住民自治は，自治体政府の運営を住民自らの責任において行うものに変容してしまった。

しかし，分権・協働時代の今日では，原点に戻って，住民が自ら治めること（自律性，貢献性）そのものを問い直す必要がある（住民自治の再定義）。

＊自治基本条例で，住民自治を詳しく規定したものとして，伊賀市条例がある。

（住民自治の定義）

第21条　住民自治とは，共同体意識の形成が可能な一定の地域において，市民が地域を取り巻く様々な課題に取り組み，市民が主役となったまちづくりを行う活動をいう。

2　住民自治活動の主体は，自治会をはじめ，ボランティア・市民活動団体，地域の良好な生活環境づくりに貢献する事業者などのほか，まちづくり活動に積極的に参加する個人も含まれるものとする。

（住民自治に関する市民の役割）

8）　塩野宏『行政法Ⅲ・行政組織法〔第3版〕』（有斐閣，2012年）127頁。

第22条　私たち市民は，住民自治活動の重要性を認識し，自ら住民自治活動に参加するよう努めなければならない。

2　私たち市民は，住民自治活動を行う団体等を支援するよう努めなければならない。

（住民自治に関する市の役割）

第23条　市は，市民が自主的かつ主体的に行う住民自治活動を尊重しなければならない。

2　市は，非営利，非宗教及び非政治の住民自治活動に対しては，必要に応じてこれを支援する。

⑶住民自治再構築の試み——主権者の主体的・合理的選択

●投票行動の基準

人がだれに投票するのか，投票行動の基準をめぐっては，様々な理論があるが，その代表的なものがミシガンモデルと言われるものである。3つの要素で決まるとされている。

①　政党帰属意識（party identification）。特定の政党に対して有する帰属意識である。創価学会＝公明党が代表的な例であるが，かつては，農村は自民党支持が圧倒的であったが，今日では，そうとも言えないといったように，全体には，政党帰属意識が薄れて，無党派層が多くなっている。

②　候補者イメージ（candidate image）。候補者個人の有するカリスマ性に注目した投票行動である。候補者個人のイメージが悪ければ，どんなに政策が良くても，支持を獲得することは難かしい。

③　争点態度（issue position）。政策を基準に候補者を選択する投票形態である。

この3つの要素のうち，争点投票が好ましいとされるが，これが機能するには3つの条件が必要であるとされる。

第1は，有権者が選挙時に政策争点を知っていること。

第2は，有権者にとって，その政策争点が重要な意味を持っていること。

第3は，どの候補者が，その争点に関する自分の考えに近いかを知ることができること。

ところが，これまで候補者のイメージを政策論議を通して知る機会や争点投票の3条件をうまくつくれなかったので，結局，笑顔と握手，名前の連呼，無責任な夢のオンパレードのような選挙が行われてきた。その結果，多くの主権者をシラケさせ，今日の政治不信につながってきた。住民の代表者を選ぶという最も基本で肝心なところが，住民自治にはなっていなかった。

● 公開政策討論会条例の提案

公開政策討論会は，告示前あるいは告示後，立候補予定者が揃って，自らの政策提案能力と実現能力を示し，それを様々な観点，立場，あるいは人から吟味を受ける機会をつくるものである。これを条例化するのが，公開政策討論会条例である。

これによって，有権者が，立候補予定者の政策を聞き，それを比較して，自らの考えをまとめることができるとともに，公開の場で論争に晒されるから，候補者は荒唐無稽な公約を出さなくなることが期待される[9)]。

この仕組みは，自ら考え判断するという住民自治を具体化するものであるとともに，主権者が「主権を行使する」ことの前提条件ともなる。

＊このアイディアのヒントとなっているのが，愛知県新城市で行われた市長選挙に関する公開政策討論会，合同個人演説会である（平成29年10月29日選挙）。告示前に3回，告示後に1回開催された（告示後は，公職選挙法で第三者が合同演説会を開催することはできないので，合同「個人」演説会の名称になった）。

通常の政策討論会は，中立的な第三者の進行によるので，どうしても中立的な進行に配慮し（特定の候補者に不利になると見られるようなテーマ設定や進行はできない），通り一遍の議論や各人の言い放しで終わってしまった。

新城市では，運営は各立候補の陣営から出て（各3名。このときは3名の立候補者があったので合計9名とJC等が協力した），討論会の進行は，候補者自らが行うという方式を採用した。

具体的には，1名がコーディネーターとなって他の2名の議論を促し，整理する。1クール20分として，立候補者3名で3クールまわすという方法を採用した。政策に対する考え方（争点態度）だけでなく，候補者の人となりの浮き出る（候補者イメージ）討論会となった。

9) マニフェスト選挙は，実現可能性のある公約を出すような仕組みであるが，現実には，マニフェストの評価は当選後なので，相変わらず実現できない公約が掲げられている。

⑷参加から協働へ

参加は，監視の地方自治を行うための基本的な権利である。国民によって信託された国民国家を自分たちの政府にするために，国民の参加権が保障されるが，同じように，地方自治についても，自治体政府を市民のものとするために市民の参加権が保障される。

地方自治法は，長や議員等の解職請求権，議会の解散請求権等の直接請求権を住民に保障し（13条），住民監査請求権（242条）や住民訴訟等の参加権（242条の2）を認めている。

ちなみに1990年代以降，参加に加えて参画という言葉が使われるようになったが，参加・参画とも，政府を市民のものにするための権利である点では違いがない。

これに対して，協働は参加（参画）とは，出自も本質も異なる。地方自治の諸課題は，政府の力だけでは解決できず，市民（地域団体，NPO，企業も含む）の主体的取り組みなしには解決できないが，協働とは，公共は自治体政府だけが担っているのではなく，市民（地域団体，NPO，企業も含む）も担っているという新しい概念である。公共領域の広がりや新たな公共課題の発生のなかで，市民が存分に力を発揮していこうという励ます地方自治に基づく概念である。

第Ⅱ部

地方自治の経営理念と基本的仕組み
──自立・主体・対等・責任・信頼をキーワードに

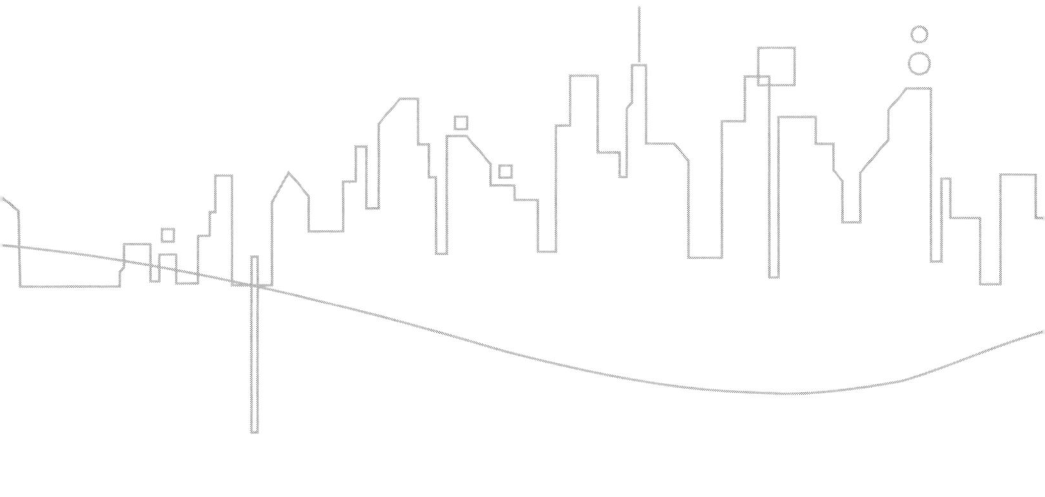

第1章 励ます地方自治の理論

——新しい公共論

1. 公共をどうとらえるか

「公共」をめぐっては，様々な学問領域で，多くの議論が行われてきた。法律学や政治学の分野に限っても，公共性をめぐる文献は多く，また判例の蓄積も豊富である。

政治学の立場から，阿部斉教授は，公共性に関する先駆的文献ある『民主主義と公共の概念』において，公共性の内容は，論理的には何らの制約も加えていないが，現実には慣習や制度によって制約されざるをえず，公共性は歴史的な性格を持つと指摘している。[1)]

憲法学の立場からは，森英樹教授は，公共性の再検討は，法律学，特に憲法学においては「立ち遅れ」気味であるとしたうえで，憲法学が公共性論に消極的・警戒的であった理由として，憲法学の狭隘さ，方法論の貧困さ，そして，日本では公共概念が，もっぱら個人を超越した国家的「公共」として作用していく現実があるとし，戦後の憲法論が「守りの憲法学」であったことに通底する問題の一端があると指摘している。[2)]

かような意味で，公共性には歴史的・政治的な性格があり，それゆえ，その扱いには難しい側面があるが，だからといって，これを傍観し，無視している

1） 阿部斉『民主主義と公共の概念』（勁草書房，1966年）12頁。
2） 森英樹「憲法学と公共性」室井力他編『現代国家の公共性分析』（日本評論社，1990年）315-317頁。

だけでは，公共性が国家的公共性へ傾斜するのを防ぐことはできないだろう。むしろ公共性が慣習や制度によって制約されるとすれば，公共性が「権力の一方的支配にならない」ための制度や仕組みの構築こそが必要である。

それが公共政策論の役割であるが，ただ，その仕組みづくりを法律（法務）だけに委ねるのは，法律（法務）にとって酷である。なぜならば，強要性をメルクマールとする法律にとっては，森英樹教授も指摘するように，方法論の貧困さ，硬直性といった構造的とも言える限界があるからである。したがって，公共性の再構築は，法務だけにとどまらず，行政による誘導支援，さらには行政と市民との協力・連携等を総合的・重層的に積み重ねるなかでつくり上げていくべきものである。

そして，この公共性の再構築にあたっては，重要となるのは基本的視点である。つまり，公共性をどのような視点からアプローチするのかによって，再構築にあたって乗り越えるべき論点も，再構築の結果として見えてくる地平も違ってくるからである。

この基本視点は，行政学者の今村都南男教授も指摘するように，「公権力に支えられた公共機関が提供するサービスだから公共サービスなのか，それとも公衆としてのパブリックの便益や利益にかなうサービスだから公共サービスなのか」という選択問題でもある[3)]。

以下では，この2つの視点を対比させながら，公共性の意義を考えてみよう。

2. 従来の公共のとらえ方（二分論）

(1)公私二分論

従来の公共領域とその担い手の関係は，公私二分論，つまり公共領域は政府が担当するのに対して，私的領域は民間が担うという区分で考えられていた。前述の問題提起によれば，「公権力に支えられた公共機関が提供するサービスだから公共サービス」という立場である。そして，既存の法律や制度は，基本

3) 今村都南男「公共サービスへの接近」今村都南男編『公共サービスと民間委託』（敬文堂，1997年）16頁。

図表Ⅱ-1-1　公私二分論

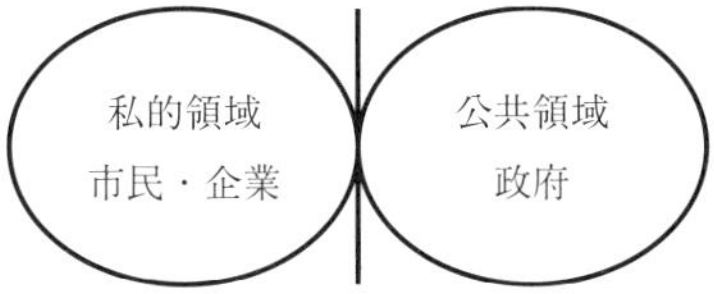

的には，この公私二分論で構築されてきた。

その1つの例が，公益法人制度である。改正前の民法では，公益法人の設立は主務官庁の許可が必要とされていた（旧民法34条）。講学上，許可とは，一般的禁止を特に解除することであるから，社会公益のために法人を設立することは原則禁止が出発点となる。つまり，公の利益になることは，国の特別の許しがなければできない（これに対して，株式会社の設立のような自分の利益に関することは届出だけでできる——準則主義）というのが民法の立場であり，これは，公共に関する事項は，政府が独占して担うという公私二分論に基づく制度設計であった。

＊これを改めたのが，公益法人制度改革で，公益法人の設立に係る許可主義を改め，法人格の取得と公益性の判断を分離することとした。法人の設立は，準則主義（登記）により簡便に設立できることとし，公益性の判断を，各官庁が裁量によるのではなく，民間有識者からなる委員会の意見に基づいて，判断できるようにした。この基本的枠組みに基づき，一般社団法人，一般財団法人，公益社団法人，公益財団法人に関する関係法が制定され，新制度は，2008年12月から施行された。

この公私二分論を図式すると図表Ⅱ-1-1のようになる。つまり，

① 政府の目的は公共性の維持・実現にあり，これに対して，民間の目的は私的利益の追求にある。

② 公共領域は政府が担当する。政府のなかには中央政府（国）と地方政府（自治体）があるが，公共政策はもっぱら中央政府が担当してきた。

③ 公共政策の形成（政策決定，実施，評価）は，政府が行うから，政府の活動に注目していればよかった。したがって，政府の活動が，公平・公正かつ効率的に行われるための制度や仕組み（議会によるチェック，監査制度，行

政手続法や情報公開法等）が用意された。

④　公共は政府が担うから，公共性の判断は，政府の判断が優先することになりがちである。その結果，公共の利益とは，事実上，政府の利益と見られる結果となった。

⑤　政策の主体はあくまでも政府で，市民は政策の主体ではない。せいぜい政府の決定に参与する関係となる。市民の関与は，補助的で限定的なものとなりがちとなる。

(2)信託論

公私二分論を支える理論的根拠は，信託論である。信託論とは，市民が政府の創造主で，その持てる権利を国や自治体に信託しているという考え方である。政府は，市民のものだから，市民は政府が信託された範囲を逸脱することを防ぎ，あるいは市民の権利を侵害することのないように，チェックし，監視するということになる。

信託論は，ジェームズ1世やチャールズ1世の絶対主義国家・王権神授説に対抗して唱えられたジョン・ロック（1632-1704）の社会契約論『政府二論（統治二論）』がモデルとなっている[4]。

ロックは，「人間は，生まれながらにして，他のどんな人間とも平等に，あるいは世界における数多くの人間と平等に，完全な自由への，また，自然法が定めるすべての権利と特権とを制約なしに享受することへの権原をもつ」（後編第7章87）と考える。

ロックの場合は，トマス・ホッブズ（1588-1679）とは違い，自然状態においても自然法が支配するゆえに，人々の固有権（生命，自由，財産）は，ある程度保全されるとするが，「その権利の享受はきわめて不確実であり，たえず他者による権利侵害にさらされている」（後編第9章123）と考え，そこで，自らの生命，自由，財産を守るために，人々は政府（国家）を設立する[5]。

4）以下の訳は，ジョン・ロック，加藤節訳『完訳統治二論』（岩波書店，2010年）による。

5）ロックは，「人々が，自分の自然の自由を放棄して，政治社会の拘束の下に身を置く唯一の方法は，他人と合意して，自分の固有権と，共同体に属さない人に対するより大きな保障とを安全に享受することを通じて互いに快適で安全で平和な生活を送るために，一つの共同体に加入し結

＊「政治権力とは，誰もが自然状態でもっていた権力を社会の手に引き渡し，その社会のなかでは，社会が自らの上に設立した統治者に対して，社会の成員の善と固有権の保全とに用いられるようにという明示的あるいは黙示的な信託を付して引き渡したものに他ならない」（後編第15章171）ものであるから，「立法者が彼らの固有権を侵害することによって信託に反する行動をとったときには，新たな立法部を設け，改めて自分たちの安全を図る権力をもつ」（後編第19章226）。これは有名な抵抗権で，市民の同意や信託によって，政府（国家）を設立したゆえに，政府を廃絶することもできることになる。

(3)二重の信託論

市民は国に全部信託しているわけではなく，国家レベルのことは国に，地方レベルのことは自治体にそれぞれ信託しているとする考え方が，二重の信託論である。つまり，国民から国（中央政府）に信託されたものの一部を地方自治体に再委任されているわけではなく，自治体の統治権も，国と並列的に，直接，地方自治体に与えられたものであるという考えである。

国に対する信託論については，「そもそも国政は，国民の厳粛な信託によるもの」（憲法前文）と明示の規定があるが，地方自治体の統治権も，憲法に由来すると考えるものである[6)]。

二重の信託論に立てば，自治体は市民の政府であるという意味が明確になる。市民参加は，市民の政府を担保する基本的な制度ということになり，その権利性が明確になってくる。

(4)公私二分論の限界

しかし，こうした公私二分論が，実態とは合致していないことは，様々な場面で顕在化している。

その端的な例が，1995年の阪神・淡路大震災である。あの未曾有の大震災

合することに求められる」（後編第8章95）。「人が，政治的共同体へと結合し，自らを統治の下におく大きな，そして主たる目的は，固有権の保全ということにある」（後編第9章124）としている。ちなみに，ロックは，人々が，各個人の同意によって1つの共同体をつくった場合，「その共同体へと結合した各個人がそうあるべきだからとして同意したことなのだから，各人は，その同意によって，多数派の拘束を受けなければならない」（後編第8章96）とも言っている。

6）渋谷秀樹『憲法〔第2版〕』（有斐閣，2013年）731-732頁。

のなかで，政府は，その行動原理である公平性や手続的公正さが足かせとなって，迅速・機敏な行動ができなった（2011年の東日本大震災でも同じことが起こった）。これに対して，地域コミュニティやNPOは，組織・活動の地域性，自由性を活かして縦横な活躍を行った。

大震災という特殊な事例だけではなく，日常活動でも市民は公共性を担っている。

例えば，福祉の分野であるが，在宅介護サービスや障がい者支援では，地域コミュニティやNPO抜きでは制度運営が立ち行かない。環境保全の分野でも，政府に比肩する専門知識を持ったNPOが育ち，社会的にも大きな影響を与えている。NPOを無視しては，環境政策は立案できなくなった。

このように公共政策の各分野で地域コミュニティやNPOは公共の一翼を担う活躍をしているが，これは一過性のことではない。ポスト福祉国家，市民ニーズの高度化・多様化に伴う必然的で構造的な理由に基づくものであるから，あらゆる政策分野で，この傾向は，今後もますます顕著になっていく。

3. 新たな公共の考え方

⑴新しい公共論

●新しい公共論

経済社会が成熟し，価値観が多様化しているなかで，市民から信託された自治体（行政，議会）による一元的な決定では，市民ニーズを満たさなくなってきた。そこで，自治体だけでなく，自治会・町内会などの地域コミュニティ，NPOなどの民間セクターを公共主体として位置づけ，多元的な公共主体による多様なサービス提供によって，豊かな社会を実現していこうというのが，新しい公共論の考え方である。

従来ならば，市民や企業から集めた税金を自治体が一元的に管理し，それを配分するやり方だけで市民の幸せを実現できたが，今日ではそれでは不十分なので，もう1つの方法，つまり自治会・町内会，NPO等の民間セクターの知恵や経験といった資源を公共のために，大いに活用して，「豊かな」社会を実

図表Ⅱ-1-2　新しい公共論（2つの公益実現ルート）

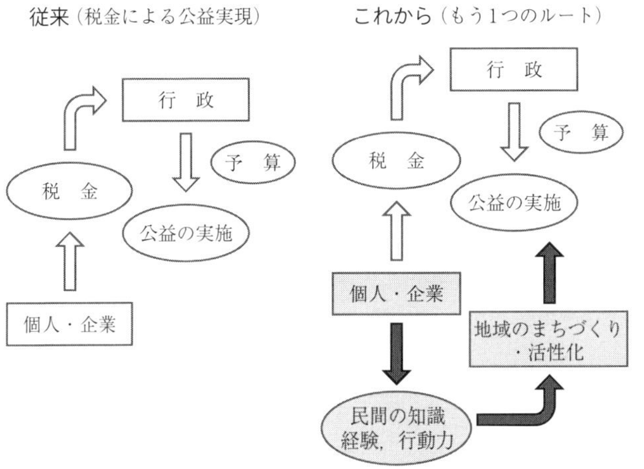

図表Ⅱ-1-3　新しい公共論（公共領域）

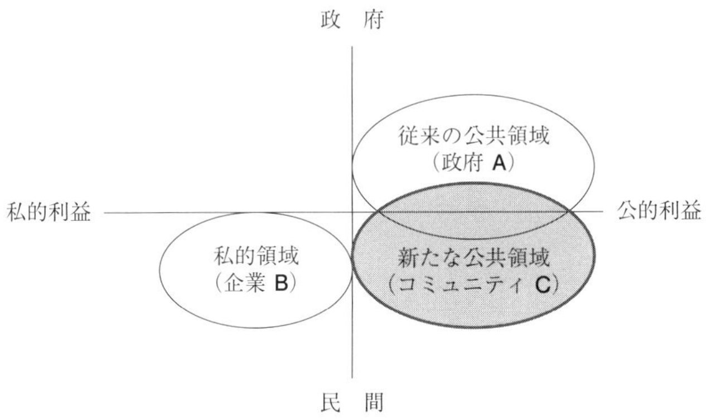

現していこうというのが新しい公共論である（図表Ⅱ-1-2）。

● **公共の担い手と実現利益を分ける**

従来の公共論は，公共の担い手と実現する利益を一体的に考えるものである。これに対して新しい公共論は，公共の担い手と実現しようとする利益を分離して，担い手である政府と民間，実現する利益である公的利益と私的利益ごとに区分するものである。そうすると，公共領域とその担い手の関係は，図表Ⅱ-1-3のように再構築できる。

●**公共領域の広がり**

新しい公共論に立つと，公共は，自治体だけではなく，地域コミュニティやNPO等も担うということであるから，公共領域は，全体として広がることになる。図表で言えば，従来は，Aの領域のみが公共領域であったが，Cも公共領域となってくる。

従来は，Aの領域しかなかったので，行政は無理をして，A領域を広げて対応してきた。税収が右肩上がりで，財政的に余裕があった時代ならば，それもある程度可能であったが，財政難の時代に入り，対応できなくなってきた。

民間が公共を担うというCの領域を認めると，公共領域が全体に広がり，自治体の役割は，自らが公共を行うだけでなく，Cの領域において公共を担う民間の活動を後押しするという役割も明確になってくる。

⑵公共政策論の展開

●**新たな政策課題**

従来の公私二分論によれば，私的領域については，行政は関与しないのが原則であるが，新しい公共論に立てば，私的領域の問題であっても，公共性が高いものについて，積極的に関与していくことになる（ただ，関与の形態は異なる）。例えば空き家やごみ屋敷の問題はその典型的なものである。

●**新たな政策手法**

政策手法も大きく変わる。公私二分論では，公共の担い手は政府なので，助言，指導，勧告，命令を行い，それでも解決しない場合，行政代執行といった行政法的手法が有効である。

新しい公共論では，公共の担い手である地域コミュニティ・NPO等は，権力的な手法は使えないし，またC領域は，私的自治の世界なので，行政も権力的手法は基本的には使うことができない。ここでは誘導支援的な協働手法が中心となる。

● 公共政策論の変容

この公共の見直しは，従来の公共政策論に見直しをせまることになる。

第1に，政府間でも，中央政府から地方政府に比重が移ることになる。これが地方分権改革であるが，その場合，大きな期待の割に権限・資源が不足している地方政府の現状をどのように克服していくのかが問われてくる。

第2は，政府だけでなく，市民，地域コミュニティ，NPO，企業が主体となった政策づくり，あるいは相互に協力，連携した公共政策づくりをどう構築するのかである。これは，地域コミュニティやNPO等を政策主体として単に位置づけるだけでは，解答にならない。協働型政策づくりのための仕組みの構築や実践が必要になるだろう。

● 憲法秩序の再構築

歴史的には，憲法は，行政権の濫用から国民の権利・自由を守るために制定されてきた。国家からの自由を基本とする近代立憲主義の下では，国家は，私的自治の世界に介入せず，そこで起こった課題に対しても消極的・謙抑的に対応することになる。

これに対して，地域コミュニティ・NPO等を公共主体とする考え方は，市民の幸せを実現するために，政府が私的領域に介入し，地域コミュニティ・NPO等の活動を後見・支援するという立場である。協力や助け合いが基本の地方自治では，普通のことであるが，新しい公共論は，これまでの憲法秩序を変容させる可能性がある。

● 自治基本条例の意義・内容

全国で自治基本条例がつくられ始めているが，これまでは公私二分論に立って，政府を民主的に統制することを主眼とする条例が中心であった（北海道ニセコ町まちづくり基本条例など）。

それに対して，最近では，新しい公共論に立つ自治基本条例が生まれている。新しい公共論に立つと，従来の公共領域を対象に，行政，議会の行動を規律する規定と新たな公共領域を対象に，地域コミュニティやNPO等の活動を支援，誘導する規定をも併せ持つ条例となる。

●協働の意義の明確化

協働は，新しい公共論の考え方に立つと理解が容易である。

従来の公共論では，公的領域で活動する政府と私的世界で活動する地域コミュニティ・NPO等が，公共領域で協働することは，ありえないという議論になる。しかし，新しい公共論に立てば，政府も地域コミュニティ・NPO等も，同じ公共主体として対等の関係で協力し，それぞれの情報，人材，場所，資金，技術等を有効に活用しながら，公共的課題の解決を図るという関係になる。新しい公共論に立てば，協働の意味が明確になる。

●コスト論を超えて

従来の公共論では，公共領域における地域コミュニティ・NPO等の役割は，コスト論から論じられる傾向があった。コストが安いから，公共領域で活動していると思われていた。

しかし，すでに見たように，地域コミュニティ・NPO等が公共領域を担うのは，公共の担い手として，政府にはない強みを持っているからである。コストは派生的な結果であって，コスト論から立論すると，政府の下請け，あるいは政府にとって都合のいい公共政策論になってしまう。

⑶新たな公共の担い手

●公共の担い手

公共は，政府（A）だけではなく，地域コミュニティ，NPO等の民間セクター（C）も担い手である。このように整理すると，公共の担い手として民間セクターの位置づけがはっきりする。

地域コミュニティは，地域を基盤とすることで，またNPOは，自主性や専門性から，政府とは違った独自の影響力を持つことになる。条例や制度で，新しい公共の担い手としての地域コミュニティやNPOの位置づけや機能を再構築することになる。

●様々な市民の参加

公共領域への様々な市民が参加し始めている。NPOのスタッフを職業別に見ると，家事従事者（主婦等）や年金生活者・定年退職者が多いことが分かる。

従来ならば家庭にとどまり，また社会との関係が希薄になりがちな人たちが，NPOを支え，公共活動に参加している。

会社員が事務局スタッフとしての参加する比率は，国際交流，地域社会の分野で多少目立つ程度で，全体としてはそう大きな数字とはなっていないが，彼らが企業の社会貢献活動を支え，それがNPOの活動を支え，また定年後地域活動やNPO活動に参加するという関係となっている。

高学歴で，企業等で得た専門的知識を持ち，社会経験も豊かな市民が公共活動に参加し始めているということは，今後の公共活動をより多彩なものとしていく可能性を秘めている。

●企業の参加

公共に対して，企業も積極的に関わり始めている。

企業が公共的役割を果たすケースとしては，次の2つのパターンがある。

第1が，企業が本来の活動を行うなかで，広い意味で公共的役割を果たす場合である。企業は市民に消費財を提供し，また市民を労働者として雇用することで，社会的意義を果たしているが，これは企業が，私的利益追求（図表Ⅱ-1-3ではBの領域）の間接的・反射的効果として，公共的役割を果たしているケースである。

第2が，企業が直接，公共的役割を担うケースである。つまり，図表のC領域で，企業が活動するケースである。企業の社会貢献の分野である。

(4)公共セクター間関係

●公共セクターとしての役割の見直し

新しい公共論の下では，公共セクターの役割の見直しも必要になる。

まず，これまでの行政システムや仕事の進め方が，市民のためという原則に合致しているかどうか，また議会や議員の活動が，市民のためという原則に沿って活動しているかが，あらためて問われることになる。これは旧い公共（A領域）の市民化であるが，要するに市民のために働く行政や議会・議員への転換である。具体的には，首長や議会・議員の役割や責任，職員の心構え，組織のあり方，政策決定過程の公開や参加等の見直しが必要になる。

同時に，地域コミュニティやNPOなどの民間セクターも，公共の担い手として活動するときは，一定の公共ルールが適用される。新しい公共（C領域）の公共化である。社会貢献性のほか，情報公開や説明責任が主な内容である。

●**公共セクター間関係**

政府と地域コミュニティ，NPO等の民間セクターは，ともに公共領域で活動していることから，両者の間には，「公共セクター間関係」とも言うべき新たな関係が生まれてくる。

政府と民間セクターの関係には3つのパターンがある。

第1は，相互に無関係に活動する場合である。その典型は，行政が立場上関わりにくい課題（不法在留の外国人への救援活動），社会的な合意ができていない課題（少数者の人権），行政とは異なる立場の課題（原発問題）等である。相互に独立無関係に活動を行うが，行政の役割は，民間セクターの活動を見守り，後押しする役割である。

第2が，競争・競合する場合である。公共領域に民間セクターが参入して，行政や企業とは形の違うサービスの提供が行われたり，行政や企業とは別の視点からの提案が行われる場合であるが，この場合は政府と民間セクターは競争相手ということになる。

第3が，政府と民間セクターは，相互に独立しているが，対等の立場で協力・協調していく場合である。

(5)公共性の判断者・公共ルール

●**公共性の判断者**

公共性とは，社会全体における不特定かつ多数の利益にかなうということである。抽象的は，その通りであるが，問題は何をもって社会全体の不特定・多数の利益と見るのか，それをだれが判断するのかである。

政府が公共を担い，民間は私的利益を担うという公私二分論の下では，公共の利益の判断は，政府の判断が優先しがちである。テーマによっては，政府が最も詳しい情報を持っており，政府の判断が優先されるのも，一定の正当性・合理性がある。

しかし，公共領域が広がり，公共の担い手は，政府だけではなく，地域コミュニティやNPO等も担っていることを考えると，公共性の判断権者も異なってくる。テーマによっては，民間セクターのほうが，詳しい情報を持ち，その判断に正当性・合理性がある場合があるからである。したがって，現時点では政府の立場には反しているものでも，結局は市民全体の利益につながるような活動は公共の利益と言える場合がある。

●公共ルールに従う

地域コミュニティやNPO等は，政府ではなく私的存在ではあるが，公共を担っているので，その組織活動では可能な限り，公共空間のルールに従ってもらうことになる。

情報公開や説明責任といった政府のルールも，地域コミュニティやNPOが公共を担っている部分では，準用していくことになる。とりわけ補助金などの形で税金による支援を受けた場合は，行政と同様の情報公開や説明責任を果たすべきである。これら責任の根拠は，公共主体としての社会的責任の一種と考えてよいだろう。

第2章 励ます地方自治の理念
——協　働

1. 協働の定義

(1)3つの意味

協働という用語は，コプロダクション（coproduction），コラボレーション（collaboration），パートナーシップ（partnership）3つの意味で使われている。

コプロダクションとコラボレーションは，2つ以上の組織が，情報，資源，活動，能力を相互に提供，連結することで，1つの組織では，成し遂げられない成果を達成することを重視するものである。生産や成果を含んだ概念であるが，ここでは一緒に行動しているから協働という立場である。

コプロダクションという用語は，アメリカの政治学者ヴィンセント・オストロム（Vincent Ostrom）[1)]が，「地域住民と自治体職員とが協働して自治体政府の役割を果たしていくこと」を表現するための造語coproductionをつくり，これを日本に紹介した荒木昭次郎教授が，協働の言葉を当てはめたものとされている。荒木教授によると，協働とは「地域住民と自治体職員とが，心を合わせ，力を合わせ，助け合って，地域住民の福祉の向上に有用であると自治体政府が住民の意志に基づいて判断した公共的性質をもつ財やサービスを生産し，供給

1）多くの自治体の協働指針等には，「協働という言葉は，1977年，アメリカの政治学者ヴィンセント・オストロムが，地域住民と自治体職員が協力して自治体政府の役割を果たしていくことを一語で表現するために造語した“coproduction”（co「共に」，production「生産」）を日本語に訳したものです」（日向市協働のまちづくり指針）などと書かれている。

していく活動の体系である[2]」とされる。

これに対して，パートナーシップ（partnership）は，セクター間の対等性・主体性，関係性を表す言葉である。レスター・M・サラモン（Lester M. Salamon）らが主唱する第3セクター論に由来する定義で，公共の担い手という観点から協働を考えるものである[3]。市民（地域コミュニティ，NPO，企業等も含む）も公共の担い手であり，一緒に活動してるからではなく，ともに公共を担っているから協働とするものである。

＊パートナーという言葉は，よき伴侶という意味で使われるように，パートナーシップはもともと主体間の関係を表す言葉である。パートナーシップという名称を持つ法律を見ても，ジョイント・ベンチャーの意味でのパートナーシップ法（Partnership Act，Limited Partnership Act）や，同性同士でも登録すれば，婚姻夫婦と同じ法的効果が与えられるパートナーシップ登録法（Registered Partnership Act）があり，主体間の関係を表している。

(2)パートナーシップとしての協働

●道普請・水普請

コプロダクションという意味の協働が，1970年代にアメリカで「発見」され，それが日本に持ち込まれて「協働」になったと説明されるが，日本においては，地域住民と役場が，力を合わせ，助け合って，地域にとって有用な活動を行うことについては，長い歴史がある。

各地で行われた道普請や水普請などがその例であるが，これは，地域住民が，金銭，労力，用地・物資の負担をしながら，行政と協力しながら（年代によって，住民と行政の関与の内容や程度は変わっていく），インフラの設計から維持まで行う仕組みである[4]。

---

2) 荒木昭次郎『参加と協働――新しい市民行政関係の創造――』（ぎょうせい，1990年）9頁。

3) レスター・M・サラモン，江上哲監訳『NPOと公共サービス　政府と民間のパートナーシップ』（ミネルヴァ書房，2007年）48頁。

4) 田中尚人他「風土に根ざしたインフラストラクチャー形成に関する研究――柿野沢地区の道普請を事例として――」（土木学会論文集D，Vol64，2008年）218-227頁。飯田市柿野沢地区の道普請の概要を紹介している。時代を経るごとに，住民の労務提供の程度と行政の提供する資材等の内容が変化していき，昭和50年以降は，住民の労務提供がなくなっていく。ところが，最近では，地域住民による協働活動を「道普請」として前面に打ち出している例（美濃市）が出てきた。市は，申請により材料の支給や重機の借り上げ費用などを支援する。柿野沢地区では昭和道普請や水普請は，農閑期や田植えの始まる前に村をあげて行われるが，これを行わないと農業生産に支障が出てしまうからである。アジアモンスーン地域のはずれに位置し，住民相互の協力・連携しながら水田稲作農業を行ってきた日本においては，道普請や水普請のようなコプロダクトは，必然的に行われる行為といえる。

このような「協働」の歴史を考えるとき，地域住民と行政が，力を合わせ，助け合って，地域にとって有用な活動を行うことを，今あえて「協働」と呼ぶ意味があるのかというのが根本的な疑問である。

＊1990年代半ば以降に，自治体で協働という言葉が広がるが，そのルーツは，1970年代後半にアメリカで行われた「公共と民間のパートナーシップによる都市開発」が日本に伝わり，それが1990年代の初め頃都市計画の分野に導入され，パートナーシップによるまちづくりが模索されたというのが筆者の体験である。横浜市では，すでに1991年から，「国際パートナーシップまちづくり事業」に取り組んでいた。

●なぜ1990年代に言葉ができたのか

協働という言葉は，1990年代に生まれたが，なぜ1990年代なのか。その背景を考えると，協働の意味を理解しやすい。

1993年には日本は，1人あたりGDPはOECD諸国内で1位となった。同時に，日本経済は，90年代初めのバブル経済の崩壊以降，長期的な経済の低迷が続き，1998年には24年振りのマイナス成長を記録した。こうしたなかで，国民のなかで，経済的価値とは違う，心の豊かさ，充実感といったもう1つの価値が重視され始め，求められるようになった。

自治体の政策課題という点でも，1990年代は大きな転換点である。公害問題が収束し，環境問題となり，まちづくりでも開発デベロッパー型が終わり修復型に変わっていった。

これら新しい課題に対しては，権力的，規制指導的な対応では解決できず，また政府以外の担い手による多様で柔軟な対応が求めれられるようになっていった。税金を使った行政による政策では限界があり，税金による行政サービス

30年代に，材料や重機の貸し出しといった同じことをやっていた。

とともに，市民（地域コミュニティ，NPO等も含む。以下，この章において特に断らない限り同じ）の知識，経験，行動力といった民間パワーを社会的・公共的なエネルギーに変えて，暮らしやすい社会をつくっていこうというのが，協働論の背景である。

●国語としての協働，政策としての協働

協働とは，自治体政府とともに市民も，公共を担うという考え方である。しばしば協働というと言葉から連想して，協力して働く，つまり一緒に汗を流すことと理解されるが，これは「国語としての協働」である。

これに対して，地方自治で重要なのは，「政策としての協働」である。協働は，地方自治の目的である，市民一人ひとりが幸せに暮らせる社会をつくるための理念であるとともに，手段・手法でもあり，この観点から協働の意義を考えていく必要がある。

今日のように，行政だけでは地方自治の目的を実現できない時代にあって，政策としての協働とは，役所と市民が公共の担い手として，いわば車の両輪となって，まちを豊かにしていくことである。ともに公共のために活動するから協働で，ときには一緒に行動することもあるが，それは協働の実践の一場面にすぎない。その意味で，「協」と「働」をつなぎ合わせてできた協働という用語が正しかったのか疑問がある[5)]。むしろ「共働」のほうが，より適切に表現していると考えている[6)]。

●協働の定義

協働概念の核となるのは，「行政とともに市民も公共を担っている」ことである。同じ公共主体として，両者が一緒に活動する場合もあるが，一緒には活動しない（時と場所を同じくしない）場合も，公共を担っているから協働である（一緒にやらない協働）。

協働の目標は，自治の実現，つまり，市民や地域が抱える課題を解決して，市民一人ひとりが幸せに暮らせる社会を実現することである。

5） 協働という用語が使われていった筆者自身の経験は，拙著『協働が変える役所の仕事，自治の未来——市民が存分に力を発揮する社会——』（萌書房，2013年）を参照。

6） 初期に協働に取り組んだ自治体は，今日でも「共働」を使っている（豊田市など）。しかし，全体としては，多くの自治体で「協働」という用語に収斂されていった。

そして，市民が公共の主体と言えるためには，市民自身が自立（自律）していることが前提で，公共主体としての責任も求められる（市民の公共性）。同じ公共の担い手として，両者の信頼関係も重要である。

自治体の協働政策では，公共の担い手としての市民の自立（自律）性を高め，協働行動を促進するため，補助，委託，後援等の直接的な支援策のほか，情報，場所，機会の提供などの条件整備，さらには，行政の困難だけれどもやりぬく姿勢，逃げない姿勢，温かいまなざし[7)]などといったソフトで間接的な支援策を含まれる。

2. 協働の内容

(1)協働の理論――参加と協働の違い

参加と協働との違いであるが，役所が主導することに市民も参加して，一緒に汗を流すことが協働だとしたら，それは参加の一種である。あえて協働という言葉を使う意味がない。

参加と協働の違いであるが，まず出自が違う。参加は，国民国家ができて以来の理論で，1789年のフランス革命から考えると200年以上の歴史がある概念である。政府を自分たちの政府にするために，国民の参加権が保障されるが，地方自治についても，自治体政府をコントロールし，市民のものとするための基本的権利が参加権である。これに対して，協働は，1990年代に入って生まれた概念で，公共の担い手は，政府だけでなく，市民も担い手であるという考え方である。

参加と協働は，実際に局面では，だれがイニシアティブを取るかで分かれてくる。参加は，もっぱら政府がイニシアティブを取り，そこに市民が加わることを言う。公共の主体は，あくまでも政府で，市民は，そこに補助的に加わる関係になる。これに対して，協働とは，市民も公共主体になるという考え方で，市民自身がイニシアティブをとって，政府とは対等の立場で，政策立案や実施

7) 自治体職員の体験で言えば，「逃げない姿勢」，「あたたかなまなざし」が，最も効果的な協働施策である。

に関わることをいう。

⑵協働の主体

●協働の主体

公共のもう1つの担い手は市民である。念のために再確認すると，この市民は広い概念で，自然人市民のほか，法人も含まれる。また，自治会や町内会等の地域コミュニティ，NPO，ボランティア団体などのテーマコミュニティ，大学，さらには公共を担う分野では企業も含まれる。

協働というとNPOを連想するが，日本の多くの地域では，地域コミュニティのほうが重要な役割を果たしている。地域コミュニティは，行政の下請けとして，行政の意向を忠実に実行する組織という側面ばかりが目につくが，新しい公共論の立場では，地域の公共主体として，地域課題解決のための政策を企画・立案し，地域福祉の実現に主体的に取り組む組織に位置づけられる。

●市民の公共性

公共主体としての政府は，公的な責任を負うが，その性質の根源は，主権者である市民からの信託を受けたという点で，責任の内容は，市民に対する説明責任等である。

これに対して，公共の担い手としての市民も，一定の公共的な責務を負う。具体的には，社会貢献性のほか，一定の情報公開や説明責任が問われるが，とりわけ補助金などの形で税金による支援を受けた場合は，行政と同様の情報公開や説明責任を果たすべきである。ただ，この責任の性質は，行政とは異なる。なぜならば，市民は，主権者から信託を受けていないからで，その性質は，公共主体としての社会的責任の一種と考えてよいと思う。

⑶協働の形態——一緒にやる協働

●一緒にやる協働・一緒にやらない協働

新しい公共論で考えると，公共の担い手は，行政と市民の両方で，ともに公共を担っているから協働ということになる。そこから，協働には，一緒にやる

図表II-2-1　一緒にやる協働・一緒にやらない協働

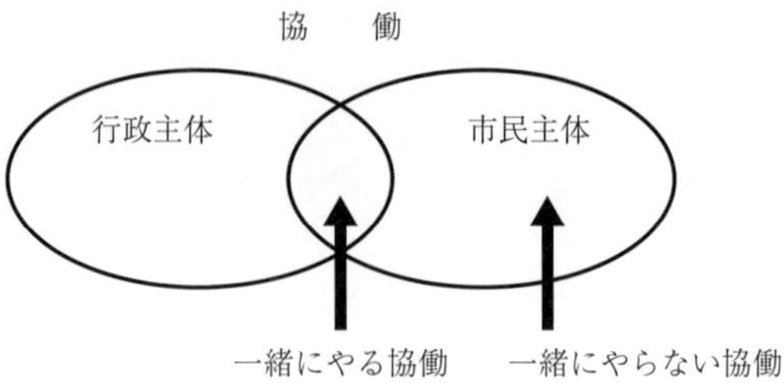

協働と一緒にやらない協働が出てくる[8)]。

このうち，一緒にやる協働は，行政が担う公共と市民が担う公共が重なり合っている場合である。一般には，これが協働と理解されている。これに対して，一緒にやらない協働とは，市民が独自に公共を担っている場合である。行政とは一緒にやらない（時と場所を同じくしない）けれども，市民が公共利益を実現しているというケースである。

それぞれの協働ごとに，自治体の施策内容が違ってくる。

一緒にやる協働事業のメリットは，行政と市民のそれぞれの良さを持ち寄って，1＋1を3にするものである。そこで，一緒にやる協働では，一緒にうまくやるにはどうしたらいいかが施策の中心となってくる。

それに対して，一緒にやらない協働では，市民が，主体性・対等性・自立責任，信頼関係を持って，存分に活動するにはどうしたらよいのか，そのために自治体政府は何をすべきなのかといった後見的，支援的な施策が中心となる。

●一緒にやる協働の形態

一般に協働の形態には，後援・実行委員会，事業協力，共催，委託，補助などがある。これらは，一緒に活動する協働に焦点を当てた協働形態で，協働を行政と市民（特にNPO）との契約関係から論じる立場とも言える。

8)　詳細は，拙著『市民協働の考え方・つくり方』（萌書房，2009年），『協働が変える役所の仕事，自治の未来』を参照。

図表Ⅱ-2-2　一緒にやる協働の形態

後　援	行政の名義を貸す。信用が増す
実行委員会	行政とNPOとともに参加する実行委員会等によって事業が執行
事業協力	一定期間，人材・情報・ノウハウを提供し合いながら協力して事業を行う
共　催	行政，NPOがそれぞれ主催者となって事業を実施
委　託	行政が本来行うべき業務をNPOに委託
補　助	NPOが行う事業に対して，補助金等を交付

●一緒にやる協働――ふさわしい事業

一緒にやる協働にふさわしいものとして，次のような事業がある。

①　きめ細かく柔軟なサービスを提供する事業

多様なニーズに対して，きめ細かく柔軟なサービスを提供することができる。子育て支援，障がい者支援，高齢者の生きがいづくり等がある。

②　特定の分野で専門性を必要とする事業

特定の分野で専門知識やネットワークを有する市民活動団体と協働することで，多彩な発想やノウハウにより事業効果が高まる。難病の支援，環境保護活動等がある。

③　市民活動団体が先駆的に取り組んでいる事業

市民活動団体が先駆的に取り組んでいる事業の場合，その積み重ねられたノウハウを活かすことによって事業効果が高まる。空き店舗の有効活用，子ども虐待防止，ニート防止，DV防止等がある。

④　地域の実情に合わせながら進める事業

地域に根ざした活動をしている市民活動団体と協働することで，地域の実情を踏まえた事業が実施できる。防災・防火活動，防犯パトロール，愛着ある公園づくり等がある。

⑤　市民が主体的に活動する事業

市民が当事者として，社会的な問題を身近なものととらえ，主体的に活動することにより，その活動を大きく展開することができる。ゴミの減量，外国籍市民への支援，子どもへの読書普及活動等がある。

●一緒にやる協働の限界

一緒にやる協働は，図表を見れば分かるように，行政のテリトリー内での協働である。それゆえ，行政の行動原理に縛られる。

行政の行動原理は適法性，公平性，公正性，行政計画への整合性等である。これは行政が税金で動く組織だからである。他方，市民は，自分たちが大事だと思うことを自分たちの金で行うので，行政の行動原理とは無関係に動くことができる。そこが，摩擦や行き違いが起こる原因で，協働のミスマッチは構造的な問題である。

それに対して，行政は行動原理に縛られることなく，柔軟に対応すべきという意見もあるが，それはないものねだりである。行政が適法性等の行動原理を逸脱したら，それは行政とは言えない。この限界を超えて，補助金を出せば，監査請求や住民訴訟の対象になり，担当者が損害賠償責任を負い，懲戒処分を受け，ときには職を失うことになる。

こうした内在的な制約を持ちつつ，その限界を乗り越えるには，行政自身が，協働の意義を明確に自覚するとともに，市民側においても，行政の限界を踏まえた柔軟な対応が必要になる。

＊A市には，まちづくり支援補助金制度があり，市民団体が，駅前に花を植える活動に補助金が出されていた。補助対象の終了日は，要綱では，3月21日となっていた。補助申請をしたB団体は，2月に約3万円分の花と肥料を購入したが，補助対象の終了日である3月21日までに花を植えることができず，4月1日になって花を植えた。ただ市へは，3月21日に事業完了したとして，実績報告書を提出して，交付額確定を行った（書類は整っていた）。これに対して，花を植えた日は，大雨で花は植えられないはずだと言って，住民監査請求があり，次いで住民訴訟が提起され，A市長に対し損害賠償請求がなされた。判決は，補助金の交付が，市の要綱に違反する違法なものであるとして（要するに市の確認が不十分として），損害賠償請求が認容された。

(4)協働の形態――一緒にやらない協働

一緒にやらない協働は，行政と市民が時と場所を同じくして活動はしないけれども，公益の実現を市民も担っているという意味で，協働ということになる。協働の要諦は，それぞれが公共利益を目的として，主体的に，対等で，自立して，責任を持って，信頼関係をつくりながら活動すれば，それも協働ということである。

一緒にやらない協働のために行政が行うべきことは数多くある。

① 市民の活動支援

調査研究，広報・PR，相談，学習・研修，交流・連携，情報提供・情報公開の実施，情報交換の場や機会，人材の育成，税制上の措置，活動拠点の整備，公の財産の提供，市業務への参入機会，市民参加・参画手続の制度化（審議会，パブリックコメント，公聴会，説明会，アンケート，ワークショップ等）などがある。

② 励まし・温かいまなざし

行政側の困難だけれども断固やりぬく姿勢，市民にやらせるだけやらせて逃げない姿勢，温かいまなざしなどといったソフトで間接的な支援策も，市民が存分に活動できる元気のもとになるものならば，これも協働である。

3. 協働への批判

協働に対しては厳しい批判もある[9]。

(1)信託論からの批判

信託論からは，市民は主権者で，行政はその市民から雇われている（信託されている）存在であるにもかかわらず，雇い主（市民）と雇われた者（役所）が対等で，一緒に力を合わせるというのはおかしい，市民（雇い主）は行政（雇われた者）を意のままに使うことが本分なのであって，協働する必要などない。協働ということで，市民（雇い主）と行政（雇われた者）の主客逆転関係が継続してしまうことを危惧するという批判である[10]。

ただ，この信託論は，役所だけが公共を担っているという発想にとどまっている。たしかにかつてはそれでよかったかもしれないが，しかし，それでは地

9） ニセコ町では，平成21年度のまちづくり基本条例の改正で，第8章の章名は「まちづくりの協働過程」から，「計画策定過程」に変更され，条例中の協働という言葉が削除されている。

10） 新藤宗幸「『協働』論を超えて～政府形成の原点から」『地方自治職員研修』第36巻第3号（公職研，2003年）9-10頁。

域において，次々と発生するは諸問題を解決し，市民が幸せに暮らせるようにはならないというのが，協働の問題意識である（空き家問題など）。

新しい公共論では，公共の担い手は政府だけではなく，市民も公共主体と考えるので，同じ公共主体として対等の関係で協力し，それぞれの情報，人材，場所，資金，技術等を有効に活用しながら，公共的課題の解決を図るという関係になる。市民も持てる力を存分に発揮できることになる。

⑵主権者市民・公共主体市民——2つの市民

憲法秩序の下では，市民は主権者としての存在（主権者市民）であるが，地方自治では，相互の協力，助け合いも，自治経営の基本である。市民は，主権者であると同時に公共活動の主体という側面を持っている（公共主体市民）。

市民の暮らしという観点から考えてみると，市民は，主権者としての側面のほか，福祉，環境，まちづくりなど様々な場面で，公共の主体や担い手としての活動している。実際には，むしろこちらのほうが大きいくらいで，こうした公共主体としての市民は，これまで軽視されてきたが，そこにも光を当てるのが協働論である。

⑶財政が厳しいから協働をする？

行政は金がないから，協働などと言い始めたのではないかという批判もある。結局，安い下請けにするのではないかという議論である。

たしかに，自治体財政が厳しく，それゆえ協働が注目されたという側面は否定できないが，協働は，より本質的な自治のパラダイムである。

最初に述べたように，地方自治の究極の目的は，憲法13条に規定する個人が尊重される社会の実現にある。「尊重」の意味は，市民一人ひとりの個性や能力を存分に発揮することであるが，協働とは，市民が公共の主体として，その持てる強みや得意分野を存分に発揮して，市民の暮らしや地域を豊かにするというものである。つまり，市民は自分たちの得意分野，得意領域だから公共を担うのであって，行政の財政が厳しくなったから協働を行うものではない。もし税収が上向き，自治体の財政状況が好転しても協働は行うものである。

4. 協働政策の変遷と展開

(1)協働政策の変遷

●NPOからすべての市民に

1998年（平成10年）3月に特定非営利活動促進法が制定されたが，NPOは，資金，活動拠点，人，情報，マネジメントなど，様々な課題を抱えている。そのNPOの自立を支え，支援するための制度として協働政策がスタートした。

日本で最初の本格的な市民協働条例は，仙台市市民公益活動の促進に関する条例（平成11年3月）であるが，全22条のうち半分（10条から21条）は，市民活動サポートセンターに関する規定となっている。続く大阪府箕面市非営利公益市民活動促進条例（平成11年6月）も，行政サービスにおける参入機会の提供と促進委員会に関する事項にウェイトを置いた条例である。

協働の目的が，市民をもう1つの公共主体として育てることにあることが明確になると，協働政策の対象は，NPOには限らなくなる。地域ではむしろ，自治会・町内会等の地域コミュニティのほうが，まちづくりでは大きな存在である。岡山市協働のまちづくり条例（平成27年12月改正）では，多様な主体という概念をつくり，住民組織，NPO，事業者，学校等，地域の社会課題解決に取り組む個人及び団体等のすべての市民と行政が，これに当てはまるとしている（2条）。

また公共セクター間における対等性・関係性を重視すると，行政とNPO，あるいは地域コミュニティとの協働だけに限らず，NPO間，NPOと地域コミュニティとの間にも協働があることになる。

●支援内容の広がり

支援も当初は，もっぱらNPOの経済的自立を主眼としたので，支援の内容は，補助や委託といった財政的支援が中心で，そのための仕組みとして，市業務への参入の機会及びそのための登録制度等が開発・工夫された。

協働政策の比重が支援から協働に代わると，支援の内容も多様になってくる。現在の到達点としては，岡山市協働のまちづくり条例では，①地域拠点・地域コーディネート機能整備，②人材育成，③団体育成支援，④多様な主体からの情報発信・情報提供，⑤多様な主体間での交流機会の提供，⑥すぐれた取り組みの表彰，⑦協働事業へ補助金交付，⑧土地・施設等無償貸与，⑨コーディネート機関の設置等が規定されている。

●支援から協働に

協働政策では，当初の目的は，自立性が弱いNPOの支援であったが，支援は，NPOを対等な公共主体として育てることが究極の目的である。そして，行政とNPOが対等ということになれば，そこから同じ公共主体として協力して事業を行うという発想も生まれてくる。

神奈川県大和市新しい公共を創造する市民活動推進条例（平成14年6月）は，市民，市民団体，事業者等が持つ時間，知恵，資金，場所，情報などを「社会資源」とし，こうした資源を持つ市民と行政は，「協働の原則に基づいて協働事業を行うことができる」（12条）としている。ちなみに条例で，最初に協働を冠したのは，岡山市協働のまちづくり条例（平成12年6月）である。

協働提案制度も開発された。協働提案制度は，地域の問題を協働により解決するため，市民又は市が，事業又はアイディアを提案し，その実施に向けて話し合い，共に取り組む制度である。「市民は，協働で行う事業について，市に事業提案することができ」，「市は，前項の規定により市民から事業提案を受けたときには，誠実に対応」（蕨市市民参画と協働を推進する条例11条）しなければいけない。

今日では，協働事業とその提案制度は，市民協働条例の標準装備となった。

●協働の原点に戻る動き

日本語から発想する「国語として協働」が広がる一方，「政策としての協働」を意識し，市民もまちの担い手として，「ともに」その力を発揮していくことを構築する動きも出始めた。

岡山市協働のまちづくり条例では，協働を「同じ目的を達成するために，互いを尊重し，対等の立場で協力して共に働くことをいう」（2条）と定義しているが，ここに「共に」は，行動を共にするという意味ではなく，同じ公共主体としての意味である。

そして，協働を進める市の役割として，市は，「多様な主体としての役割を担うとともに，多様な主体の協働による地域の社会課題解決に関する取組を促進するための環境整備に努めるものとする」（5条）としている。市民の公共活動を後押しする役割を意識した規定となっている。

市民の公共活動を後押しする方法として，これまでも多様な支援方法が開発されてきたが，さらに広範囲に考え，開発していくべきだろう。

(2)市民協働条例

●市民協働条例の広がり

市民協働条例は，自治体と市民との協働や支援（協働政策）を真正面からとらえる条例であるが，そのほか，いくつかの協働条例がある。

① 個別の協働・支援施策を内容とする条例

公設NPOサポートセンターの設置（鎌倉市市民活動センターの設置及び管理に関する条例），税の減免（岡山県特定非営利活動法人に係る県税の特例に関する条例）に関する条例である。

② 市民参加（参画）と市民協働を合わせて規定した条例

参加と協働は，出自や行動原理は大きく異なるが，市民の活動という点では，両者の親和性は高いことから，こうした条例がつくられた。山口県下関市市民協働参画条例（平成15年3月）や東京都小金井市市民参加条例（平成15年6月）が，最も初期の条例である。なお県レベルでは，兵庫県が県民の参画と協働の推進に関する条例（平成14年12月）を制定している。

③ 自治基本条例の変形としての条例

これは自治基本条例の変遷に対応した動きである。自治基本条例は，自治体政府を民主的に統制する内容に加えて，公共の担い手として市民を位置づける条例が増えてきたが，後者では，協働が重要なコンセプトになっている。青森県弘前市の協働まちづくり条例等がこれに該当する。

●市民協働条例の全面改正の動き

市民協働施策の深化と広がりのなかで，初期の市民協働条例が改正され始めている（横浜市，仙台市，岡山市）。ちなみに，いずれも既存条例の廃止・新規制定方式によらず，全面改正方式を採用している点が注目される。先行条例の深化・発展形であることを表している。

条例の制定目的も，先行条例が，もっぱら非営利公益活動への支援であるのに対し，新条例は協働によるまちづくりの推進に変わっている。条例の名称も，横浜市では，「市民活動推進条例」から「市民協働条例」に，仙台市では，「市民公益活動の促進に関する条例」から「協働によるまちづくりの推進に関する条例」に変わっている（岡山市は当初から協働のまちづくり条例）。

5. 自治経営の基本概念としての協働

⑴新しい社会をつくるエネルギー

●新しい社会をつくるパラダイム

協働には，様々な意義・波及効果があるが，最も基本となるのは，協働は，新しい社会をつくるパラダイムという点である。

最低保障が十分ではなく，経済が右肩上がりの時代にあっては，市民の要求・要望が，成長・発展の原動力となった。市民と政府との対立，ぶつかり合いが，発展の礎となった。

ところが，成熟時代になると，こうした要求・対立は，成長のバネにはならず，むしろ相互不信や社会的軋轢の原因となる。協働は，市民の役割を転換し，公共主体として，新たな社会的役割を果たす存在として位置づけるものである。同時に，行政，議会の役割も，市民が持っている潜在力を引き出すことが重要な役割となる。

こうした市民の力，行政や議会の力を束ねて，それを大きなエネルギーに転換して，持続可能な社会をつくっていくのが協働による自治経営である。

こうした新しい社会づくりは，一定の豊かさを実現し，市民の層が厚い日本でなければできないことである。それを地域からやっていこうというのが，協働という自治体プロジェクトである。

●協働政策を考えるヒント

協働政策では，「だれが力を出していないか」，「どうすれば力を存分に発揮するか」を考えると，協働政策を考えるヒントが見つかる。

例えば，これまで存分に力を発揮していない市民の1つが若者である。

これまで自治体が政策対象としていた若者は，主に中学生までである。保護の対象というとらえ方で，教育，保健医療，福祉，文化，健全育成など幅広い政策分野に及んでいる。ところが，高校生以上になると，健全育成や文化，スポーツに限られ，まちづくり参加，社会参加に関する政策はほとんどない。

しかし，人口減少，少子超高齢社会を迎えるとき，次の時代の担い手である若者を無視しては，自治やまちが継続しないのは明らかである。それまで出番の少なかった若者を公共の担い手としてきちんと位置づけ，若者の出番と居場所をつくるのが若者政策である。

愛知県新城市をはじめとして，全国で若者政策が花開こうとしているが，これは協働の理念の具体化である[11)]。

(2)協働で変わる自治体の仕事

協働は，自治体と市民が一緒に活動することにとどまらず，市民も公共の担い手として，存分に力を発揮し，自治体と市民が，いわば車の両輪として，まちをつくっていくことであるが，このように考えると，自治体の役割も大きく変わってくる。

市民と一緒に活動することが協働だとすると，協働は一部のセクションのことにとどまるが，市民の活動を後押しすることが協働であるとし，あたたかなまなざしも協働であると考えると，役所の全職場，全職員が協働の当事者になる。自治体の仕事で協働がないところはない。総務課だって協働がある（図表Ⅱ-2-3）。

(3)協働を進めていくために――プロジェクト運営の基本

協働を自治全体に定着させるプロジェクトは，明治維新以来，ずっと続けてきたシステムの大転換なので，そう簡単には進まない。理論だけでなく，市民，行政（長，職員），議会（議員）が，それぞれの現場で，当事者意識を持って，具

11） 松下啓一・穂積亮次『自治体若者政策・愛知県新城市の挑戦――どのように若者を集め，その力を引き出したのか――』（萌書房，2017年）。

図表Ⅱ-2-3　協働による業務の変化（総務課）

	これまで	一緒にやらない協働も含めると
個人情報担当	悪用から個人を守る ・目的外には使わない ・法の枠外のものも抑制的に対応する	市民，地域やNPOが助け合えるように個人情報を活用する ・高齢者の福祉 ・災害弱者の救援
危機管理担当	行政が，地域データを活用して，災害から市民を守る	市民間での危機管理に取り組む
広報担当	役所が広報媒体を使って，まちの魅力を市民に知らせる	市民自身が，自らの広報媒体を使って，市民等に魅力を知らせる
人事担当	宣誓条例 1700自治体みな同じ	地方分権，協働時代にふさわしい職員像の宣誓条例をつくる
法規担当	一部改正条例は内閣法制局の改め文方式に準拠（市民が見ても分からない）	新旧対照表方式など，市民が見てもよく分かる方式への見直し
施設管理担当	公会堂等の施設を管理の視点からみる	市民が利用し，市民活動が活発化するという観点から見直す

（資料）　筆者作成。

体的に実践していきながら進めていくしかない。

協働プロジェクト運営は，対立型，要求型にならず，自治の関係者が，その持てる力を存分に発揮し，これらが総和し，相乗効果を発揮して，そこから新たなエネルギーが生まれてくるように設計・運営していくことが肝要である。

市民の主体的な関わりが基本であるが，行政や議会の役割も重要である。協働プロジェクトでは，行政は黒子という意見もあるが，関係者が存分に力を発揮できるように舞台装置づくりを行うとともに，行政の意欲やあたたかな目線が，すぐに市民に伝播し，また，行政の変革が市民に見えると，市民自身の自立（自律），連帯にも弾みがつくことから，行政の役割の重要さを再確認する必要がある。

第3章 励ます地方自治の理念

——信頼・補完性

1. 基本理念としての信頼

(1)ソーシャル・キャピタルの考え方

●ソーシャル・キャピタル

同じ自治体なのに，福祉活動の盛んな地区とそうでない地区がある。リサイクルに熱心に取り組んでいる地区とそうでない地区がある。同じ制度，同じ権限であるのに違いが出るのはなぜか。その問題を解くカギがソーシャル・キャピタルである。

ソーシャル・キャピタルを主唱したアメリカの政治学者ロバート・パットナム（Robert D. Putnam）は，地方制度改革を行ったイタリアを調査して，地域ごとに制度パフォーマンスに差が生じるのは，ソーシャル・キャピタルの豊かさの違いだとした。

パットナムは，ソーシャル・キャピタルを「調整された諸活動を啓発することによって社会の効率性を改善できる，信頼，規範，ネットワークといった社会組織の特徴[1)]」と定義している。つまり，住民同士の信頼や結びつき，参加・交流が，社会を効率的に機能させるというのがソーシャル・キャピタルの考え方である[2)]。

1) ロバート・D・パットナム，河田潤一訳『哲学する民主主義——伝統と改革の市民的構造』（NTT出版，2001年）206頁。

2) フランシス・フクヤマ（Francis Fukuyama）の主張はより直截的である。ソーシャル・キャピタルを「信頼が社会または社会のある程度の部分に広く行き渡っていることから生じる能力」

＊イタリアでは，1970年代の地方制度改革で中央政府から州へ分権を行ったが，産業政策や保健，住宅，都市計画等に関する制度や権限が各州とも同じで，同時期に導入したのであるから，本来ならば同じ結果になるはずであるが，実際には，地域により制度パフォーマンスに差が生じた。原因をソーシャル・キャピタルに求めたのである。パットナムは，パフォーマンスを12の指標で測定しているが，例えば1974年の家庭医制度では，1978年までに稼動した家庭医数を比較すると，北部のウンブリア州では，住民1万5000人あたり1名の家庭医が整備されたが，トレンティーノ＝アルト・アディジェ州，モリーゼ州，ヴァッレ・ダオスタ州では，制度そのものがスタートしなかったとしている。

たしかに，人々は互いに信用し，尊重して，自発的に協力し合えば，無駄な配慮や疑心暗鬼にならずに，行動することができる。こうした社会が実現すれば，社会全体を効率化するだけでなく，集合行為のジレンマを解決して，民主主義を機能させることもできる。

ソーシャル・キャピタルの考え方の優れたところは，信頼，つながり，参加・交流といった目に見えないが，社会を豊かにする有用な資源を「社会的な資本」としてとらえ，これを外部からの働きかけ，計測，他との比較が可能なものとした点である。

●ソーシャル・キャピタルを政策にするには

ソーシャル・キャピタルを自治経営に活用するには，いくつかの論点がある。

① ソーシャル・キャピタルの要素である信頼，互酬性，ネットワーク等は，本当に社会を効率化し，豊かにするか。パットナムのイタリア調査の結果が普遍性を持つかどうか，日本の，そして地域における再検証が必要である。

② 信頼，互酬性，ネットワーク等がある状態をどのように測定するか。資本というからには定量的に把握できる必要があるからである。定量化の手法を開発する必要がある。

③ 信頼，互酬性，ネットワーク等を培養するにはどうしたらよいか。パットナムは「その構築は容易ではない」としているが，その困難性を乗り越えて，自治の目的を実現するのが，自治体政策の役割である。そのための

（フランシス・フクヤマ，加藤寛訳『「信」無くば立たず』三笠書房，1996年，63頁）としている。

制度や仕組みをどのように構築するかである。

これらを検証するために，日本でもいくつかの調査が行われている。『ソーシャル・キャピタル；豊かな人間関係と市民活動の好循環を求めて』(内閣府国民生活局2003年3月)では，

- つきあいや交流，社会参加を活発に行っている人は，他の人と比べて人に対する信頼感が高い。
- 人が信頼できると思っている人や社会参加を活発に行っている人は，他の人と比べてつきあいや交流が活発である。

ここから，

- ソーシャル・キャピタルの各要素と市民活動の間には一定の正の相関がある(相互に高め合う可能性がある)。
- 市民活動を通じて，ソーシャル・キャピタルが培養される可能性がある。
- ソーシャル・キャピタルが豊かならば，市民活動への参加が促進される。

と推論している。ここに自治体政策のヒントがあるだろう。

(2)信頼の地方自治

●信頼の地方自治

励ます地方自治は，信頼の地方自治でもある。信頼があれば，約束を守ってくれるどうか(期限に間に合うか，品質は大丈夫か等)を心配する必要もなく，無駄な保険をかける必要もないからである。信頼は社会全体を効率的にする。

信頼の地方自治を実現するには，行政側の姿勢と行動も重要である。役所は公正で，不平等な取り扱いはしない，役所はルールに則って，きちんと市民を守ってくれるといった信頼が広く行き渡っていれば，市民は安心して活動できる。行政は逃げずに「一緒にやってくれる」という強い信頼があれば，市民も安心して力を発揮する。役所側の断固たる決意，逃げない姿勢も重要である。

信頼をつくるには，市民自身の行動も重要である。一人ひとりが，自ら考え，まちのことを考えて行動することで，市民間や行政との信頼，相互の連帯が生まれてくる。

グローバル化が進めば進むほど，身近で顔が見える関係にあり，信頼という

価値観で結びついた地方自治が魅力的で，価値があるものになっていく。

●自治体の役割（信頼，互酬性，ネットワークによるまちづくり）

信頼，互酬性，ネットワークの理念を自治経営に活かすには，自治体の役割は，重要である。

- 信頼，互酬性，ネットワークの重要性を認識し，基本方針のもと全市的に取り組むことを明示することである。自治基本条例や総合計画に，ソーシャル・キャピタルの考え方を取り入れることが考えられる。
- 施策化には，まず自分のまちのソーシャル・キャピタルの程度・現状を把握することが必要である。
- ソーシャル・キャピタル形成の主役は，地域や社会で生活・活動している市民である。行政は，その形成に必要な要素の培養，きっかけづくりのための環境整備等の役割を果たすことが必要である。
- ソーシャル・キャピタルを形成するための新しい政策・施策も重要であるが，これまで行ってきた政策・施策をソーシャル・キャピタルの視点から再検討し，再構築するほうが有効である。
- 施策の方向としては，機能性，目的性を基本とした新しい絆の構築や，異なる組織間において異質な人や組織を結びつけるネットワークの構築がポイントになる。ソーシャル・キャピタルを守り，創造していくには，関係者（役所，議会，市民，地域団体，NPO等）が当事者意識を持ち，協力することが必要で，それを仕組みとして具体化する必要である。同時に，ソーシャル・キャピタルには，他者の排除，個人の自由の限定などの課題もあることに注意すべきである。

2. 基本理念としての補完――重層的ガバナンスの考え方

(1)補完性の原則

補完性の原則は，もともとはキリスト教倫理に由来する考え方であるが，EU統合に際して，超国家的機構であるEUと主権国家である加盟国との関係を規律する原則として採用された。マーストリヒト条約前文で，「決定はできるかぎり市民に身近なところで行なわれる」とされ，それがヨーロッパ共同体（EC）条第3条b（現第5条）に引き継がれ，EU全体に関わる原則とされた。そこでは，EUの権限行使は，加盟国によっては十分に達成できない場合，あるいはEUのほうが効果をよりよく達成できるという場合に限り認められるとされ，補完性の原則は，一義的には，EUによる権限の行使に対する限界を設定する基準と言える。

この補完性の原則が，市民自治や分権にも結びつき，ヨーロッパ地方自治憲章（1985年）では，「公的な責務は，通常，市民にとって最も近接した諸当局によって優先的に果たされるべきである」としている。また国連の「世界地方自治憲章草案（第2次）」（2004年）では，「公的な任務及び責務は，市民に最も身近な行政主体によって行使されるべきであり，この補完性の原理は民主的で参加型の開発の基礎であり，任務及び責務の配分にあたっては，この原則を守らなければならならない[3]」（前文）と規定されるようになった。補完性の原則は，地方自治の基本原理のような扱いとなっている。

補完性の原則は，日本の地方自治にも導入され，国は国が本来果たすべき役割を重点的に担い，住民に身近な行政はできる限り地方公共団体に委ねる（1条の2）ことが原則とされた。

⑵補完性の原則の誤解と励ます地方自治

●補完性の原則の誤解

補完性の原則は，本来，ある課題を解決するために，どの主体が実施するのが最もふさわしい（効果的，効率的）かを考える原則である。しかし，その適用場面では，政策課題の解決は，まず自助が基本とされ，市民（自助）と政府（公助）があたかも対立軸のように位置づけられた結果，補完性の原則は，官が行政サービスを撤退する理由づけに使われ，弱いものへの押しつけとしても機能するようになってしまった。

＊補完性の原則は，地方分権と結びつき，次のように説明されることがある。①個

3）以上の記述は，主に全国知事会「地方自治の保障のグランドデザイン——自治制度研究会報告書」（2004年）を参考にした。

人でできることは個人で解決する（自助）→②個人でできないときは家庭がサポートする（互助）→③家庭で解決できないときは地域・NPOがサポートする（共助）→④これらで解決できないとき，初めて政府が乗り出す（公助）→⑤政府が乗り出すときも最初は市民に近い基礎自治体である→⑥基礎自治体では解決できない問題は広域自治体（都道府県）が行う→⑦広域自治体でも解決できない問題について，初めて中央政府が乗り出すという関係になるとされる[4)]。

●励ます地方自治の基本理念として

補完性という言葉は，「支援，救援，補助などを意味するラテン語（subsidium）に由来する」とされるが，補完性の原則とは，市民，地域団体，NPO，市町村，都道府県，国といったそれぞれの主体（セクター）が，それぞれが持っている得意分野，専門領域において，その力を存分に発揮するということであり，さらには，それぞれの主体（セクター）が，存分に力を発揮できるように相互支援，相互補助するということでもある。それぞれが得意だから，その分野の公共を担うという補完性の原則は，励ます地方自治における基本理念の1つと言えよう。

第27次地方制度調査会答申においても，「分権改革の真の目的は事務事業の分担関係を適正化すること」している。

＊「わが国の事務事業の分担関係をこの「補完性の原理」に照らして再点検してみれば，国から都道府県へ，都道府県から市区町村へ移譲した方がふさわしい事務事業がまだまだ少なからず存在している一方，これまではともかく今後は，市区町村から都道府県へ，都道府県から国へ移譲した方が状況変化に適合している事務事業も存在しているのではないかと思われる。分権改革というと，事務事業の地域住民に身近なレベルへの移譲にのみ目を向けがちであるが，分権改革の真の目的は事務事業の分担関係を適正化することにあるのである」。

●公共の役割分担

補完性の原則に基づくと，公共の担い手間での役割分担が明確になる。考える際のポイントとしては，地方自治の目的である「市民の幸せの実現」には，誰が，どのような役割を担うのが好ましいかという視点である。

市民……市民一人ひとりが，公共サービスの受け手にとどまらず，担い手であるという意識に基づいて，積極的に活動していくことが必要である。

4）愛知県「分権時代における県の在り方検討委員会最終報告書」2004年9頁。

地域団体……防犯・防災，福祉，環境，教育など地域における取り組みを評価し，さらに活発化するための地域分権を進める。

NPO …… NPOの持つ，先駆性，機動性，独創性，柔軟性などの特徴を活かしながら，公共課題に取り組むことが期待される。

事業者……事務事業活動を通じた社会的責任，地域コミュニティとの協働など，地域の一員としての社会貢献が求められる。

行政・議会……協働による市政運営を行うため，都市内分権を推進し，地域コミュニティへ権限や財源を移譲する。市民や地域コミュニティ等の活動をサポートするための施策を推進する。

第Ⅲ部

地方自治の法と制度

——地方自治法を越えて

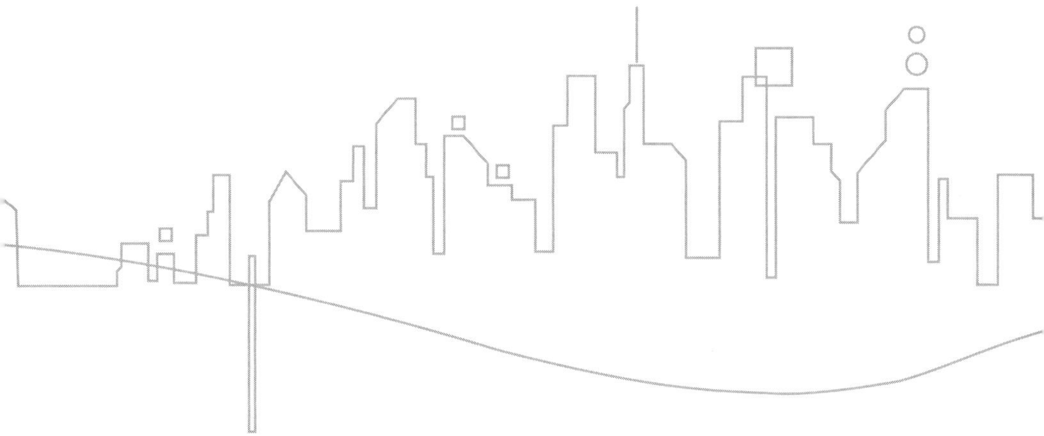

第1章　地方自治と憲法

1. 憲法と地方自治

⑴憲法と地方自治の体系

地方自治は，大日本帝国憲法には規定されておらず，日本国憲法になって初めて規定された。憲法第8章の地方自治は，条文はわずか4条ではあるが，国家に対しては，地方自治体の自治権をみだりに制約してはならないことを命じるとともに（地方自治の本質を損なうような法律は憲法違反となる），地方自治体に対しては，あるべき地方自治の実現に向けて，不断の努力を怠ることがないように鼓舞するという積極的意義がある。

●憲法92条

第92条では，地方自治体の組織及び運営に関する事項は，地方自治の本旨に基づいて，法律でこれを定めると規定している。これは2つの意味がある。

第1は，自治体の組織及び運営に関する事項は，法律（国）によりつくられる。逆に言うと，自治体自らが，組織や運営のあり方を自由に決めることはできないという制約となる。

この場合，法律でどこまで規定するのか（基本的事項か細部事項か），法律に規定されていない事項について，自治体が自主的に規定するための理論と実践が論点になる。

前者については，地方自治法の改正で，国は地方自治体に対して，謙抑的であるべきという考え方を明確にした（2条11項，12項，13項）。地方自治体に関する立法にあたり，また地方自治体に関する法令の解釈・運用にあたっては，「地方自治の本旨」を踏まえ，「国と自治体との適切な役割分担」を踏まえるとともに，自治事務の場合は，自治体が，「地域の特性に応じて当該事務を処理することができるよう特に配慮しなければならない」とした。これらは憲法の内容を具現化した規定と言える。

第2は，地方自治の本旨に反するような組織及び運営は，法律をもってしてもできない。地方自治の本旨に適合しない法律は，憲法違反である。

したがって，国の行政機関が裁量を逸脱し，自治権の侵害が具体的・実体的な場合は，自治体は裁判所に救済を求めることができると解すべきである。

●憲法93条

地方自治体は，その議事機関として議会を設置する。自治体の長，その議会の議員及び法律の定めるその他の吏員は，その自治体の住民が，直接これを選挙する。憲法は，長と議会の関係については二元代表制，間接民主主義を採用している。

●憲法94条

地方自治体は，その財産を管理し，事務を処理し，及び行政を執行する権能を有し，法律の範囲内で条例を制定することができる。自治行政権，自治立法権の規定である。

●憲法95条

一の地方自治体のみに適用される特別法は，法律の定めるところにより，その地方自治体の住民の投票においてその過半数の同意を得なければ，国会は，これを制定することができない。住民投票による直接民主主義の規定である。

⑵憲法上の地方公共団体

●地方自治体という名称

憲法や地方自治法では，地方公共団体という呼称が使われていて，地方公共団体が法律上の用語である。他方，地方自治体（あるいは単に自治体）と呼ばれる場合も多い。両者はどのように違うのか。あえて地方自治体という名称を用いるのは次のような理由からである。

地方公共団体は，国の下部組織という位置づけや戦前の延長というイメージがあるのに対して，地方自治体は，一定の地域を基盤に公共的機能を果たすべきことを認められた自律的な地域団体という意味が含まれていて，住民自治，団体自治を体現する自立的（自律的）な団体を示すものとしては，地方自治体は適切な呼称と言える。

また，地方公共団体は，地方の行政団体であって，そこにいる住民は被治者としての立場であるのに対して，地方自治体では，自治の主体としての住民も含めて考えることができる。

● 地方公共団体の解釈

地方公共団体という用語に，被治者である住民をも含めて考えるかどうかで，違いが出てくるのが，憲法95条の「一の地方公共団体のみに適用される特別法」の解釈である。

具体的には，東日本大震災の影響で，統一地方選挙の期日においては選挙を適正に行うことが困難な地域において，その期日の延期等を行うため，「平成23年東北地方太平洋沖地震に伴う地方公共団体の議会の議員及び長の選挙期日等の臨時特例に関する法律」を制定する論議となった。もし，これが「一の地方公共団体のみに適用される特別法」に当たれば憲法95条の住民投票が必要になる。

この点について，内閣法制局の見解は，「一の地方公共団体のみに適用される特別法」は，「その特定の地方公共団体の組織，運営，機能について他の地方公共団体とは異なる特例を定める法律をいうもの」（第132回国会参議院選挙制度に関する特別委員会（平成7年3月8日））としている。

＊憲法95条の解釈が政治問題になったのは，米軍用地の収用や強制使用などを定めた駐留軍用地特別措置法である（米軍楚辺通信所（象のオリ）用地等暫定使用違憲訴訟）。原告側の主張は，一般の法律とは違った特例を特定の地方公共団体だけに適用することによって，特定地域住民に不利益を負う場合には，立法に際して住民投票を実施すべきある。この法律は，実質的に沖縄のみに適用されて，特別の負担を課していることから95条の対象となりうるとした。これに対して，那覇地裁は，改正特措法は，一の地方公共団体の組織，運営又は機能について他の地方公共団体と異なる定めをした法律ではないという点と，同法が一般的・抽象的性格を有

しており，沖縄県にのみ適用される特別法になっていないという点から，憲法95条にいう特別法に該当しないとした（那覇地裁平成13年11月30日判決）。

●二層制は憲法上の要請か

憲法92条等で規定されている地方公共団体が何を指すかについては，憲法には明記されていない。そこで，現行の都道府県・市町村という二層制が憲法上の要請か，仮にそうだとしても，都道府県を廃止して道州制の導入が許されるのかが論点となっている。

まず，二層制については，①憲法上の要請ではなく，一層制にすることも可能であるとする説（ただし，地方自治法の本旨に反する地方自治体の設置は認められない）と，②二層制は憲法上の要請であるとする説に分かれる。通説は二層制説である[1)]。

そして，二層制説でも，①憲法は現在の都道府県・市町村という固定した二層制を要請していると考える説（この立場では，道州制は許されない。ただし都道府県合併は認める）と，②憲法は二層制を要請しているが，どのような二層制にするかについては立法政策上の問題であるとする説（道州制も許されるが，地方自治の本旨に合致することが求められる）説に大別できる。

歴史的には，日本の府県行政は，中央集権的官僚制度としての役割を果たしたが，その反省から二層制を採用して，都道府県を自治体化して，民主的に再編成してきた。この歴史的経緯を重視すれば二層制が好ましいことになる。他方，道路交通網や情報通信技術が発達し，経済圏，生活圏が大きく変化するなかで，従来の都道府県制度では，期待されている役割を十分果たせなくなっていることから，何らかの対応が求められている。

＊諸外国の憲法には，地方公共団体の種類を明示しているものも多い。例えば，フランス共和国憲法では「共和国の地方公共団体は市町村，県，州，特別公共団体および第74条の規律する海外公共団体である。その他のすべての地方公共団体は，場合により本項に掲げる一または数個の公共団体に代わり，法律により設けられる」（第72条第1項）と規定している。スペイン憲法も「国は，領域上，市町村，県および設置される自治州で，これを組織する。これらの団体は，すべて各々の利益

1） 野中俊彦他『憲法Ⅱ〔第5版〕』（有斐閣，2012年）355-358頁。

につき，自治権を有する」(第137条) と規定している。[2)]

(3)道州制

●道州制の意義

道州制とは，現在の都道府県を廃止し，複数の府県を単位とした新たな広域自治体である道又は州を設置するというものである。

道州制論議の背景としては，①市民の社会経済活動が広がり，また複雑かつ広域的な行政課題が発生するなかで，既存の都道府県の枠を越えて広域的に対応すべき新たな政策課題 (環境保護，地域経済等) がますます増加していること，②地方分権の進展に伴い，基礎自治体とは別に，権限を適切に行使できる受け皿としての自治体が必要であること，③指定都市・中核市・特例市が増加し，地方分権によって都道府県から市町村への権限委譲が進むなか，都道府県の存在意義が薄まっていること等が挙げられる。つまり，都道府県は，広域自治体として，広域的な課題に適切に対応することが期待されているが，現行の規模・能力では必ずしも十分ではないことから，新たな広域自治体をつくり，今日的な行政課題に対応しようというものである。たしかに，仮に10の道州をつくれば，人口規模で見れば，スウェーデン (約1000万人) 並みの道州ができ，環境問題や福祉問題に対して，道州の特徴に応じた思い切った政策ができる可能性がある。

●道州制の論点

道州のあり方について，国の一機関とする，地方自治体として位置づける，さらには高度な自治権を持った独立国家の性格を有するものまで，選択の幅がある。ただし，連邦制では憲法改正問題が発生し，また国の一機関とすると地方分権との整合性が問題になる。

道州は地方自治体であるとすると，現行の都道府県と市町村という二層制は憲法上の要請か，憲法は二層制を採用しているすると，都道府県を廃止できるか (代わりに道州にできるか) かが問題となる。

---

2) いずれも訳は，阿部照哉・畑博行編『世界の憲法集〔第4版〕』(有信堂高文社，2009年)。

＊東京都特別区区長事件判決（最大判昭和38年3月27日刑集第17巻2号121頁）は，「単に法律で地方公共団体として取り扱われているということだけでは足らず，事実上住民が経済的文化的に密接な共同生活を営み，共同体意識をもっているという社会的基盤が存在し，沿革的にみても，また現実の行政の上においても，相当程度の自主立法権，自主行政権・自主財政権等地方自治の基本的権能を附与された地域団体であることを必要とするものというべきである。そして，かかる実体を備えた団体である以上，その実体を無視して憲法で保障した地方自治の権能を法律を以て奪うことは，許されない」という要件を示している。この判決の共同体意識論を強調するならば，都道府県の廃止は，事実上許されないというのが，論理的帰結になると思われる。

道州を地方自治体と構成すると，住民自治・団体自治の保障が前提となる。この場合，最も難しいのは，住民自治の確保で，規模が大きすぎて，直接的な参加や熟議による参加が困難になり，形式的な住民自治になってしまうおそれがある。長や議会の議員の直接選挙についても，困難な問題が山積している。

また，道州の区域設定は，地理的条件を基本に区分することになるから，同じ道州といっても，経済的な豊かさの違いが起こり，財政の自立性の差となって出てくる。国の調整機能が弱体化すると，地域間格差がかえって拡大することになるという点にも配慮する必要がある。

その他，道州制の制度設計にあたっては，①国と道州の役割分担（最高機関である国会の意義・役割も問われる），②道州と市町村の事務配分，③道州の区域，④道州の設置方法，⑤議決機関と執行機関のあり方，⑥長の補助機関のあり方，⑦道州への国の関与のあり方等に関する検討も必要になる。

道州制は，一種のブームのようになっているが，道州制を導入する際には，住民の福祉を実現する制度たりうるかという観点に配慮した地道な制度設計が求められる。

＊第28次地方制度調査会答申（2006年2月28日）では，①道州を広域自治体とし，道州・市町村の二層制の採用，②都道府県の事務を大幅に市町村に移譲し，道州は広域事務，また現在国（特に地方支分部局）が実施している事務をできる限り移譲，③議決機関として議会を置き，議員は道州住民の直接選挙。また道州の執行機関として長を置き，長は道州住民の直接選挙，④国からの税源移譲，偏在度の低い税目を中心とした地方税の充実，適切な財政調整制度を検討するとしている。

2. 励ます憲法の可能性――立憲主義との関係

(1)現代立憲主義

●近代立憲主義

立憲主義という言葉は，最広義では，政治権力を制限し，正義を実現しようとする思想を言うが，この意味の立憲主義ならば，古代ギリシャにさかのぼることができ，その後，中世ヨーロッパにおいては，権力保持者による権力の濫用を抑止する政治理論がつくられた。

これに対して，近代立憲主義は，主権国家の成立と権利・自由を持つ市民の存在という観念を前提に，憲法によって，権力の恣意的行使を制約し，権力の暴走を阻止することで，市民の権利・自由を守るという思想である。

近代市民革命は，国王が絶対的な権力を有している絶対王政に対抗して，市民が実力で，市民の自由・平等，政治的権利などを獲得した革命であるが，その際の基本思想（共通の旗印）が，「人間は生まれながらにして自由で平等」という観念である。

しかし，あるべき論や観念とは別に，権力は濫用され，人の自由は侵害されることは歴史的事実でもあることから，市民の基本的人権を明確に保障し，権力の構成と行使の手続を文書によって確認するという憲法理論が，編み出され，憲法がつくられた。これによって，支配者による恣意的な行動（人の支配）を排除し，「法の支配」に改めたのが，近代立憲主義である。

＊フランス人権宣言（1789年）「権利の保障が確保されず，権力の分立が定められていない社会は，すべて憲法をもつものではない」（16条）。

●現代立憲主義

「人間は生まれながらにして自由で平等」という理念から，私的自治への不干渉や経済的自由が強調され，その結果として，現代社会では，著しい貧富の差が生じ，憲法の保障する自由が有名無実化してしまった。社会的弱者にとっては，「自由」は名ばかりのものになったため，市民の実質的自由を確保するために，国家が市民生活の領域に積極的に介入する必要が生じてきた。これが福祉国家であるが，日本国憲法でも保障されている生存権をはじめとする社会的基本権は，従来の「権力からの自由」ではなく，「権力による自由」の諸規定である。

こうした国家の積極的介入と立憲主義の関係であるが，立憲主義の目的は，個人の権利・自由の確保にあるから，国家の支援によって国民の実質的自由を確保するという点では，立憲主義の理念とは矛盾するものではない[3)4)]。

しかし，市民生活への国家の積極的関与が，近代立憲主義の理念をなし崩しにしてしまう懸念も一方にはあることから，国家による支援を行う際には，注意深く，かつ周到に行わなければならない。

(2)励ます憲法の可能性

●励ます憲法の考え方

伝統的な憲法観では，国家からの自由を標榜し，国家による干渉はできるだけ少なくするほうが人権保障のために役立つという権力観に立っている。言い換えれば，近代立憲主義には，国家権力は国民の敵であるという価値観が根底にある。

他方，励ます憲法という考え方は，国家を支援者とするもので，国家による支援がなければ，実質的な人権保障にはならないという考え方に立つ。励ます憲法という考え方は，現代立憲主義の発露とも言える。

励ます憲法という考え方をどのように評価すべきか。

近代立憲主義思想を，その「非歴史性・仮構性」という点から，批判することは容易であるが，しかし，人は生まれながらにして自由かつ平等で，幸せになる権利を持っているという思想は，きわめて魅力的な考え方であるし，国家はともすると，その行政目的を実現せんとして，暴走してしまう場合もあるというのは歴史的事実でもある。このように考えると，励ます憲法という考え方が，国家からの自由を基本とする近代立憲主義の本質を変質させるのではない

---

3) 芦部信喜（高橋和之補訂）『憲法〔第6版〕』（岩波書店，2015年）16-17頁。

4) 「立憲主義の本来の目的を個人の権利・自由の保障であるとした場合，確かに社会国家思想とその「目的」は一致するかもしれない。しかし問題は，この目的を金科玉条として奉り大義名分とすれば，あらゆる権力行使が許容されかねない」（長谷川史明「憲法学における立憲主義理解について」『憲法論叢』第18号，2011年）との指摘は重要である。

かという危惧も十分に理解できるところである。

しかし，理念から離れて，社会のなかにおける人々の暮らしという観点から見ると，各人が保有する人権の量は，その能力や財産等に応じて相違があるし，人々の行動も自然権思想の人間観とは乖離があるから，国家権力の濫用から市民の基本的人権を守ることだけでは，市民の幸せを実現するという憲法の目的は実現しない。憲法の理念と現実の乖離がますます進む状況のなかで，手をこまねているのではなく，もう一つの組み立てを試みる時期にきているように思われる。

すでに見たように，地方自治においては，地方主権といっても地方の主導権くらいの意味にとどまるし，地方自治の基本は，相互の協力，助け合いである。国と地方は，行動原理が大きく違う。たしかに，国のかたちの再構築ならば，「新しい文明を構想するような遠大な試み」とも言えるから，「その作業には，それにふさわしい思想的，学問的，政治的準備が必要」という議論もあるが，地方自治においては，国とは違う対応も可能で，励ます憲法についても，地方自治の分野では，様々な試みがあってよいように思う。

●憲法89条の解釈

その典型例が憲法89条で，そこには「公金その他の公の財産は，……公の支配に属しない慈善，教育若しくは博愛の事業に対し，これを支出し，又はその利用に供してはならない」と規定されている。この文理から見ると，政府とは独立して，自由に活動するコミュニティに公金を支出すること（財産を貸したりすることも）は許されず，憲法違反ということになる。

むろん，これは実質的妥当性がないから，公の支配を無理に解釈して（学校教育法等の認可等の関与程度でも支配があるとする。緩和説），公金の支出を適法化しているが，それがむしろ問題点を潜在化させ，複雑化させてしまうことになる。

近代国家では，市民は主権者で，政府は市民の政府という位置づけになる（信託論）。その政府の活動が市民と乖離しないようにコントロールするために憲法が制定され，政府は市民の私的自治に関与しないことがよしとされた（公私二分論）。憲法89条についても，「公」＝政府と考えて，その「支配」を考えるのが，従来の公私二分論である。

これに対して，新しい公共論では，地域コミュニティやNPO等も公共の主体と考えるので，政府は，公共の担い手である地域コミュニティ等を積極的に支援していくことになる。

考えてみれば，政府の支配があるから公金（税金）を出すという論理自体がおかしな話で，活動内容が公共性を持つから公金を支出するのである。したがって，公共を担うのが民間であっても，活動内容が公共性を持っていれば，支援していくべきだろう。

これを憲法の文言に当てはめると，公の支配＝政府のコントロールという解釈を止揚し，公の支配＝公共ルールの遵守とすることで，公金の使い方に関する公共ルール（無駄使いをしない，情報公開や説明責任を果たす等）を遵守していれば，コミュニティにも公金を支出することが可能になる道を探るべきだろう（逆に言えば，公共団体であっても，公共ルールを遵守しないところには，公金を支出しない）。内容的には，至極，当然の話だと思う[5)]。

●励ます憲法——地方自治への適用

現代では，政府の役割が変わり，政府が市民生活のなかに，積極的に関わるようになるが，政府の関与が，なし崩し的に行われれば，政府と市民の癒着になり，また市民の権利・自由の侵害に転じてしまう。この点にも十分注意しつつ，政府の統制と政府による支援のバランスを図る公共ルールの構築を進めていく必要がある。

- 目的・効果等を総合的に勘案して関与（支援）が妥当であること
- 関与する内容の妥当性と同時に，関与は手続的にも公正であること
- 関与をする側と関与を受ける側の双方とも，自己責任，公開性，説明責任等の公共責任を果たすこと

等が関与（支援）の要件となる。

5）松下啓一「NPOに対する公的助成と憲法89条」都市問題第89巻第6号（東京市政調査会，1998年）97-112頁。

3. 地方自治と憲法改正

憲法改正論議の高まりのなかで，地方自治の分野に関しても多くの論点が出されている。

ここでは，国会における論議参考資料[6)]を参考に，主な論点を示し，地方自治のあるべき姿を考えてみよう。

(1)地方自治の意義

●現行の地方自治の規定を充実させる必要性

地方自治の章は，わずか4か条しかなく，簡素すぎるので，具体的な規定を追加するなどして充実させる必要があるという意見である。具体的な内容に乏しいことが，結局，法律に授権される結果になってしまうという意見である。

他方，あまり細部まで書き込むと，自治体ごとの違いや自主性を阻害してしまうので，住民の福祉を増進し，地方自治のさらなる強化という観点から，基本的な規定を補充すればよいという意見もある。後者の立場が妥当だろう。

●地方自治の本旨

「地方自治の本旨」は，表現が抽象的で意味が分かりづらいので，明確な表現にすべきであるという意見である。

地方自治の本旨は，住民自治，団体自治の2点から構成されるが，内容が具体的に明示されていないため，自治体の政策立案の際にも，また住民との協働を推進するにも，よりどころとなりにくい。もっと明確な自治の基本原則という形で規定すべきである。

＊徳島県の「地方自治に関する憲法課題研究会」報告書では，次のような改正草案を提案している。

(1)地方自治とは，地域の住民の発意に基づき，地域における統治主体たる地方自治体が，自己決定と自己責任により運営されることを言う。地域住民は，地方自治へ積極的に参画する権利を有し，地方自治体は，その地域における統治及び自らの

6) 「「地方自治（特に道州制，都道府県合併，小規模自治体の実態）」に関する基礎的資料」（統治機構のあり方に関する調査小委員会（平成15年2月13日及び3月13日の参考資料）衆議院憲法審査会事務局）。

健全な発達のために必要な，固有の権能を有する。このことによる，地域住民の意思が反映された地方自治の実現こそが「地方自治の本旨」であり，そこから生まれる福利は，国民全てが均しくこれを享受する。

⑵地方自治体は，「地方自治の本旨」に基づき，その財産の管理，事務の処理その他地域における行政を実施することにより，それぞれの特性を活かして，地域の課題の解決を図りながら，その住民の福祉の増進に努めなければならない。

⑵国と地方の役割分担，権限配分

●国と地方の役割分担

国と地方自治体との基本的な権限のあり方については，憲法に規定すべきであるというものである。国と地方との役割の違いとともに，住民の福祉の増進を図るために相互に協力することも重要である。

＊徳島県の「地方自治に関する憲法課題研究会」報告書の案では，次の3点が指摘された。

⑴国は，原則として，国際社会における国家としての存立に関わる役割や全国的に統一が必要な事業，全国的な規模若しくは全国的な視点に立って行わなければならない施策，その他国が本来果たすべき役割のみを担う。

⑵地方自治体は，住民に近接した基礎自治体と，これを包括する広域自治体，及びその他法律で定める特別地方自治体で構成される。

⑶住民に身近な行政については，基礎自治体で処理することを優先する。但し，基礎自治体が単独で執行するよりも効果的な行政については，基礎自治体の発意に基づき，必要最小限度の範囲内で，国及び広域自治体が補完することができる。

●国の調整制度

地方自治体に課税自主権を付与すると同時に，国が地方自治体に様々な事務を義務づけている以上，それが適正に執行できるだけの財源を保障する機能を持たせることが必要である。また自治体間に税収力の格差がある以上，自治体間の財政格差を是正，補てんする財政調整措置を国に義務づけ，国の責任を明確にしておく必要がある。

⑶自治体の権限

●自治立法権の明確化

国の立法権の行使にあたっては，義務づけや枠づけ，規定の規律密度を最低限のものとすることによって，自治体の条例制定権の明確化，優先性を憲法で具体的に規定する。

●自主財政権

現行憲法には地方財政に関する規定はないが，国と地方の対等な関係を実現し，地方が真に自立するためには，健全な財政基盤が不可欠である。自治体が，必要な財源を自ら調達する権能を憲法に明記すべきである。同時に，地方財政の健全化についても，憲法に明記すべきである。

⑷地方公共団体の組織の在り方

現行憲法では，93条により一律に長と議会の二元主義が取られているが，自治体のなかには，小規模自治体（東京都青ヶ島村：168人・平成27年10月1日現在の国勢調査）から，国家並みの規模を有する自治体（東京都約1365万人）まで幅があり，これを同一制度で運用させるのには無理がある。

地方自治体の規模等に応じた組織・機構の多様化を図るため，議院内閣制，シティ・マネージャー（市支配人）制，カウンシル（評議会）制等の導入を可能とする規定を憲法に置くべきである。

⑸住民参加

●外国人の地方参政権

現行憲法を前提とした解釈論とは別に，政策論として，外国人に地方参政権を付与すべきか否かを検討する必要がある。在住外国人に地域のために活躍してもらうためにも，一定の外国人には地方参政権を許容していくべきだろう。

●95条の特別法

現行の95条については，廃止から地方自治特別法の要件を明確化すべきとする議論まで幅がある。他方，95条は，この半世紀あまり全く機能しておらず，事実上死文化しているが，これは使い勝手の悪さに起因する。地方の自立性という観点から，この規定の意義を活かす道を探る必要があろう。

●**住民投票**

住民が，直接に特定の政策・施策に関する判断を問う直接民主主義の仕組みの1つである。間接民主制，特に議会の役割との関係で本格的な議論が必要である，運用が難しい制度なので，導入する場合は，運用までを含んだ制度設計をする必要がある。

第2章 地方自治の法と組織

1. 地方自治の法

(1)地方自治法

憲法を頂点に地方自治に関する多くの法律があるが，そのうち地方自治の基本法とされるのが地方自治法である（1947年制定）。全部で473条，1482項[1)]に及ぶ大法典で，地方公共団体の区分，その組織や運営に関する事項の大綱，国と地方公共団体との間の関係などを規定し，それによって，民主的・能率的な行政の確保を図り，地方公共団体の健全な発達を保障することが目的である（第1条）。

その成り立ちは，戦前からの沿革や諸外国の法制の影響が入り混じり，また条文も，包括的，抽象的なものから技術的な規定まで幅がある，まさに「モザイク的」な大法典である。

地方自治法は地方自治の基本法とされるが，そこに規定されているのは，地方公共団体の組織・運営に関する事項が大半であることに注意すべきである。住民の主体性に関する規定や今日の自治体運営に不可欠な規定（市民参加，情報公開，説明責任，協働等）に関する規定は，きわめて乏しく，地方自治は，行政と議会が行うという思想でできている。

1) 条項数は，平成30年1月1日現在。平成29年法律74号（改正）まで。

⑵その他の法律

その他の法律としては，地方自治の組織・運営に関するものでは，地方公務員法，地方財政法，地方税法，地方交付税法，公職選挙法など，また，個別の行政部門に関するものでは，地方公営企業法，地方教育行政の組織及び運営に関する法律，教育公務員特例法，消防法，消防組織法，農業委員会等に関する法律等がある。

地方自治の作用に関しては，きわめて広範囲であり，民生，衛生，教育，農業，商工業，土木建築等の行政分野全般にわたって，幅広く法律がある。また行政不服審査法，行政事件訴訟法，行政代執行法，国家賠償法なども，地方自治に関する重要な法律である。

2. 地方自治体の種類

⑴種類（1条の3）

地方自治体は，住民の福祉の増進を図ることを基本として，地域における行政を自主的かつ総合的に実施する役割を広く担う（1条の2第1項）。地方自治体は，法人とする（2条1項）。

地方自治体は，普通地方公共団体と特別地方公共団体に分類され，普通地方公共団体は，さらに都道府県と市町村に分類される（1条の3第2項）。日本全体が47の都道府県に分属され，また都道府県は全て市町村に分属されるという二重構造になっている。都道府県・市町村は，その組織，事務，権能等が，一般的，普遍的ゆえ，「普通」地方公共団体とされる。

特別地方公共団体には，①特別区（東京23区），②財産区（市町村の一部の区域にある財産を管理するために設けるもの），③地方公共団体の組合（一部事務組合，広域連合）がある（平成23年の地方自治法改正以前は，全部事務組合，役場事務組合及び地方開発事業団も特別地方公共団体とされていたが，利用実態が乏しいので廃止された）。「特に，別に」設置されるため，特別地方公共団体と呼ばれる。

(2)都道府県

都道府県も地方自治体であるが（1条の3第2項），市町村を包括するという広域性と，大日本帝国憲法以来の歴史性が影響して，地方自治体としての役割は，曖昧になりがちである。

歴史的には，大日本帝国憲法施行後に府県制が敷かれたが，府県は，府県知事の所管する行政区画の1つとされた。その後，明治32年府県制改正で，府県にも法人格が認められたが，知事は官選で，議会の議決事項は法律に列挙され，市町村のような条例制定権は認められなかった。府県の行政を監督するのは内務大臣で，市町村と比べた場合，府県は官治団体としての性格が強く，地方自治的要素は格段に弱いものだった。

日本国憲法の下で，都道府県と市町村は，同じ普通地方公共団体として基本的には対等の立場にあるとされていたが，機関委任事務については，都道府県知事が国の下部機関として包括的な指揮監督権を市町村長に行使できたこと等の影響で，都道府県が市町村に対して一般的に優越的な地位にあった[2)][3)]。

地方分権改革で，機関委任事務等が廃止され，都道府県と市町村は，対等性が明確になり，役割分担についても，都道府県は，①広域にわたるもの（広域事務），②市町村に関する連絡調整（連絡調整事務），③規模・性質において一般の市町村が処理することが適当でない事務（補完事務）を担当し，市町村は，上記①～③以外（ただし，規模と能力に応じて③も可）の事務を処理することになった（2条5項）。両者は，相互の競合を避ける義務を有する（2条6項）。

それでも，市町村を包括する（5条2項）という性質から，市町村における紛争等を調整する役割（市町村境界の知事による裁定など）や，国と市町村との間にあって，国が企画した施策を地域において実施するにあたっての媒介・調整機能を果たしてきた。

＊都道府県条例と市町村条例

2）都道府県は市町村の行政事務に関していわゆる統制条例を設けることができる（旧14条3項）などの規定が設けられていた。

3）地方自治の推進という面では，都道府県は，「先導性」，「総合性」，「広域性」，「行政技術の高度性」の4つの役割を果たしてきたと指摘されている（全国知事会自治制度研究会（第一次）「新しい行政課題と府県」1973年）。

・地方公共団体は，法令に違反してその事務を処理してはならない。なお，市町村及び特別区は，当該都道府県の条例に違反してその事務を処理してはならない（2条16項）。
・前項の規定に違反して行った地方公共団体の行為は，これを無効とする（2条17項）。

都道府県条例と市町村条例が抵触する場合には，前者が優先すると考えられている。

(3)市町村

●市，町，村の要件

普通地方公共団体（都道府県，市町村）のうち，「市町村は，基礎的な地方公共団体として，第5項において都道府県が処理するものとされているものを除き，一般的に，前項の事務を処理するものとする」（2条3項）。市町村は基礎自治体であり，住民の生活に身近な事務を行う。

市，町，村の区別は，もっぱら人口規模と都市的要素による。市になるには，①原則として人口5万人以上，②中心市街地戸数が6割以上，③商工業等都市的業態人口が6割以上，④都道府県条例で定める都市的施設等[4)]を備えていることが要件である（8条1項）。なお，市町村の合併の特例等に関する法律では，市になるための要件について特例（例えば，人口は3万人以上）が認められている（7条1項）。

他方，町の要件は，当該都道府県の条例で定める町としての要件を具えていることである（8条2項）。条例では，都市的要件（例えば商工業に従事している数等）で村と区別している例が多い。なお，村の要件は，地方自治法には規定されていない[5)]。

＊町の要件――岐阜県町となるべき要件に関する条例
町となるべき普通地方公共団体は，左に掲げる要件を具えていなければならない。
1 人口概ね5000以上を有すること。
2 当該普通地方公共団体の中心の連簷区域内に在る戸数が，概ね6割以上であること。

4） 都市的施設その他の都市としての要件に関する条例（岐阜県）。
5） 平成の大合併で村の数が大きく減少しているなか，熊本県の阿蘇外輪山に位置する久木野村，高森町，白水村，長陽村が合併して，あえて「村」を選択し，南阿蘇村となった（2005年2月）。

3 商工業その他の非農村的業態に従事する者及びその者と同一世帯に属する者の数が，全人口の概ね6割以上であること。
4 銀行及び会社の数及びその規模が，他の町に比して概ね遜色がないこと。
5 商工業その他の非農村的業態又は非農村的業態に従事する者及びその者と同一世帯に属する者の数が，最近5箇年間増加の傾向にあること。
6 公民館，病院，診療所，劇場，映画館等の施設が設けられていること。

町村を市にする手続（8条3項）は，議会の議決を経た関係市町村の申請によって，都道府県知事が当該都道府県の議会の議決を経てこれを定め，直ちにその旨を総務大臣に届け出る。その際には，都道府県知事は，あらかじめ総務大臣に協議し，その同意を得なければならない。

届出を受理したときは，総務大臣は直ちにその旨を告示するとともに国の関係行政機関の長に通知する。町村から市は，告示により効力を生ずる。

なお，市を町村にする場合も，同様の手続を経ることが必要である。

●市と町村の実質的差異

平成22年の地方自治法の改正以前は，議会の議員定数に差があったが（旧91条），市と町村の差異は思いのほか少ない。

① 事務局を置かない市議会には書記長を置かなければならないが，町村議会では書記長を置かないことができる（138条4項）。

② 監査委員の定数は，都道府県及び政令で定める市にあっては4人とし，その他の市及び町村にあっては2人とする。ただし，条例でその定数を増加することができる（195条2項）。

③ 市は郡の区域外とされている。郡の区域内において市の設置があったとき，または郡の区域の境界にわたって市町村の変更があったときは，郡の区域も，また自ら変更される（259条2項）。

④ 市については，指定都市・中核市・特例市という特別の制度がある。

⑤ 町村にあって市にない特別の制度として，町村総会がある（94条）。

(4)市制度の特例

●市制度の特例

市制度には，指定都市，中核市，施行時特例市という特例がある。

● 指定都市

指定都市の要件は，法律上は，政令で指定する人口50万以上の市とされている（252条の19第1項）。ただ，これまでの指定状況を見ると，人口80万以上であること（合併した場合は指定の弾力化で70万以上），都市機能や行財政能力において他の政令指定都市と遜色ないこと等が要件とされている。具体的には，以下のような要件を満たすことが求められる。

① 人口80万以上で将来的に人口100万程度が見込まれること
② 人口密度や産業別就業者比率が一定水準以上であること
③ 既存の政令指定都市と遜色ない都市形態，機能を備えていること
④ 県からの移譲事務を適正かつ能率的に処理できること
⑤ 大都市経営に対応できる行財政能力が備わっていること
⑥ 行政区の設置，区の事務を処理する体制が整っていること
⑦ 指定都市移行に関して，県と市の意見が一致していること

指定都市は，都道府県が処理する事務のうち，社会福祉，保健衛生，都市計画等に関する事務などを処理できる。また，個別法で指定都市が処理することができるものも少なくない。また一般の市で必要とされる都道府県知事の許可，認可，承認等を要しないといった関与の特例も認められている。指定都市になることで，新たな行政需要が生じることに対応して，財政上の特例も設けられている（地方交付税の算定上の措置等）。

● 政令指定都市の行政組織上の特例

政令指定都市は，行政組織上の特例として，市長の権限に属する事務を分掌するために行政区を設置する（必置）。平成26年度改正では，区の事務所が分掌する事務を条例で定めることとされた（252条の20第2項）。どのような区がふさわしいかは，より民主的な論議を経て決定していくべきとされたためである。行政区は大都市における市政の地域単位であるが，独立の法人格を有するものではない。

＊特別自治市

指定都市制度ができてから50年以上が経過したが，この仕組みも，大都市の行政需要に十分に対応できる仕組みになっていない。横浜市が提案する特別自治市制

図表Ⅲ-2-1　市制度の特例（平成29年1月1日現在）

指定都市	人口50万以上の市で，特に政令で指定されたもの	都道府県並みの権限。行政区を設けることができる。宝くじの発行もできる	都道府県が処理する事務のうち，民生行政に関する事務，保健衛生行政に関する事務，都市計画に関する事務などを処理	札幌市，横浜市，名古屋市，京都市，大阪市など20都市
中核市	人口が20万以上	保健・福祉・都市計画などの権限が移譲。保健所設置市になることで，総合的な保健・福祉行政が可能	政令指定都市が処理する事務のうち，都道府県が一体的に処理することが効率的な事務（道路法に関する事務，児童相談所の設置）を除き処理	青森市，秋田市，宇都宮市，高知市など48都市
施行時特例市	平成26年5月23日に地方自治法の一部を改正する法律で，中核市の条件が人口20万以上に引き下げられ，特例市制度が廃止されることとなり，特例市は，施行時特例市となる	都市計画などの土地利用に関する権限の移譲。地域の実情に応じたまちづくり	中核市が処理することができる事務のうち，都道府県がその区域にわたり一体的に処理することが特例市が処理することに比して効率的な事務を除き，特例市に対して移譲するものである	山形市，水戸市，四日市市，吹田市など36都市

度は，

- 特別自治市としての横浜市は，原則として，市域内を対象とした神奈川県の事務の全部を処理する一方で，市域内地方税（市・県税）のすべてを賦課徴収する。
- 特別自治市創設は，市域内における広域自治体の議会機能の廃止を伴う。しかし，同時に，より身近な住民自治を実現するものとして，現行の行政区を単位に，区選出の市会議員による区議会の設置，または区長公選などにより，住民自治の制度的強化を行う。

という内容になっている。

●総合区

平成26年度の地方自治法改正で，行政区の役割拡充の1つとして，総合区の制度が採用された。市長の権限に属する事務のうち主として総合区の区域内に関するものを処理させるため，区に代えて総合区を設け，議会の同意を得て選任される総合区長を置くことができることになった（252条の20の2）。

指定都市の区長を一般職から，副市長と同じように，選任にあたって議会の同意を要する特別職に変えるとともに，積極的な区政運営を後押しする規定も用意された。

- 総合区長は，総合区の区域に係る政策及び企画をつかさどるほか，法律若しくはこれに基づく政令又は条例により総合区長が執行することとされた事務及び市長の権限に属する事務のうち主として総合区の区域内に関するもので次に掲げるものを執行し，これらの事務の執行について当該指定都市を代表する（252条の20の2第8項）。これまでは市長の補助執行であったが，総合区長になると，自分の事務として行うことになる。
- 総合区長は，総合区の事務所又はその出張所の職員（政令で定めるものを除く。）を任免する。ただし，指定都市の規則で定める主要な職員を任免する場合においては，あらかじめ，市長の同意を得なければならない（同9項）。これまでは区長の部下も市長が任免していたが，総合区長が任免できることになる。
- 総合区長は，歳入歳出予算のうち総合区長が執行する事務に係る部分に関し必要があると認めるときは，市長に対し意見を述べることができる（同10項）。直接には，法律上の意見具申権を規定しているが，枠予算や局との調整権も内容になる。

他方，総合区の制度によって，区の自立性を高め，独自の区政運営ができるかどうかは課題もある。例えば，総合区長の任期は4年であるが，市長は，任期中においてもこれを解職することができる。もし区長が，市長の意とは違う政策を提案し，実行することになると，市長との軋轢が生じることになる。

●行政区

指定都市には，行政組織上の特例として，行政区を設置する（252条の20）。

図表Ⅲ-2-2　総合区と行政区の比較

		総合区	行政区	（参考）東京都の特別区
1	位置づけ	指定都市の内部組織	指定都市の内部組織	特別地方公共団体
2	法人格	なし	なし	あり
3	長	総合区長	区長	特別区の区長
	主な事務	総合区の政策・企画の立案 総合区のまちづくり等の事務 市長の権限に属する事務のうち，条例で定めるものを執行	市長の権限に属する事務のうち，条例で定めるものを分掌し，補助執行	特別区の政策・企画の立案 市が処理することとされている事務を処理（上下水道等，一部の事務は都が処理）
	権限	職員任命権 予算意見具申権	——	職員任命権 予算編成権 条例提案権 等
	身分	特別職	一般職	特別職
	選任	市長が議会の同意を得て選任	市長が職員から任命	公選
	任期	4年	——	4年
	市長との関係	市長の指揮監督を受ける	市長の指揮監督を受ける	——
	リコール	あり	なし	あり
4	議会	なし （市議会の判断で区常任委員会を設置する等の工夫が可能）	なし （市議会の判断で区常任委員会を設置する等の工夫が可能）	あり

（出典）「地方公共団体の区分」総務省ホームページ。

指定都市は，人口規模が大きく，また都道府県から移譲事務などもあって，行政事務も膨大になるため，市域を分けて行政サービスを行ったほうが，効率的である。また指定都市は広域であるため，同じ市でも地域ごと都市的要素等に違いがある。この違いを前提に，行政区ごとに，その独自性を活かす政策を採るほうが好ましい。

行政区の性格は，住民に身近な行政を円滑に処理するために市域を分けて設けられる行政区画で，独立の法人格を有するものではない。あくまでも行政の一機構にすぎず，公選の区長や区議会を持つ東京都の特別区（特別地方公共団体）とは異なるものである。

区役所は，市長の権限に属する事務を分掌するために設置される。行政区の組織については，区長及び区選挙管理委員会等が必置である他は，市長の裁量が委ねられている。

行政区の機能については，法は規定しておらず，各市の判断で定めることができる。

大別すると，戸籍，住民基本台帳，税，国民健康保険，国民年金，福祉などの日常的・定型的な窓口業務を中心とする小区役所制と，これらに加えて保健，土木，建築などの業務を幅広く行う大区役所制に分けることができる。

近年の傾向としては，区役所を地域の総合的な行政機関としての位置づけ，大区役所とする傾向にある。大区役所制では，区において迅速で専門的な住民対応が可能となり，まちづくりを進めやすいというメリットがある。

●区民会議

行政区には区民の代表者を集めた区民会議が置かれる場合がある。

区民会議の内容は，自治体ごとに様々で，設置根拠については，条例（川崎市，浜松市，相模原市など），要綱（横浜市，さいたま市など）がある。

区民会議の位置づけは，区民会議を行政の下部組織的に位置づけるものから，区民による自治的な会議に純化して行政と切り離すものまで幅がある。機能や審議事項では，集団広聴の機会（さいたま市），市長の諮問に対する答申（相模原市），住民自らの課題を議論する場（川崎市）など，これも行政による広報の相手方から地域まちづくりの主体まで幅がある。自治体ごとの特性や考え方次第なので，何が正しいということはない。

定員も，10人程度（静岡市）から，50人程度（神戸市）まで幅があり，このうち相模原市の区民会議は，25人の委員で構成され，区内のまちづくり会議からの推薦，区内の公益的活動を行う団体からの推薦，学識経験者，公募委員などにより構成されている。

＊相模原市南区区民会議で重視されているのは，地域から政策提案機能である。地域課題が，自治体政策になるには，時間差，タイムラグがあるが，それを地域から埋める役割である（例えば，若者のまちづくり参加の一連の取り組み）。また，区民会議の教育機能も重要で，各委員が区民会議から学び，それを地域の活動に持って帰り，さらに実践するという機能である（相模原市南区ホームページ参照）。

●中核市

市制度の特例として，指定都市のほか，中核市及び施行時特例市の制度がある。

人口20万以上の市は中核市となることができる。その指定要件は，緩和の方向で進んできた。平成7年の中核市の創設当時は，①人口30万以上，②面積100㎢以上，③昼夜間人口比率100超であった基準が，平成12年の改正では③が消え，平成14年の改正では，②が条件緩和され（人口50万以上の市は不要），平成18年の改正では，①の人口要件だけになった。

国においても中核市に誘導しているわけであるが，以下のような利点がある。

① これまで県が処理していた事務が市へ移譲されることで，よりきめ細かな対応が可能になる。とりわけ中核市では，市が保健所の運営主体となることで，市民の関心が高い保健サービスを充実することができる。

② 市の事務として一元化されることで，事務処理期間が短縮され，行政サービスの簡素化・効率化が進む。

③ 都市計画や環境保全行政などの街づくりに関する権限が移譲されることで，地域特性を活かした地域づくりも可能になる。

④ 都市のイメージアップが進む。交流人口の増加や企業立地の促進などが期待できる。県庁所在地等の地域のプライメイトシティ（首位都市）には魅力的な制度である。

他方，中核市・特例市の指定要件を備えているが，中核市・特例市にならない市もある。移行に伴って，県からの負担金や補助金は減額し，移譲事務のための人員や経費は確実に増加する[6]。その分は，地方交付税措置で賄えるという

6） 中核市への移行に伴う試算では，「職員は，全体でおおむね60人から70人前後の増員が見込まれ，人件費を含めた歳出の増額分は，年間でおおむね10億円から20億円程度の経費がかかる

仕組みであるが，地方交付税等の補填も将来的には不確定なため，あわてる必要がないと考えるからである。

なお，平成27年4月1日施行の改正地方自治法により，中核市の人口要件が「30万人以上」から「20万人以上」に緩和され，それまであった特例市については制度が廃止となった。改正法施行の時点で中核市に移行していない特例市は，「施行時特例市」に指定され，経過措置として従来の特例市の事務権限を引き続き保持できるとともに，改正法施行後5年間に限り，人口が20万人未満になったとしても中核市に移行できるものとされている。

(5)都と特別区

●大都市制度としての特別区

指定都市制度は，市が都道府県の行う事務の一部を担うのに対し，特別区制度は，東京都23区が一般の市町村が行う事務を行うとともに，都が大都市行政の一体性及び統一性を確保するために必要な市の事務の一部を担うというものである。都は，条例に基づいて都と特別区及び特別区相互間の財政調整を行う。

●特別区の組織等

特別区の組織は，法令上特別の定めをするものを除くほか，一般の市の場合と同様であり，議会，長及びその補助機関並びに行政委員会及び委員で構成される。一般の市との違いは，市町村が処理する事務のうち，大都市地域における行政の一体性・統一性の観点から一体的に処理する必要のある事務（上下水道の設置管理，消防等）は，都が処理することになる。都と特別区は，地方自治法に基づき，相互の連絡調整を図るため，都区協議会を設置される。

●特別区の財政制度

市町村税のうち，市町村民税法人分，固定資産税，特別土地保有税，事業所税と都市計画税は，都の特例として都税となっている。地方交付税は，算定上，

（草加市　平成26年6月定例会6月10日）。「ランニングコストとして約20億円，イニシャルコストで約17億円（保健所建設等），合計約37億円必要」（厚木市平成27年度　第2回厚木市まち・ひと・しごと創生総合戦略会議）としている。

都と特別区は一体として1つの団体と見なされているため，各区は地方交付税の直接的な交付対象団体となっていない。

都区財政調整制度は，都と特別区及び特別区相互間の財源の均衡化を図り，特別区の行政の自主的かつ計画的な運営を確保するために設けられたものであり，都区間の財源配分と特別区相互間の財源調整という2つの重要な機能を持っている。

都が課税・徴収する市町村税のうち，固定資産税，市町村民税法人分，特別土地保有税の収入額の一定割合（平成19年度から55％）を財源として，各区に「特別区財政調整交付金」として交付する。

3. 自治体の事務

⑴自治事務

国と地方の関係を対等・協力の関係に変えるために，機関委任事務が廃止され，自治体の事務が自治事務と法定受託事務に再構成された。

自治事務は，法定受託事務を除いたすべての事務をいう（2条8項）。控除方式による定義であるが，これは自治事務が自治体の事務の基本であることを示している。

ただ，自治事務だからといって，自治体が自由に実施できるわけではなく，国の関与との関係では，助言・勧告，資料提出要求，協議，是正の要求の4種類がある。自治事務については，法も，国の立法や法令の解釈にあたって，「地域の特性に応じて当該事務を処理することができるよう特に配慮」（2条12項）することが必要であると明示されている。

⑵法定受託事務

法定受託事務は，自治体が処理する事務のうち，国（都道府県）が本来果たすべき役割に係るものであって，国等において，その適正な処理を特に確保する必要があるものとして法律・政令に特に定めたものである（2条9項）。第1号法定受託事務（国においてその適正な処理を特に確保する必要があるもの）と第2号法

図表Ⅲ-2-3　機関委任事務の廃止と事務の再編成

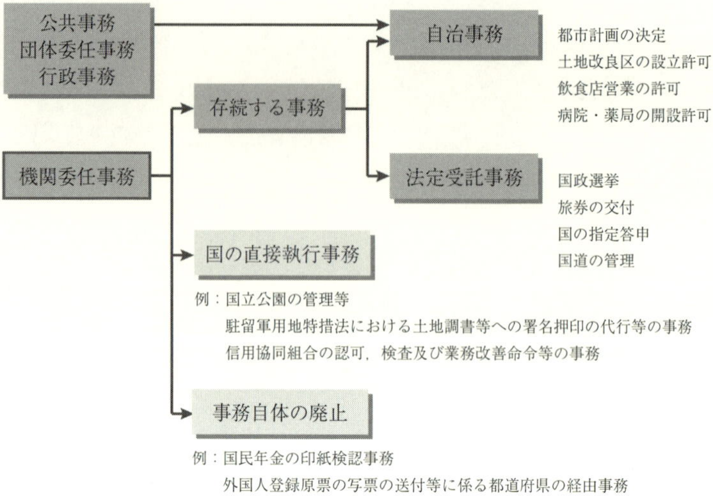

定受託事務（都道府県においてその適正な処理を特に確保する必要があるもの）がある。法定受託事務に該当する事務は地方自治法別表に列挙されている。

法定受託事務も自治体の事務であって，その意味では，自治事務との差は相対的である。区別は，事務の帰属主体ではなく，国から自治体に対する関与の手法が異なる点にある。法定受託事務でも国の関与は，助言・勧告，資料提出要求，協議，同意，許可・認可・承認，指示，代執行の7種類に限られ，その他の関与は制限されている。

法定受託事務の判断基準については，地方分権推進計画で，8つのメルクマールが示されている。

4. 自治体活動の諸原則

(1)まちづくりの基本原則

●まちづくり

まちづくりは，法律上の用語ではなく，この言葉を使う国の法令は1つもないが，地方自治の分野では頻出用語で，まちづくり基本条例という名称の条例も多い[7)]。

街とまちの区別もよく知られるようになった。一般には，漢字の街はハードのまちで，ハードとは，道路や上下水道の整備，市街景観形成などである。他方，ひらがなのまちは，ハードに加えて，ソフトを含むまちを意味する。ソフトとは，歴史，文化，安全・安心，人と人とのふれあいなどである。

自治体の活動目標は，住民が安心して快適に暮らせる社会の実現である。自治体の役割は，その活動目標の実現を妨げている諸条件・諸課題を乗り越えて，「豊かな」社会を実現するためのものである。豊かさには，経済的な豊かさと同時に，うるおい，やすらぎといった精神的な豊かさも含まれ，今日では，後者のほうがむしろ重要になっている。

こうした「豊かな」まちづくりは，役所だけでつくるとはできないし，上からの権力的な手法でつくることもできない。まちは地域に住んでいる市民の主体的な取り組みなしにはつくることはできない。

＊柏崎市市民参加のまちづくり基本条例では，まちづくりを「住み良いまち・豊かな地域社会をつくるための道路，公園，建物などの空間の創造と，その空間において展開される文化，環境，自然などに配慮した市民のための暮らしの創造をいう」（2条）と定義している。

●住民自治の原則

住民自治とは，地域のことは，地域の住民の参加の機会を得て，住民の意思に基づき，その責任において行うことという。そのためには，市民一人ひとりが主体であること，市民の人権が保障され，その個性及び能力が十分に発揮されることが不可欠である。住民自治の定義は様々であるが，その源泉は，「個人の尊重」（憲法13条）である。

●情報共有の原則

市民が，自ら考え，的確な判断が下せ，行動できるためには，正しい情報は

7） 日本で最初に，「まちづくり」の名称を付した条例を特定することは容易ではないが，自治基本条例では，「箕面市のまちづくり理念条例」（1997年）が嚆矢である。そして，わが国初の本格的な自治基本条例であるニセコ町の条例も「まちづくり基本条例」である。

欠かせない。

情報共有の原則をめぐって，大別すると2つの考え方がある。

1つは，行政が保有する情報は，市民との共有財産であるという考え方である。信託論の当然の帰結で重要な考え方である。市民の情報公開やアクセス権，行政から市民に対する情報提供等がその内容である。実際，行政が保有している情報が圧倒的に多いことから，行政情報の提供や公開制度を規定する積極的な意味がある。

他方，役所・議会と並んで市民も公共政策の主体であると位置づけると，さらに一歩進んで，それぞれの持つ情報は，共有財産として相互に利用すべきである点も視野に入ってくる。こうした考え方に立てば，行政・議会からの一方的な情報提供だけではなく，市民からの積極的な情報提供のシステム化も必要になる。また市民間での情報共有も内容になってくる[8)]。

情報共有には，狭義の情報公開，情報提供だけでなく，総合計画等の公表，予算，決算，財政の公表，会議の公開，議会の公開も入ってくる。

●参加の原則

まちは，まちの構成員が積極的に参加して初めてつくることができる。とりわけ主権者である住民は，まちづくりの当事者として，企画，立案，実施，評価の各段階で主体的に関与することが望まれる。

参加の対象はもっぱら行政であるが，議会も参加の対象である。さらには公共性が強い市民活動（地域コミュニティ・NPO活動等）への参加も想定すべきであろう。ここに市民が参加するだけでなく，行政が参加する場合もある。参加は強制されるものではないから，参加を支援・誘導する施策・制度が数多く用意されている。

住民投票制度，意見提出手続，附属機関への参加，市民委員会の設置，総合計画等への参加，議会への参加，行政評価への参加，広報広聴活動への参加，対話の場の設定などがある。

＊政策提案制度

8） 草加市自治基本条例では，「市民は，自らのまちづくりに関する情報を互いに共有するよう努めます」（第13条2項）と書かれている。

住民が執行機関に対し，まちづくりに関する提言や提案ができる機会を保障し，意見，要望などを施策に反映させるための制度である。この制度は，市民からの単なる要望制度ではなく，情報公開の制度などを利用して市民自らが調査し，責任を持って具体的な案を提案するものである。提案を受けた執行機関も，様々な方法で総合的，多面的に検討したうえで，その採否を理由を付して提案者に伝え，その結果を公表しなければならない。政策提案制度は，市民を公共主体として鍛える制度である。市民参加条例には散見されるが，自治の基本制度として取り入れるべきシステムである。

●協働の原則

協働は，行政，議会，市民が，それぞれの特性を存分に発揮し，公共を担うことである。協働の原則は，行政や議会だけでなく，市民，地域コミュニティ，NPO等も公共主体であるという新しい公共論の中心的な原則である。

(2)自治体の行動原則

●必要性

自治体は，「住民の福祉の増進を図ること」(1条の2第1項) が基本目的で，その行動資源が市民の税金であること等から，強い市民ニーズがあり，対応の必要性が客観的に認められるものであることが必要である。目的，趣旨，効果，経緯，財政状況その他諸事情を総合的に勘案して，その必要性を判断することになる。

●公益性

自治体は，公共の利益を実現することが存立目的である。公益とは不特定多数の市民の利益に寄与することである。公益とは，行政の利益ではない。したがって，現時点では行政の立場に反するが，市民全体の利益につながるような活動は，公益活動に当たる。対象となる市民が現在のところ少数であっても，対象者が潜在的に存在することが予測されるような場合 (みんなの問題になりうる事例) は，公益性がある。

●公平性

特定の者だけ優遇することは許されないという原則である。公平性には，形式的な公平，つまり「人の現実のさまざまな差異を一切捨象して原則的に一律平等に取り扱うこと」と，実質的公平，つまり「人の現実の差異に着目してその格差是正を行うこと」がある[9]。実質的公平は，結果としての均等であるので，その配分が公平であったか否かについては，困難な問題が生じる[10]。

●公正性

公正性の基準には，内容的公正（この制度は正しい制度か），分配的公正（みんなに公正な制度か），手続的公正（制度が制定された手続きは正しかったか）がある。透明性も公正性の一種である。市民参加条例，情報公開条例，個人情報保護条例，行政手続条例などは，これら公正を担保するための制度である。

●効率性

行政資源は市民の負担によるものであるから，より少ない資源で，より多くの効果を得るように努めることである。「必要な効果が，より少ない資源量で得られる方法はないか」という観点から，見直すことが必要である。

●市民性

市民の意見を積極的に把握し，適切に自治運営に反映するよう努めること，市民と行政・議会がまちづくりに関する情報を共有すること，まちづくりの企画，実施，評価の各過程において，市民が参画できるよう努めることなどが内容である。内容の正当性に加え，市民性は，自治運営のデュープロセスになっている。

●支援性

行政や議会は，市民の公共的活動を支援し，市民が存分に力を発揮できるようにすることである。

●優先性

政策の実施に必要な行政資源には限りがあるため，必要性等があっても，必ずしもすべての政策を実施することはできない。他の政策よりも優先順位が高いかどうかを判断して，行動する必要がある。

9）野中俊彦他『憲法Ⅰ〔第5版〕』（有斐閣，2012年）278-284頁。

10）租税論では，「等しい負担能力のある人には等しい負担を求める」という水平的公平と，「負担能力の大きい人にはより大きな負担を求める」という垂直的公平がこれに当たる。

(3)行政活動の一般原則

行政は，市民の権利や地位を不当に害することのないように配慮する義務を有し，行政活動の実施にあたっては，次のような一般原則が妥当する。

●信頼保護原則

権利の行使及び義務の履行は，信義に従い誠実に行わなければならないのは行政も同じである。市民の信頼を保護しなければ正義に反するというような特別の事情がある場合は，法の一般原理である信義則の法理の適用により，救済を認める場合がある。

＊最高裁判所が租税法の領域に関して，信義誠実の原則の適用要件を示している。[11)]

① 税務官庁が納税者に対して，信頼のもととなる見解を示したこと

② 納税者がその表示を信頼し，その信頼に基づき行動したこと

③ 後に，さきの表示に反する課税処分が行われ，そのために納税者が経済的不利益を被ったこと

④ 納税者が税務官庁のさきの表示を信頼し，その信頼に基づいて行動したことについて納税者に責めに帰すべき事由がないこと

相互協力が運営の基本である地方自治においては，より広く信義誠実の原則は，適用されることになる。

●権限濫用禁止原則

「権利の濫用は，これを許さない」（民法1条3項）は，行政の行動にも通じる原則である。風俗営業の進出を阻止するために児童公園を急遽認可した措置が裁量権の濫用であるとされた事例がある。このような行政権の行使は，国家賠償法上違法となりうるとした（余目町個室付浴場事件・最判昭和53年5月26日民集第32巻3号689頁）。

●平等原則

合理的な理由なく市民を不平等に扱ってはいけないという原則である。公共施設の利用関係などでは実定化されている（242条2項）。上尾市福祉会館事件（最判平成8年3月15日民集第50巻3号549頁）では，労働組合幹部の合同葬のための会館使用不許可処分を違法と判断した。「主催者が平穏無事に行おうとしているのに，その集会の目的や主催者の思想，信条等に反対する者らが，これを

11） 最判昭和62年10月30日集民第152号93頁。

実力で阻止し，妨害しようとして紛争を起こすおそれがあることを理由に公の施設の利用を拒むことができるのは，前示のような公の施設の利用関係の性質に照らせば，警察の警備等によってもなお混乱を防止することができないなど特別な事情がある場合に限られるものというべきである」と判示した。

●比例原則

過剰規制の禁止原則とも表現され，規制は必要最小限でなければならず，また，目的と手段が不釣合いであってはならないという原則である。

君が代斉唱日の丸起立義務違反懲戒処分事件（最判平成24年1月16日集民第239号253頁）では，過去2年度の3回の卒業式等における不起立行為による懲戒処分を受けていることのみを理由に同上告人に対する懲戒処分として停職処分を選択した都教委の判断は，停職期間の長短にかかわらず，処分の選択が重きに失するものとして社会観念上著しく妥当を欠き，上記停職処分は懲戒権者としての裁量権の範囲を超えるものとして違法の評価を免れないと解するのが相当であるとした。

⑷事務処理の原則

地方自治体が事務処理を行うにあたっては，次のような原則がある。

① 法令適合の原則　法令に違反して事務を処理してはならない（2条16項・17項）。

② 住民福祉増進の原則　住民の福祉の増進に努める（同条14項）。

③ 能率化の原則　最小の経費で最大の効果をあげ（同条14項），事務を効果的かつ効率的に進める。

④ 合理性の原則　常にその組織及び運営の合理化に努める（同条15項）。

⑤ 総合性・計画性の原則　総合的かつ計画的な行政の運営を図る（旧同条4項）。

⑥ 誠実性の原則　自らの判断と責任において誠実に管理・執行する（138条の2）。

⑦ 相互協力の原則　他の執行機関，行政機関と協力して行政の運営にあたらなければならない。

⑧　情勢適応の原則　社会情勢及び行政需要に的確に対応し，市民の満足度を高める行政運営に努めなければならない。

⑨　決定過程の明確化の原則　行政に関する意思決定の過程を明らかにすることにより，仕事の内容が市民に理解されるよう努めなければならない。

4. 地方自治法の展開

⑴法の欠缺を埋める自治の条例

地方自治法は，地方自治体の組織・運営に関する規定が中心で，地域の自治を支える基本規定や自治経営を具体化する方策（情報公開や共有，協働）に関する規定もない。議会についても，制度や運営手続に関する規定は詳細であるが，議会と市民の関係，議員間の討議に関する規定は不十分である。

こうした法の欠缺を埋める形で，近年では，新たな条例が制定されている。自治基本条例はこれらを体系化した条例で，情報公開条例，市民参加条例，市民協働条例等は，自治基本条例を具体化する条例である。議会についても，議会基本条例が標準装備になりつつある。

早晩，地方自治の基本理念や原則を示した基本法（新地方自治法）が制定されると思われるが，地域の実情を踏まえ，地域において地方自治法の空白に書き込む作業は，今後も継続していく必要がある。

⑵新地方自治法の展望

地方自治を推進するために，新地方自治法の制定が課題となってくる。

新地方自治法の設計思想は，この法律は，準憲法的位置づけとして，理念的・基本的事項を内容とする基本法に純化し，現行の地方自治法で規定されている実務的・手続的な規定は個別法か条例に委ねることになる。[12)]

新地方自治法の制定にあたって留意すべきは，次の事項である。

①　憲法は二元代表制を前提としているので，当面は，この枠のなかで考えていくことになる。地方自治体（行政，議会）の組織や運営の仕組みは，地

12)　神奈川県「地方自治基本法の提案」2010年。

方の実情に応じたものとなるように，自由度の高いものとすべきである。ただ，まったく自由に考えるというのも難しいので，いくつかの選択肢を用意するのが現実的だろう。

② 議会・議員については，議会は，自治の共同経営者であることを明確にすべきであろう。議員の定数については，少数精鋭からボランティア議員まで自治体ごとの自由性は許容すべきである。議会の組織，運営，議員の選出なども重要な論点であるが，二元代表制の下で，議会と執行部の相互の質問権，両者が対立したときの解決方法なども，選択肢を示しておくべきだろう。

③ 住民の主体性を許容する仕組みが，新地方自治法の特色になる。住民の主体性については，自治体の運営はもちろん，自治経営への関与まで含めて考える必要がある。住民の主体性と言うとすぐに住民投票と短絡するが，むしろそこに至るまでの多様で重層的な熟議型市民参加方式が重要である。

住民をめぐっては，自治会・町内会等の地域団体，NPO，外国人のほか，居住はしていないけれども，その地域で活動している市民，団体等についても，その位置づけや役割が重要になってくる。

④ 財政調整制度は，新地方自治法にきちんと書くべきである。地方分権は，一歩誤ると，豊かなところはどこまでも豊かに，貧しいところは貧しいままでという弱肉強食の世界に短絡してしまう可能性を持っている。それを避けるには，何らかの財政調整制度が必要となる。

「この国のかたち」をどうするかという問題ともからむが，地方分権を主唱する自治体は，自治体間の財政調整制度を国の差配によらず，地方自らがつくり上げていく必要がある。[13)]

13） 地方分権が本物かどうかは，その自律的な財政調整制度ができるかどうかが試金石である。その解決策の1つが，財源が一定基準以上ある富裕団体は，税をほかの地方に回すという議論（東京裕福論）である。

第Ⅳ部

励ます地方自治の主体
――存分に力を発揮する自治の担い手たち

第1章 市　　民

1. 市民の概念

(1)住民と市民

●法律用語としての市民

住民は法律用語であるが，他方，市民は法律上の用語としては，使われる場合が限定されている。現行の法令のうちでも，市民という言葉を使うのは，わずかな法律のみであり[1]，そのなかでも，「市民」という言葉を単独で用いるのは，特定非営利活動促進法（NPO法）と成年後見制度の利用の促進に関する法律のみである。いずれも議員立法である（その他は，市民農園，市民消費生活といった熟語として使われる）。

市民の使われ方は多義的であるが，一般には期待を込めて，自由と責任を果たす合理的人間という意味で使われる[2]。

●住民

これに対して，住民は法律用語で，数多くの法律がある[3]。ちなみに地方自治

1) 法令データ提供システム（http://law.e-gov.go.jp/cgi-bin/idxsearch.cgi 平成29年4月1日現在）では，24の法律のみである。

2) 初版1978年の『現代政治学小辞典』（阿部・内田・高柳編，有斐閣，1999年）の「市民」の項目では，「本来的には都市の自由民をさすが，歴史的には，貴族および僧侶に支配されていた封建制を打倒して近代市民社会を生み出したブルジョアジー（bourgeoisie）をさす。……その意味で，市民の特徴は，財産と教養を持つがゆえに自律的に行動しうる点にある。しかし今日では，操作されやすい大衆との対比で，自発的・主体的に政治に参加する人々が広く市民と呼ばれている」。

3) 法令データ提供システム（平成29年4月1日現在）では，321の法律がある。

の基本法である地方自治法には，市民という言葉はなく，住民という言葉が使われる。

地方自治法では，「市町村の区域内に住所を有する者は，当該市町村及びこれを包括する都道府県の住民とする。住民は，法律の定めるところにより，その属する普通地方公共団体の役務の提供をひとしく受ける権利を有し，その負担を分任する義務を負う」(第10条) としている。

住民には自然人及び法人が含まれる。住民については，国籍，年齢，行為能力等は一切問われない。外国人も住民である。そこに生活実態を有する者の福祉を増進させるのが地方自治であるから，納税していなくても住民である。

自然人の場合,「生活の本拠」(民法22条) が住所である。生活の本拠に当たるか否かは，住居，職業，生計を一にする配偶者その他の親族の存否，資産の所在等の客観的事実に，居住者の言動等により外部から客観的に認識することができる居住者の居住意思を総合して判断するのが相当である。なお，特定の場所を特定人の住所と判断するについては，その者が間断なくその場所に居住することを要するものではなく，単に滞在日数が多いかどうかによってのみ判断すべきものでもない[4]。

＊都市公園内に不法に設置されたキャンプ用テントを起居の場所としている者につき，同テントの所在地に住所を有するものとは言えないとした (最判平成20年10月3日集民第299号1頁)。従来の住所の認定要件である客観的事実と居住者の意思に加え,「社会通念」という要素を持ち込み，公園が住所にはならないとしたものである。この結論は，市民の常識にも合致し，法の目的である正義にもかなうが，事実上，都市公園に住んでいる者にとって，選挙など様々な権利を行使する基礎である住所がない状態，つまり住所がない住民をつくる結果になる。依然として問題は残されたままである[5]。

●在勤・在学・在活動市民

通勤・通学者，市内で事業活動その他の活動を行う人や団体は，生活の本拠がないので住民とは言えないが，そのまちで活動し，多くの時間を使っている

---

4) 最判昭和27年4月15日民集第6巻4号413頁。
5) 法律論だけでは，地方自治の問題は解決できない一例である。ここでは政策論の出番となる。松下啓一『自治の旅』(萌書房，2014年) 69-71頁。

ことから，まちづくりの重要な担い手である。

自治基本条例では「市民」という概念がつくられ，住民のほか，在勤，在学，地域で活動している人や団体も含めている。あえて，市民という概念をつくるのは，雇用や就学の場の偏在や交通網の発達で，市域を越えた人口移動が起こっていること，情報網の発達，政策課題の広域化などの状況のなかで，行政区域内の住民だけでは，サービス提供や助け合いができないからである。

＊埼玉県戸田市を例に見ると（平成22年国勢調査），人口は12万3079人で，このうち就業者は6万2608人である。就業者のうち，市内で働く人は2万1689人（約35%）にとどまり，約4万人の市民は，市外に働きに行っている（東京都が最も多い）。他方，戸田市内で働く就業者は5万9355人で，このうち市内在住者は上記のように2万1689人（約37％）にとどまり，市外から約3万8000人が戸田市に働きに来ている。つまり，昼間で見ると，戸田市では働き盛りの人たちが市外に働きに出掛けてしまい，その分，市外から働きに来ている人が戸田市にいるというのが，まちの姿である。こうした在勤・在学者を無視しては，防災，防犯その他，まちづくり活動ができないということである。

人口減少が進み，ますます定住人口は減少するなかで，住所はないが，その町で活動する「市民」をまちのために，より一層，活動してもらうように取り組むのが，自治経営でもある。

＊川崎市自治基本条例では，市民を「本市の区域内に住所を有する人，本市の区域内で働き，若しくは学ぶ人又は本市の区域内において事業活動その他の活動を行う人若しくは団体をいいます」(3条(1)) と定義している。

◉在縁市民・交流市民

その市には住んでおらず，また，そこで活動しているわけではないが，そのまちに関心を持つ個人や団体，いわゆる「ファン」である。交流市民・在縁市民とも言うべき市民である。

交流市民・在縁市民は，そこに住んでいないということがメリットである。離れていることで，まちの中にいては気がつかないことにも気がつくことができる。新たな視点で，情報提供や政策提案をしてもらい，政策立案に活かすことができる。寄付を受けることで財政面からまちづくりを応援してもらうこともできる。各地にいるファンに，まちをPRするシティプロモーションの担い手にもなってもらえる。ファンが嵩じて，そのまちに住んでもらう，あるいは住んでみたいと思う人も生まれてくるだろう。

住民，在勤・在学・在活動市民，交流市民・在縁市民による重層的な取り組みを行っていくのが自治経営である。

＊焼津市自治基本条例では，まちづくりサポーターとして，交流市民，在縁市民をまちづくりに巻き込む規定を設けている。

（まぢづくりサポーター）

第18条　市長は，焼津市以外に住んでいる焼津市出身者，焼津市にゆかりのある人及び焼津市のまちづくりを応援してくれる人又は法人その他の団体で希望するものが焼津市まちづくりサポーターとしてまちづくりに関わってもらえるよう努めます。

⑵住民の権利

●住民の権利

地方自治法の規定する住民の権利には，次のようなものがある。

- 役務の提供をひとしく受ける権利を有し，その負担を分任する義務を負う（10条）。
- 普通地方公共団体は，正当な理由がない限り，住民が公の施設を利用することを拒んではならない（242条2項）。施設の平等利用権である。
- 住民は，長・委員会・職員について，違法もしくは不当な公金の支出等があると認めるときは，これを証する書面を添え，監査委員に対し監査を求めることができる（242条1項）。住民監査請求である。
- 監査結果・勧告に不服があるときは，住民訴訟を提起できる（242条の2）。住民訴訟は，地方公共団体の行財政に関し，違法行為を是正して適正な行政運営を確保することが目的である。したがって，地方公共団体の住民であれば可能であり，外国人や法人等の団体も住民訴訟を提起できる。選挙権を有しない者も請求をすることが可能で，納税者である必要もないとされている。

●主権者としての住民の権利

主権者としての住民の権利については，地方自治法では，「日本国民たる普通地方公共団体の住民は」と規定されている。

- 選挙権・被選挙権。日本国民たる普通地方公共団体の住民は，この法律の定めるところにより，その属する普通地方公共団体の選挙に参与する権利を有する（11条）。
- 条例の制定改廃請求権。日本国民たる普通地方公共団体の住民は，普通地方公共団体の条例（地方税の賦課徴収並びに分担金，使用料及び手数料の徴収に関するものを除く）の制定又は改廃を請求する権利を有する（12条1項）。

  条例の制定改廃請求権は，参政権というよりは，地方自治法10条の「サービスの受ける権利」の一種であり，「日本国民たる普通地方公共団体の住民」に限定する必要はないであろう。
- 事務監査請求権。日本国民たる普通地方公共団体の住民は，この法律の定めるところにより，その属する普通地方公共団体の事務の監査を請求する権利を有する（12条2項）。

  住民監査請求との違いは，事務監査請求は，直接請求権の1つで，事務全般を対象に政策の当否についても請求できる。50分の1の有権者の連署が必要になる。これに対して，住民監査請求は，財務会計上の行為が対象で，選挙権の有無や一定数の住民の連署は必要ない。1人でもできる。
- 議会の解散請求権。日本国民たる普通地方公共団体の住民は，この法律の定めるところにより，その属する普通地方公共団体の議会の解散を請求する権利を有する（13条1項）。
- 解職請求権。日本国民たる普通地方公共団体の住民は，この法律の定めるところにより，その属する普通地方公共団体の議会の議員，長，副知事・副市町村長，指定都市の総合区長，選挙管理委員，監査委員，公安委員会の委員，教育委員会の教育長又は委員の解職を請求する権利を有する（13条2項，3項）。
- 他の法律によって同種の制度が認められている。市町村合併協議会設置等の請求（市町村の合併の特例等に関する法律第4条），教育委員会の委員の解職請求（地方教育行政の組織及び運営に関する法律第8条）等がある。

●在勤・在学・在活動市民の権利

通勤・通学者，市内で事業活動その他の活動を行う人や団体も権利の主体となる。これら市民もまちづくりの重要な担い手であり，まちのために存分に活動してもらうために，一定の権利を保障すべきだからである。

なお，情報公開条例においては，「何人」も開示請求ができるとされている。情報は，行政区画の枠内にとどまらず，広く域外にも発信し，流通していることから，開示請求権を市民に限定する実質的理由に乏しいためである。

＊川崎市自治基本条例では，市民を広く定義したうえで（3条(1)），市民の権利について規定している。

（市民の権利）

第6条　市民は，すべて人として尊重され，平和で良好な環境の下で，自らの生命，自由及び幸福追求に対する権利が保障され，自己実現を図ることができるほか，自治運営のために，次に掲げることができます。

(1)市政に関する情報を知ること。

(2)政策の形成，執行及び評価の過程に参加すること。

(3)市政に対する意見を表明し，提案をすること。

(4)行政サービスを受けること。

2. 外国人市民

(1)外国人と住民

●地方自治法と外国人

外国人も地方自治法の住民に当たる。地方自治法の規定する住民の権利には，外国人にも保障される。役務の提供をひとしく受ける権利を有し，その負担を分任する義務（10条）のほか，施設の平等利用権（242条2項），住民監査請求（242条1項），住民訴訟も提起できる（242条の2）。

●在住外国人活躍政策

在住外国人が増加するなかで，地域（自治体）は，在住外国人に対する政策に本格的に取り組まざるをえなくなってきた。[6)]

---

6)　2016年末現在における在留外国人数は238万2822人となり，前年末に比べ，15万633人（6.7％）増加し，過去最高となった。わが国の総人口に占める割合は，1.8％となっている。国籍・

わが国の外国人政策は，社会的秩序維持や治安を重視した出入国管理から，日本語教育や就労支援といった生活者としての外国人支援，近年では，高度人材や技能実習生といった外国人材の積極的活用へと，その時々の社会的要因を背景としながら，管理から活用に変化してきている[7]。

自治体においては，これまで在住外国人に対する体系的な政策がないゆえに，結果として，在住外国人は，恩恵やサービスの対象としての運用が行われてきたが，高齢化や少子化が進むなか，日本社会全体が余力をなくしつつあるなかで，在住外国人に地域の担い手として，行政や地域コミュニティへの参加など，相応の役割と責任（活躍）を期待するようになっていく。新しい公共の担い手として，在住外国人活躍政策の構築が問われてくることになる。

＊2006年に総務省が全国の自治体に策定を求めた多文化共生プランは，増加していく在住外国人に対し，生活者としての外国人という視点からの政策アプローチである。多文化共生プランは，国籍や民族などの異なる人々が，互いの文化的差異を認め合い，対等な関係を築こうとしながら，地域社会の構成員として共に生きていくことを趣旨とした地域づくりの指針である。

(2)外国人市民と参加

外国人市民の参加には，①政治参加，②行政参加，③コミュニティ参加がある。

●外国人市民の政治参加

外国人市民の政治参加については，外国人に地方参政権を認めるかどうかが議論の中心である。これはもっぱら憲法論から，「国民主権」（1条），「国民固有の権利」（15条1項），「住民」（93条2項）の解釈をめぐって学説が対立している。

学説は，①要請説（憲法上要請されており，外国人に参政権を付与しないことは違憲である），②禁止説（憲法上禁止されており，外国人に参政権を付与することは違憲

地域の数は196（無国籍を除く）にも及ぶ。最も多いのが中国で，69万5522人（構成比29.2％）になる。

7) 在留資格についても，1993年に技能実習制度が開始され，2006年特定活動の創設，2009年新たな在留管理制度の導入，技能実習の創設，2014年高度専門職の創設，2016年には介護が創設された。

である），③許容説（憲法上いずれの選択肢も許容しており，外国人に参政権を付与しないことも外国人に参政権を付与することも合憲である）に区分できるが，このうち許容説が多数で，最高裁も許容説に立っていると解される。

外国人市民に地方参政権を付与すべきかどうかについては，国際的潮流（EUは，マーストリヒト条約で，構成国内の外国人の地方参政権を定めた。その他，北欧諸国，オーストラリア・ニュージーランド・カナダなどの英連邦諸国の動向），納税の義務といった観点からも議論も重要である。

国政ならば主権の問題が出てくるが，役務の提供（サービス）と助け合いが主になる地方自治の場合，外国人に選挙権を付与したほうが住民全体にとってプラスかどうかなど多面的に検討して決めるべきだろう。在留資格の緩和化が進むなか，在住外国人が増加し，今後は，一定の外国人市民に対して地方参政権を付与することになっていくことになると思われるが，その際には，それを受容し，包容する市民感情の成熟が決め手になるから，在住外国人の行政参加やコミュニティ参加を積極的に進めるなかで，政治参加の道すじをつけていくことが肝要だろう。

＊地方参政権を付与するのは立法政策というのが判例の見解とされている（最判平成17年1月26日民集第59巻1号128頁）。「国民主権の原理及びこれに基づく憲法15条1項の規定の趣旨に鑑み，地方公共団体が我が国の統治機構の不可欠の要素を成すものであることをも併せ考えると，憲法93条2項にいう「住民」とは，地方公共団体の区域内に住所を有する日本国民を意味するものと解するのが相当であり，右規定は，我が国に在留する外国人に対して，地方公共団体の長，その議会の議員等の選挙の権利を保障したものということはできない。我が国に在留する外国人のうちでも永住者等であってその居住する区域の地方公共団体と特段に緊密な関係を持つに至ったと認められるものについて，その意思を日常生活に密接な関連を有する地方公共団体の公共的事務の処理に反映させるべく，法律をもって，地方公共団体の長，その議会の議員等に対する選挙権を付与する措置を講ずることは，憲法上禁止されているものではないと解するのが相当である。しかしながら，右のような措置を講ずるか否かは，専ら国の立法政策にかかわる事柄であって，このような措置を講じないからといって違憲の問題を生ずるものではない」。

●外国人市民の公務就任権

公務就任権の起源を参政権（憲法15条）に求めるか，職業選択の自由（22条2

項）に求めるかによって，外国人市民の公務就任権を認めるか否かに違いが出る。

憲法15条は，「公務員を選定し，及びこれを罷免することは，国民固有の権利」としているが，これには公務員の選定罷免権にとどまらず公務就任権も含まれ，したがって，主権者ではない外国人には，公務就任権は基本的には認められないということになる。

他方，職業選択の自由に立てば，公務といえども職業の一種ということになり，外国人の公務就任権が認められやすい。学説の多数はこの立場に立っている。[8)]

一般には公務員は職業の1つであり，多くの職員にとっては，職業選択の1つにすぎないのが実際だろう。職業選択の自由から考えていき，公務の性質によっては，その自由にも一定の制約があると考えていったほうが妥当である。[9)]

＊公務員の区分については，東京高裁判決（東京高判平成9年11月26日）が参考になる。ここでは公務員を①国の統治作用である立法，行政，司法の権限を直接に行使する公務員，②公権力を行使し又は公の意思形成に参画することによって間接的に国の統治作用に関わる公務員，③それ以外の上司の命を受けて行う補佐的・補助的な事務又は専ら学術的・技術的な専門分野の事務に従事する者に分類している。③→②→①になるにしたがって，参政権的要素は濃厚になる。

たしかに行政執行には，市民の信頼が不可欠で，それには国や自治体への忠誠が必要という考え方が基本に横たわっているが，それと日本国籍に結びつけることに飛躍がある。実際，日本に忠誠を誓う外国人もいるし，外国政府と通謀する日本人もいないとは限らないからである。

この問題は，外国人市民の公務就任をめぐって顕在化するが，公務員は日本

---

8) 榊原秀訓「外国人の公務就任能力」行政法の争点〔第3版〕有斐閣，2004年，176頁など参照。

9) 国は当然の法理を根拠としていた（昭和28年3月25日法制局1登第29号内閣法制局第一部長回答）。最高裁判決（最判平成17年1月26日民集第59巻1号128頁）は，「当然の法理」に代えて「公権力行使等地方公務員」の概念を用いた点が特徴である。公権力行使等地方公務員は，「住民の権利義務や法的地位の内容を定め，あるいはこれらに事実上大きな影響を及ぼすなど，住民の生活に直接間接に重大なかかわりを有するものである。それゆえ，国民主権の原理に基づき，国及び普通地方公共団体による統治の在り方については日本国の統治者としての国民が最終的な責任を負うべきものであること（憲法1条，15条1項参照）に照らし，原則として日本の国籍を有する者が公権力行使等地方公務員に就任することが想定されているとみるべき」としている。

国憲法を尊重・擁護することを宣誓したうえで職務を執行するが，国や自治体への忠誠は，国籍によってではなく，地方公務員法等の法令によって羈束すれば十分である。むしろ有為の外国人に積極的に活躍してもらった方が，自治の推進にとっては，プラスが多いと思う。

●外国人市民の政策参加

外国人市民が自治体の政策決定等に参加することは，特別の場合を除き，特に意識されずに行われてきた。その根拠となるのが，住民の役務の提供を受ける権利と負担を分任する義務（10条2項）である。この権利行使と義務の負担の前提として，住民は正しい情報を知り，参加して意見を言うことができる。言い換えると，行政サービスを受ける権利や納税の義務と参加権は切り離せない。

住民投票については，対応が分かれている。住民投票制度は，間接民主主義制度を補完し，住民の総意を的確に把握するため制度で，原理的には参加権に由来し，法的には執行機関等を拘束するものではないことから，本来，外国人市民も投票権者とすべきである（川崎市）。

他方，政治的には，執行機関や議会は，投票結果に拘束されることから，実際の機能としては参政権的要素を持っている。また実務的には，住民投票制度は，選挙制度の仕組みを利用することもあり，投票権者を選挙権者に限定する条例も多い。

市民の評価も分かれているが，今後は，在住外国人の意向を含めて判断した方が好ましい事例も増えてくると思われる。

●外国人市民のまちづくり参加

外国人市民，とりわけニューカマーの増加で，地域社会と様々なトラブルが起こっている。

地域社会での摩擦（出稼ぎ目的で日本に定住する気がないなどの理由で，地域社会との接触が希薄となる状況も見られる。ゴミ出し，夜間の騒音などのトラブル，相互不信といった摩擦が発生している），地域社会との隔離（在留期間が長期化，集住化の傾向が進むにつれ，外国人コミュニティが形成され，日本語があまり話せない者であっても日本人社会とそれほど関わることなく生活ができるようになる）といった問題点がある。

こうした外国人が地域コミュニティに参加し，まちづくりに主体的に取り組むように政策化することは急務であるが，現時点では体系的な取り組みが行われていない。

＊群馬県大泉町は，総人口4万1876人（2017年12月末現在）のうち，外国人が7585人（人口比率約18.1％）を占めている。ニューカマーの在住外国人は，特定都市の限られた地域に集中して住むことから，外国人の集住地区が各地にできている。外国人集住都市会議は，2001年5月，ニューカマーが多数居住する自治体等で設立された会議体である。会員都市は22である（2017年4月現在）。外国人施策や活動状況に関する情報交換や提言等を積極的に行っている。

第2章 地域コミュニティ・NPO

1. コミュニティ

(1)コミュニティとアソシエーション

コミュニティについては，社会学を中心とする様々な学問領域からの学問的蓄積[1)]があり，また，政府も，1969年の国民生活審議会コミュニティ問題小委員会の答申「コミュニティ——生活の場における人間性の回復[2)]」以降，コミュニティ政策に積極的に関与するようになってきた。

コミュニティの定義も様々で，2005年の国民生活審議会総合企画部会報告では，「自主性と責任を自覚した人々が，問題意識を共有するもの同士で自発的に結びつき，ニーズや課題に能動的に対応する人と人のつながりの総体[3)]」がコミュニティであると定義している。ここでは地縁型団体や市民活動団体などの組織そのものをコミュニティと呼ぶのではなく，共属意識や共同行動，人と人のつながりがコミュニティの要諦となっている。地域性をコミュニティの要素と見る考え方もあるが，地域性のないコミュニティもある。

---

1) マッキーヴァー（Robert Morrison MacIver）によれば，コミュニティは，基本的には，地域性と共同性の2つを要件として持つ概念である。コミュニティに対応させるのはアソシエーションで，これは特定の目的や関心を達成するために結成される集団である。

2) ここではコミュニティについて「生活の場において，市民としての自主性と責任を自覚した個人および家庭を構成主体として，地域性と各種の共通目標をもった，開放的でしかも構成員相互に信頼感のある集団」と定義している。

3) 国民生活審議会総合企画部会「国民生活審議会総合企画部会報告——コミュニティ再興と市民活動の展開」（2005年）6頁。

図表Ⅳ-2-1　コミュニティの分類

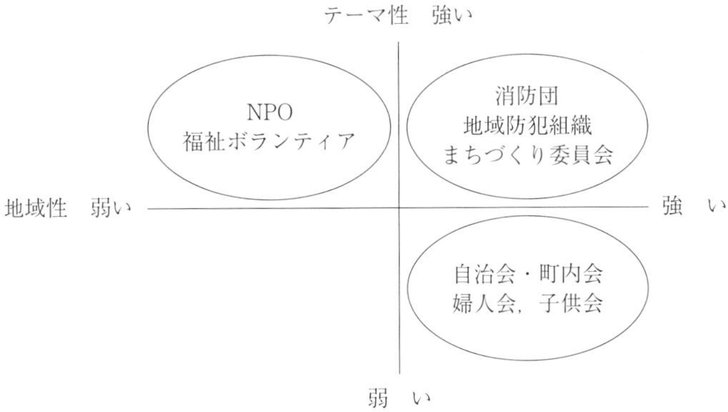

コミュニティとアソシエーションを対置する考え方もあるが，両者は，二項対立的な概念ではなく，基礎的な人間結合のないところにアソシエーションは誕生しないので，アソシエーションは，コミュニティを前提にする概念であり，「コミュニティはこの意味で基礎社会である[4)]」と言える。

アソシエーションは，特定目的のための機能団体で，アソシエーションにも，地域性のあるアソシエーション（消防団，地区防犯組織，まちづくり委員会，お祭り実行委員会）と地域性のないアソシエーション（動物愛護グループ，手話グループ）がある。

コミュニティにおいては，構成メンバーが，共属意識を持ち，その価値を実現するために協力して具体的に行動するという点が重要で，それゆえ，励ます地方自治の主体としてコミュニティを取り上げる意味がある。

(2)地域コミュニティとテーマコミュニティ

国民生活審議会（2005年）の報告では，同じ生活域に居住する住民の間でつくられるコミュニティを「エリア型コミュニティ」，特定のテーマの下に集まって形成されるコミュニティを「テーマ型コミュニティ」に分類している。

エリア型コミュニティ（以下，「地域コミュニティ」と言う）の代表例が自治

4）　庄司・木下・武川・藤村編『福祉社会事典』（弘文堂，1999年）326頁。

図表Ⅳ-2-2　エリア型コミュニティとテーマ型コミュニティの特徴の対比

エリア型コミュニティ	テーマ型コミュニティ
生活全般にわたる活動	特定分野の活動が中心
原則全世帯加入	自由な参加
行政区域内に限定	行政区域にとらわれない
行政の補助的機能	行政からの自立

（出典）国民生活審議会　総合企画部会報告「コミュニティ再興と市民活動の展開」8頁より。

会・町内会であり，テーマ型コミュニティの典型例がNPOである。

しかし，地域においては，地域性と共同性を有し，地域を包括する機能を備えてはいるが，形式としてはNPOという法人格を取得するという相互乗り入れ型の「地域コミュニティ型NPO」も出現している。NPOは，「非営利の企業」といわれるように，マネジメントができ，組織として行動性・機動性を持つが，そのNPOの特性を活かして，自治会・町内会等が抱える各種課題を克服しようとするものである。

*特定非営利活動法人きらりよしじまネットワークは，山形県川西町吉島地区の全世帯が加入するNPOである。2007年9月に法人格を取得した。会計の一元化による無駄の排除とともに，高齢化率3割を超える住民の（特に経済的）自立を進めるために，受託事業などの収益活動ができるようにするためにNPO化した点が特徴的である。

⑶コミュニティと法律

コミュニティにふれている法律はきわめて少ない。

法令検索システムで，「地縁による団体」で検索すると[5)]，該当する法律は，地方自治法のほか，住生活基本法，地方税法，保険業法のみである（なお，地域コミュニティや自治会，町内会という用語を使う法律はない）。このうち地方自治法の地縁団体に関する規定は，260条の2から260条の39まで詳細にわたるが，内容は地縁団体に法人格を付与し，管理・運営，監督するための手続的な規定と

5）法令データ提供システム（平成29年4月1日現在）。

なっている。

他方，テーマコミュニティを対象とするのがNPO法（特定非営利活動促進法）であるが，これも「この法律は，特定非営利活動を行う団体に法人格を付与すること並びに運営組織及び事業活動が適正であって公益の増進に資する特定非営利活動法人の認定に係る制度を設けること等により，ボランティア活動をはじめとする市民が行う自由な社会貢献活動としての特定非営利活動の健全な発展を促進し，もって公益の増進に寄与すること」（第1条）が目的である。

この法律の正式名称である「特定非営利活動促進法」という表示から見ると，この法律は，NPO活動を「促進」するための施策を体系化・総合化した法律のように見えるが，法律の全81条を見ると，大半が，法人の設立や管理・運営，監督に関する技術的・手続的な規定で占められており，正確に略称すれば，「法人格付与法」というべき内容となっている。

いずれの場合も，現行法は，コミュニティの内容には踏み込まず，法人格を付与する道を開いて，間接的にコミュニティ活動を促進するという位置づけになっている。

なお，平成16年の法改正で創設された地域自治区の制度は，本来は，行政の下部組織という位置づけであるが，地域自治区を運営する地域協議会は，住民自治を強化するという理念を内包しており，運用の仕方によっては，コミュニティを活性化する制度となりうる可能性を秘めている。

2. 地域コミュニティ

(1)地域コミュニティの役割

●地域コミュニティの種類

地域コミュニティは，一定の区域に住所を有する者の地縁に基づいて形成された地縁団体（自治会・町内会，婦人会，青年団，子ども会）と地域を基盤とするが，特定の目標など何らかの共通の属性及び仲間意識を持ち，相互にコミュニケーションを行っているような団体（消防団，地区防犯組織，まちづくり委員会，お祭り実行委員会）に大別できる。

●戦争遂行の手段としての地域コミュニティ

地域コミュニティが，戦争遂行の手段として使われた歴史がある。国は戦時体制を強化するために，部落会町内会等整備要綱を通達して（1940年），部落会や町内会を市町村長の支配下に置いた。この町内会の下には，10戸前後の家庭を1つの班とする隣組がつくられた。[6)]

この隣組制度は，のちに大政翼賛会の下部組織に移されて，配給物資の分配，空襲に対する防空訓練，さらには非国民活動の監視など，戦争目的の遂行という役割を担うことになった。地域コミュニティが，地域の住民の幸せ実現という本来の目的と離れて，国家行政の一環として組み込まれていった例である。地域コミュニティを政策対象として考える際には，こうした歴史も忘れてはならない。

＊隣組を宣伝啓発するために，「とんとん　とんからりと隣組　格子を開ければ顔なじみ　廻して頂戴　回覧板　知らせられたり知らせたり」という軽やかな調子の歌がつくられ，広く放送された（1940年6月初放送）。2番では「あれこれ面倒　味噌醤油　御飯の炊き方　垣根越し　教えられたり教えたり」と隣近所で面倒を見合う様子が歌われ，3番では「地震やかみなり　火事どろぼう　互いに役立つ用心棒　助けられたり　助けたり」と近所の協力・連携が歌われている。

●地域コミュニティのあり方・評価

ここ30年を見ても，地域コミュニティをめぐる評価が大きく変化してきた。

1986年末から1991年初頭まで，日本は，バブル景気と呼ばれる空前の好景気時代を迎え，資産インフレを背景とする都市開発・建設ラッシュを引き起こした。反面，地域のつながりや連帯感は希薄化し，地域コミュニティの意義も軽視されるようになった。

バブル経済の崩壊は，一転して資産デフレとなり，地方自治体は，税収の減少と過大な公共投資による借金で，財政状況は逼迫化することになった。そうしたなかで起こったのが，1995年1月の阪神・淡路大震災であるが，この大災害は，地域に未曾有の被害を及ぼした反面，地域のつながりや助け合いの重要性を認識させることになった。

6）渡邊洋吉『戦時下の日本人と隣組回報』（幻冬舎，2013年）。

1995年は，ボランティア元年と言われるように，ボランティア活動に対する関心が急速に高まり，それまでほとんど知られていなかったNPOが注目されることになった。阪神・淡路大震災の現場では，実際には地域コミュニティの活動が盛んに行われていたが，社会の関心は，NPOに集まり，1998年には特定非営利活動促進法（NPO法）が制定された。

21世紀に入って，より一層，経済環境が厳しさを増し，同時に人口減少，少子高齢化による影響に関心が及ぶようになって，地域コミュニティに対する期待も高まってきた。

2007年に総務省は，コミュニティ研究会を設置し，2008年には，総務大臣を本部長とした地域力創造本部を立ち上げ，地域コミュニティの活性化を含む各種取り組みを展開し始めている。こうした国の動きに対応し，自治体においても，地域力の向上という観点から，地域コミュニティの再構築・活性化に向けた取り組みを模索し始めた。

そして，2011年3月の東日本大震災は，地域コミュニティの重要性をあらためて認識させる結果となった。

●地域コミュニティの公共機能

地域コミュニティには，住民を守る機能と親睦的機能があるが，これら機能が，豊かな市民生活を支えてきた。もう1つの公共機能である。

例えば，国民負担率を見ると，わが国はOECD加盟国（34カ国）のなかでも低位（28位）に位置している[7)]。国民負担率は，国民所得に占める国税・地方税などの租税負担と年金・医療保険などの社会保障負担の合計の比率で，国民全体の公的な負担の度合いを示す数値であるが，これは同時に，公的な社会福祉の充実度を表す比率となっている。

日本の国民負担率は，ヨーロッパ諸国に比べて低いが，だからといって，日本は低福祉の国ではない。その証左は，日本は世界第2の長寿大国だからである。長寿は，医療や福祉，住宅，所得，文化など，様々なものが重なり合って初めて可能であるが，つまり事実上の福祉が充実しているということでもある。

では，低負担と高福祉のギャップを埋めているものは何か。それは地域ミュ

7）　平成29年2月10日財務省公表資料。

ニティや企業の力である。例えば，自治会・町内会には，親睦機能のほか，住民を守る機能として，問題対処機能（交通安全，防犯，非行防止など地域の様々な問題を解決するための機能），環境維持機能（近所の清掃や集会所の整備といった活動を通じた機能）があるが，日本では，こうした民間の公共的活動によって，公的福祉を補完し，それによって事実上の高福祉が実現している。

⑵地域コミュニティの課題・衰弱

しかし，期待とは裏腹に，地域コミュニティが果たす機能は，減退，縮小傾向にある。

●自治会・町内会が抱える課題

地域コミュニティのうち，自治会・町内会は，様々な課題を抱えているが，ここでは人的な要素・側面に絞って考えてみよう。

第1は，限られた人が相当の負担を担っている状況である。当該地域の代表という性格から，様々な組織，各種事業に伴う役職を受け持つなど特に重い負担を担っているのが現状である。

第2は，自治会加入率の低迷である。加入率も地区の様々な要因によってばらつきがあるが，全体としては1960年代が最も高く，その後，減少傾向になり，現在でも減少傾向が続いている（33-34頁参照）。

第3は，担い手と指導者の不足，女性や若者の不参加である。役員のなり手不足と指導者などの後継者不足，その反面である同一の役員の長期就任が，どの地域組織においても懸案となっている。また地域の役員は，そのほとんどが男性で占められている状況である。

都市部だけでなく地方においても，住民の生活形態が，居住地域と職場・学校等が分離してしまい，その結果，昼間，地域に人がおらず，地域との関連が強い自治会・町内会活動の支障になっているためである[8)]。

●行政とのもたれ合い

自治会・町内会が抱える課題のうち，自治経営の観点から特に重要なのは，

8）時間帯別の屋内滞在者数を見ると，都市部（川崎市），地方部（神奈川県津久井郡相模湖町）ともに，昼間は自宅にいる人が半分程度である（平成17年度国土交通白書（国土交通省））。

図表Ⅳ-2-3　札幌市自治会町内会に対するアンケート（2006年10月）

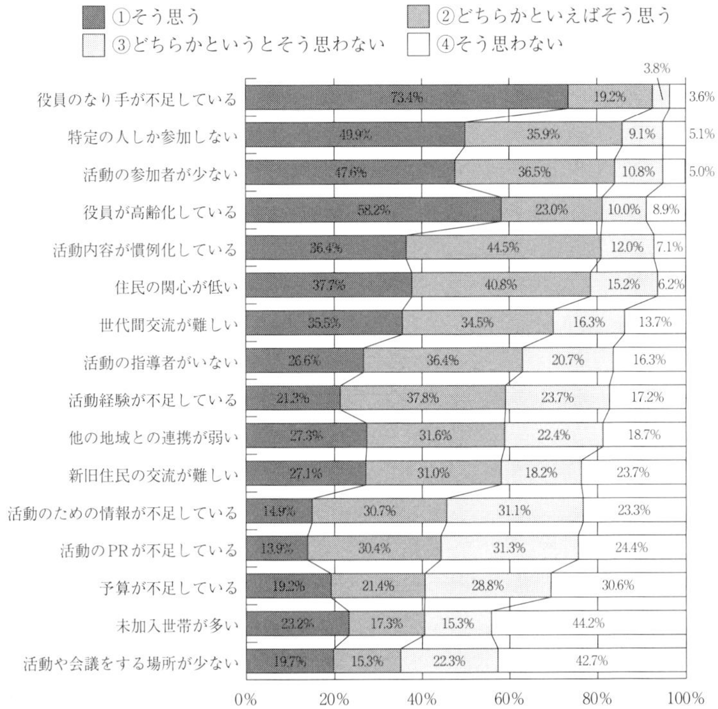

行政と自治会・町内会間における相互依存関係，つまり本来の自治組織としての自立性（自律性）が弱い点である。

それは両者が，属地性の組織という点で共通するからで，例えば，①自治会・町内会は，基本的には1つの地域には1つ，②ほぼ全国くまなく存在し[9]，人の住まない田や畑，山や川も組織の対象，③引っ越してくると，ごく自然に加入する自動参加制，④活動内容も，地域の課題解決（防犯，防災，福祉など），地域の環境維持（環境，資源回収など）など，共通性が強いからである。

9）　全国には29万8700の自治会・町内会がある（「地縁による団体の認可事務の状況等に関する調査」（総務省）調査基準日平成25年4月1日）。名称は，自治会（13万921），町内会（6万6637），町会（1万8557），部落会（5746），区会（4166），区（3万7776）などがある。

図表IV－2－4　自治会・町内会と自治体の類似性

	自治会・町内会	自　治　体
組 織 目 的	地域社会の共同ニーズの管理	住民の福祉
組 織 原 理	互助協力による参加	相互協力，助け合い
経 済 基 盤	会費，行政の補助金，委託金	税金
相 互 関 係	下請，要望	協力依頼，要望
活 動 内 容	問題対処，環境維持，親睦	地域課題への対応
構　成　員	地域住民	住民

（出典）　高寄昇三　『地方自治の行政学』（勁草書房，1998年）一部改変。

そこから，行政から依頼されて，文書の配布，募金の取りまとめ，労務の提供，イベントへの人の動員などを行う下請け・補完機能や，行政に対して様々な要望を提出し，住民要求の達成を図る要求・要望機能が生まれてくる。

＊住民による住民監査請求で，しばしば自治会・町内会が対象とされる。横浜市でも，地域振興協力費に関して住民訴訟になった。地域振興協力費返還履行請求事件（原審・横浜地方裁判所平成17年（行ウ）第49号，東京高等裁判所平成21年2月26日判決）では，裁判所が，自治会・町内会の仕事をどのようにとらえているのかよく分かって興味深い。

まず，市の経費でできるのは，市の事務を処理するため必要な場合のみである（232条）。判決では，区連会の活動を12の分野に整理している。市の事務ゆえに経費になるものとして，①定例会開催，②区地域の集いの共催，③防犯ネットワークつづきの設置，④防犯ビデオの配布，⑤課題検討プロジェクト会議の実施であるとしている。

それに対して，⑥自治会活動の手引きの作成，⑦加入促進運動，⑧オリンピック選手の応援，⑨社協への参加，⑩中越地震の義援金募集，⑪視察研修，⑫公益団体の役員兼務は，市の事務処理に必要なものではないとして，これに対して経費を支出するのは，地方自治法232条1項違反とする。

つまり，①から⑤は市の仕事であるが，⑥から⑫は，公共的な仕事であるが，市の仕事ではなく，それゆえ，市の経費としては許されないが，公益性を認められるから，これを補助金として出すのは，裁量権の範囲内であるとして，結果的には，⑥から⑫に対する100％補助を有効としている。

⑶地域コミュニティに対する法的対応の必要性

●地縁による団体

地方自治法にも地域コミュニティに関する規定はあり，平成3年の地方自治法改正で，地縁による団体に法人格を認可し，不動産等の権利を登記できる道を開いた（260条の2）。

それまでは，地縁による団体は，法的には権利能力のない任意の団体であるから，団体名義での不動産登記等はできず，代表者の名義等で行っていたが，名義人の転居や死亡などで名義の変更や相続などの問題があった。

この規定は，地縁による団体が，法人格を得ることにより，不動産等を団体名義で保有し登記等ができるようにすることにあるから，現に不動産又は不動産に関する権利等を保有しているか，保有する予定があることが認可の前提になる。地方自治法で，自治会・町内会の規定があるといっても，法人格付与の範囲内で規定されているにすぎない。

●地域コミュニティへの法的対応の必要性

東日本大震災では，地域コミュニティの有無や活発度が，住民の生死を分ける場面が，あちこちで現出したが，地域コミュニティを法的制度の埒外に置いて，事実上，公共機能を分任させることは，もはや限界となってきた。

地域コミュニティを法制度に位置づけるにあたって理論的根拠となるのが，新しい公共論である。この立場では，地域コミュニティは，行政の下請けとして，行政の意向を忠実に実行する組織ではなく，地域の公共主体として，地域課題解決のための政策を企画・立案し，地域福祉の実現に主体的に取り組む組織になる。

地域コミュニティに対する法制度の内容は，今後に委ねられるが，議論のポイントは，地域コミュニティの公共性（地域課題に対する政策提案，政策決定過程への積極的参加），自立性・市民性（行政依存からの脱却，自立・自律，自己責任・自己決定），民主性（運営ルールの透明化，情報公開，説明責任の充足，評価システムの構築）の向上である。

こうしたなかで，自治体においては，コミュニティに踏み込む条例がつくられ始めている。

●自治基本条例と地域コミュニティ

自治基本条例では，自治の基礎単位として，地域コミュニティが取り上げられている。ほとんどの条例で，地域の意思を反映し，まちづくりを多様に支えることができる地域コミュニティの重要性を確認するとともに，まちづくりの主体として守り育てることが記述されている。また，地域コミュニティへの住民の積極的な参加も期待されている。越前市自治基本条例は，以上の点を素直に記述しており，理解がしやすい。

> （地域の自治）
> 第9条　わたしたち市民は，各地域において，その歴史，文化等の地域的特性を生かした豊かなまちづくりを目指し，市と協働して組織的に市民自治活動を行い，地域の振興を図ります。
> 2　わたしたち市民は，町内会又は地区組織における活動を通して，安全で安心な住みよいまちづくりの実現に努めます。
> 3　町内会その他の地域の振興を図る組織の代表者は，その構成員の意思を尊重し，意見を取りまとめ，市との協働を円滑に図るよう努めます。
> （越前市自治基本条例）

地域コミュニティの定義としては，

- 村民がお互いに助け合い，育みあう心豊かな生活を送ることを目的として，自主的に結ばれた組織（関川村第2条）
- 町民一人ひとりが自ら豊かな暮らしをつくることを前提に，さまざまな生活形態を基礎に形成する多様なつながり，組織及び集団（川西町）
- 市民が互いに助け合い，豊かな暮らしを築くことを目的として自主的に構成する地域社会の多様な集団及び組織（さぬき市）

等がある。

地域コミュニティの組織としては，自治会・町内会が代表的なものであるが，その他，地区市民協議会（岸和田市），地域づくり協議会（九重町），住民自治協議会，地域振興委員会（伊賀市），さらには第3セクター，NPOなど，様々な形態がある。

ふさわしい機能としては，これまで行政下請け機能の見直し，自治の機能が十分に働くように，活動（拠点を含む活動のあり方，組織間連携，コミュニティビジネス)，資源・財源(人材，財源，情報)，行政の支援のあり方等が論点である。

(地区市民協議会)

第15条　市民は，前条に規定するコミュニティ活動を小学校区単位で実現するための組織として，地区市民協議会を設立することができる。

2　地区市民協議会は，当該地域の市民に開かれたものとし，市，町会，自治会その他組織と連携しながら協力してまちづくりを行う。

(岸和田市自治基本条例)

●地域コミュニティ促進条例

東日本大震災を契機に，地域コミュニティの促進に関する条例が制定され始めた。[10)]

地域コミュニティを正面からとらえた条例[11)]と自治会・町内会への加入促進に関する条例[12)]に大別される。

後者の条例では，自治会の役割の重要性を前提に，事業者の責務(特に住宅関連事業者の協力義務)，行政の責務を定め，そのうえで，地域の事情に応じた自治会促進策が盛り込まれている。マンション管理者や居住者に対し，自治会への参加・協力を促進する詳細な規定を設ける条例もある。[13)]

自治会の法的性格は任意団体であり，加入の義務づけには法的限界があるので，自治会・町内会の意義・役割を明確にしながら，住民の意思に基づく加入促進に努める必要がある。

＊自治会費等請求事件で，判例(最判平成17年4月26日集民第216号639頁)は，「自治会は，会員相互の親ぼくを図ること，快適な環境の維持管理及び共同の利害に対処すること，会員相互の福祉・助け合いを行うことを目的として設立されたもので，いわゆる強制加入団体」ではないとしたうえで，いつでも当該自治会に対する一方的意思表示により退会することができるとしている。

---

10)　東日本大震災が制定の大きな契機になっていることを前文で明示する条例もある(所沢市，八潮市，出雲市など)。

11)　京都市地域コミュニティ活性化推進条例，川西市川西市地域分権の推進に関する条例。

12)　塩尻市みんなで支える自治会条例，所沢市地域がつながる元気な自治会等応援条例，草加市町会・自治会への加入及び参加を促進する条例。

13)　品川区町会および自治会の活動活性化の推進に関する条例。

3. NPO

(1)NPOの意義

●NPOとは

NPOとは，Non-Profit Organizationの略語で，直訳すると非営利組織を意味する。最近では，この言葉の認知度が高まってきたため，NPOについては一定のイメージが共有できるようになったが，Non-Profitそのものは，単に「営利ではない」と言っているだけにすぎず，政策論の立場から，ここに，どのような積極的意義を盛り込むかがポイントとなる。

営利という言葉は，日常用語では，「かねもうけ。財産上の利益を目的として，活動すること」（『広辞苑』第6版，岩波書店）を意味するが，講学上は，「対外的な活動によって利益をあげることだけではなく，その利益を構成員に分配すること」を意味する。したがって，NPOも収益活動を行うことができる（配当はできない）。

ボランティアとの違いは，一般には「無償性」が，メルクマールとされる。NPOは非営利であるから収益活動ができ，担当者は報酬を得ることができる反面，ボランティアは無償が原則とされている。ただ，近年は有償ボランティアという概念も生まれているので，無償性で区別するのも難しくなっている。

NPOは，組織であるが，ボランティアは個人の概念である。NPOが組織である点が，公共主体としてNPOを考える積極的意義の1つである。

●第3セクターとしてのNPO

社会活動の担い手は，大別すると3つのセクターに分けることができる。

第1セクターは，国や地方自治体などの公的機関である。税を主な財源として，国民の福利増進などの公共活動が直接の目的である。第1セクターの行動原理は，公平性・公正性で，それゆえ安定的で平均的なサービス提供ができる強みがある。反面，柔軟で機動性に富んだサービス提供という点は弱点となっている。

第2セクターは，企業である。一義的には利潤追求が目的であるが，製品の供給や雇用の促進を通して，さらには企業自体の社会貢献活動等を通して，社会的活動を担っている。第2セクターの行動原理は，利潤追求である。したがって，利益につながれば，機動性に富んだサービス提供が行われるが，利潤追求にならなければサービス提供は行われない。それゆえ，安定的・継続的なサービス提供という点では難点がある。

そして，第3セクターが，NPOである。第1セクターのような公的機関ではなく民間であること，また第2セクターのように利潤追求をせず，もっぱら公共活動等を行う。

NPOは，新しい公共の担い手であるが，公共サービスの提供や政策提案を個々の市民の力で行うのは限界があることから，これを組織が行うことで，提案力も実施力も高めていくことができる。

● NPOの類型

NPOは，様々に類型化できる。その違いに応じて，NPOの運営方針も異なってくるし，行政の付き合い方も違ってくる。

例えば，仮託型NPOでは，市民の「自分はできないけれども，やってくれる」という仮託に応じることが運営の基本方針となる。目立つ名称をつけ，派手な行動で市民の耳目をひく活動が行われる（グリーンピースなど）。

これに対して，地域にあるNPOの大半は，参加型NPOである。参加型NPOでは，親しみやすさ，参加しやすさが行動原理となる[14)]。事業内容も，参加を誘発するプログラムが数多く用意することになる。NPOの運営者は，自分たちのNPOの本質を明確に理解し，行政もそれを見極めたうえで，関わり方を考える必要がある。

地方自治においては，非営利の企業と言われるアメリカ型NPOとは別に，ボランティア型NPOに注目した政策づくりが必要になる。そこに光を当てたNPO条例も射程に入ってくる[15)]。

また趣味的なNPOも侮ってはいけない。都市部ならばいざ知らず，住民が高齢化し，孤立している地域では，趣味的活動も連帯，ネットワークの契機に

14）例えば，グランドワーク三島という，水の都・三島の復活と水辺・自然環境の改善を目指したNPOがあるが，そのキャッチコピーを見ると，「右手にスコップ　左手に缶ビール」となっている。

15）岡山市協働のまちづくり条例（平成27年12月改正）は，視野の広い優れた条例である。

なる。政策につながるものならば，スタートはどんなものでもよく，重要なのは次への展望である。第一，強い社会性を持つ市民活動でも，個人の趣味との境目は微妙ではある。

● NPOの役割

NPOは，多様性，柔軟性，先駆性など様々な特性を持っており，行政の持つ公平性や企業の利潤追求といった行動原理にとらわれず，地域課題に対して迅速で先駆的な取り組みができる。これらの特性を活かすことで，より効果的な自治経営が可能となる。

① 多様性・個別性

NPOは，多様化・複雑化する社会的課題に個別的に対応し，独自の価値観で活動を展開しており，幅広い分野において多種多様な社会サービスを生み出す（認知症高齢者の支援活動など）。

② 柔軟性・機敏性

NPOは，制度的な枠組みや公平性にとらわれず，必要なところに必要な方法でサービスを提供する。時機や状況に応じて臨機応変に対応できる機敏性と柔軟性を持っている（災害救援活動など）。

③ 先駆性・開拓性

NPOは，独自の考えで自発的に取り組むことから，行政が制度的に対応しにくい新しい社会的な課題に対して，実験的に取り組むことが可能である。このような先駆的な活動のなかには，後に社会の理解や賛同を得て行政によって制度化される場合もある（性的少数者への支援活動）。

④ 提言性

NPOは，その活動を通じて発見した課題やニーズを解決するために，新しい公共サービスの必要性を企業や行政などと異なる視点から提言することができる（地域福祉コーディネーターの必要性と養成に関する提言）。

⑤ 専門性

NPOの社会的使命に共感し，職域を越えて様々な経験や専門知識を持った人材が集まり，自発的な活動が継続的に行われることで，その活動分野における実践・専門的な知識やノウハウが蓄積し，社会的課題に対する専門的な取り

図表Ⅳ-2-5　NPOの分類

分類		活動の特色	例
仮託型・参加型	仮託型	期待の提示が必要，目立つ活動（名称，実績，信頼）	国境なき医師団，グリーンピース
	参加型	親しみやすさ，敷居の低さ（参加しやすいプログラムや会費）	三島ゆうすい会
先駆型・協力型	先駆型	公共の政策化を目指す	かながわ女のスペースみずら
	協力型	行政支援の活動等を行う	公園愛護会
公平型・関心重視型	公平型	行動原理は行政類似となる。反面，安定的なサービス提供ができる	自治会，町内会
	関心重視型	多様な価値に基づく多様な行動。行政とは相容れない活動もある	テーマ型NPO
問題提起型・実践型	問題提起型	議論を提案し，社会に問いかける。広めるためのフォーラム等を行う	拉致問題を考える会
	実践型	実践的な活動を中心に行う	リサイクルの会
社会型・個人趣味型	社会型	社会性を持った活動	難民救援の会
	個人趣味型	社会性を帯びることもある	手話を学ぶサークル
ボランティア型・非営利企業型	ボランティア型	無償の活動が基本。収益部分は少ない	NPOの多くはこのタイプ
	非営利企業型	コミュニティビジネスなど	介護サービス，環境ビジネス
テーマ型と地縁型	テーマ型	ミッションに沿った活動	テーマ型NPO
	地縁型	地域の安全，災害救援などで地縁型団体の重要性が再確認される	自治会・町内会

組みが可能となる（福祉の人材育成）。

⑥　地域性・広域性

NPOは，活動の契機となる発想が生活現場にあることが多く，地域の課題やニーズを的確に把握し，住民の視点から活動しているため，優れた現場感覚を有している。また，行政は活動地域に制限があるのに対し，NPOは市町村といった行政区域の枠にとらわれず，広域化する市民ニーズに柔軟に対応することができる（被災地の支援活動）。

⑦　当事者性

活動への参加者には，その社会的活動の当事者が含まれることが多く，その課題を解決しようとする当事者性に基づいた実践的な活動を行うことができる（がん患者への支援活動）。

⑧　自主性・自立性

NPOは，自らの価値観に従って自発的に活動し，多様な価値観を創り出すことに社会的な意義がある。

⑵特定非営利活動促進法

●特定非営利活動促進法

特定非営利活動促進法は，特定非営利活動を行う団体に法人格を付与すること等により，ボランティア活動をはじめとする市民の自由な社会貢献活動の健全な発展を促進することを目的として，1998年12月に施行された。[16)]

NPOのなかには法人格を持たず活動している団体も多数あるが，法人格がないと銀行口座の開設や事務所の賃借などを団体の名で行うことができない。法人格を得れば社会的信用も得やすい。こうした不都合を解消するとともに，NPO活動を促進することを目的に，NPOが簡易な手続で法人格を取得できる仕組みである。この法律は，NPOに法人格を付与することを通して，NPO活動を促進する法律で，その意味では，限定的なNPO創生・育成法である。[17)]

16）2011（平成23）年の改正で，認定制度・仮認定制度の導入に伴って，目的規定に「運営組織及び事業活動が適正であって公益の増進に資する特定非営利活動法人の認定に係る制度を設けること」という記述が追加された。

17）特定非営利活動法人の認証数は，2017（平成29）年8月31日現在5万1723法人である。

特定非営利活動法人の活動分野について（2017年9月30日現在）

号　数	活動の種類	法人数
第1号	保健，医療又は福祉の増進を図る活動	30,378
第2号	社会教育の推進を図る活動	25,038
第3号	まちづくりの推進を図る活動	22,980
第4号	観光の振興を図る活動	2,578
第5号	農山漁村又は中山間地域の振興を図る活動	2,215
第6号	学術，文化，芸術又はスポーツの振興を図る活動	18,545
第7号	環境の保全を図る活動	14,119
第8号	災害救援活動	4,217
第9号	地域安全活動	6,241
第10号	人権の擁護又は平和の活動の推進を図る活動	8,779
第11号	国際協力の活動	9,594
第12号	男女共同参画社会の形成の促進を図る活動	4,830
第13号	子どもの健全育成を図る活動	24,031
第14号	情報化社会の発展を図る活動	5,821
第15号	科学技術の振興を図る活動	2,897
第16号	経済活動の活性化を図る活動	9,238
第17号	職業能力の開発又は雇用機会の拡充を支援する活動	12,973
第18号	消費者の保護を図る活動	3,177
第19号	前各号に掲げる活動を行う団体の運営又は活動に関する連絡，助言又は援助の活動	24,443
第20号	前各号で掲げる活動に準ずる活動として都道府県又は指定都市の条例で定める活動	233

NPO法人数も増加し社会に定着してきているが，2011年6月には，NPO法人の財政基盤強化につながる措置等を中心とした大幅な法改正が行われた（2012年4月1日施行）。

●特定非営利活動とは

特定非営利活動とは，上記の20種類の分野に該当する活動であり，不特定かつ多数のものの利益に寄与することを目的とするものを言う。

「特定」とした意味は，当時の民法34条で公益法人の設立が許可主義とされていたため，民法の特別法として制定することとし，そして，民法よりも簡易に公益法人の設立をできるようにしたものである。[18)]

●特定非営利活動促進制度の特色――公共セクターの創生・育成の視点から

第1の特色は，この法律が，認証主義を採用して，公共セクターとしてのNPOの設立を容易なものとしている点である。[19)] ただ，認証主義については，全体には厳しい評価があり，新しい公共論の立場から見ても，認証とはいえ，行政の認可を受けるという発想は好ましいものではない。

他方，NPO全体の信頼性の確保という意味で，創生期における制度設計としては，認証主義は現実的な判断だったとの評価もできる。

第2に，NPOの設立や監督にあたって，情報を広く市民に提供するとともに，市民による評価・チェックシステムを導入することで，自主性・自律性を持ったNPOの創生・育成づくりを目指している点である。

その1つが，設立認証の際の公告及び縦覧である。所轄庁は，認証の申請があった場合は遅滞なく，その旨及び申請のあった年月日，法人の名称，代表者の氏名，主たる事務所の所在地，定款に記載された目的を公告（又はインターネットで公表）するとともに，定款，役員名簿，設立趣旨書，設立初年及び翌年の事業計画書，設立初年及び翌年の収支予算書を申請書を受理した日から1カ月間，公衆の縦覧に供する（10条2項）。

事業報告書等の備付け・閲覧等についても同様である。NPO法28条，30条で，NPOの事業内容等の外部公開を規定しているが，これは，情報開示することで，市民相互のチェックによる自浄作用を期待したもので，社会的コントロールシステムの1つである。公共に担い手であるNPOにとっては説明責任

---

18) 民法（許可主義）の特別法であるという点が，準則主義ではなく，認証制度を採用した最大の理由であるが，「じつにばかばかしいドイツ観念法学のような法律家の議論」（堀田力他『NPO法コンメンタール』日本評論社，1998年，38頁）という指摘は，きわめて素直な発想であると思う。NPO法を準則主義で制度設計することは，「法律家の議論」としは多少の勇気がいるかもしれないが，実際にやってしまえば，弊害や問題点は何ひとつ発生しないであろう。

19) 当時の公益法人の設立許可基準としては，正式には公表されていないが，主務官庁ごとに内規があり，世上，財団については基本財産2億円，社団については，会員数5000人と言われていた。

でもある。

●認定NPO法人制度

認定NPO法人とは，NPO法人のうち，その運営組織及び事業活動が適正であって公益の増進に資するものとして，所轄庁の認定を受けたものを言う（44条）。また，特例認定NPO法人とは，NPO法人の設立の日から5年経過しないもののうち，その運営組織及び事業活動が適正であって特定非営利活動の健全な発展の基盤を有し公益の増進に資すると見込まれるものとして，所轄庁の特例認定を受けたものを言う（55条）。

寄附者等が税制上の優遇（メリット）が受けられるようになることで，認定（特例認定）NPO法人への寄附を促し，またNPO法人の活動基盤の強化を支援することが目的である。[20]

認定NPO法人に寄付した場合の寄付者のメリットとしては，次のようなものがある。

① 個人では，寄付金控除が受けられる。

② 法人の場合は，損金算入限度額の枠が拡大する。

③ 相続人では，寄付した相続財産が非課税になる。

認定NPO法人自身が，法人税法上の収益事業を行った場合は，法人税の軽減措置を利用できる。

(3) NPOの課題

NPOが抱えている課題については，かなりの調査があり，論点はほぼ出そろっている。[21]

●資金

NPOの最大の悩みは，資金問題である。どの調査でも，繰り返し資金の不足や不安定さが報告されている。日常的な運営資金の不足のほか，新たな事業展開をしようするときには資金不足で踏み込めず，また，中小企業やベンチャ

20） 以前は国税庁長官が認定を行う制度であったが，2011年（平成23年）の法改正により，所轄庁が認定を行う新たな認定制度として創設された。同時に，仮認定NPO法人制度も導入された。この仮認定NPO法人は，2017（平成29）年から特例認定NPO法人という名称に改められた。

21） 内閣府による様々な調査がある（https://www.npo-homepage.go.jp/toukei）。

ービジネスに関する融資制度があるが，NPOの場合は，条件を満たさないといった課題がある。小規模NPOにとっては，事業収益や寄付金の比率が低い反面，行政からの補助金やその他の助成金の比率が高いが，支援が継続されるとは限らず不安定であり，また，行政の支援も単年度で，継続性がないといった不安がある。

●人材

人材の確保では，一緒に活動する会員や寄付等を行う会員の確保が難しい，また，ニーズに応えられる専門技能を持つスタッフが不足している，現在のリーダーに続く，新しいリーダー・後継者が育たないといった点が課題となっている。

団体の規模や活動の範囲が拡大していくにつれて，経営戦略やマネジメントの重要性が増し，団体の活動が社会性を持つにつれて，リーダーやスタッフの能力を向上させていかなければならないが，恒常的な資金不足に悩まされているNPOにとっては，レベルアップのための研修や再教育の機会を持つことが難しい。この点をサポートする社会的な機能や仕組みが必要になっている。

●活動拠点

資金問題と密接な関係を持つが，NPOにとって，活動拠点・事務所の確保も切実な問題である。

NPOからは，会議，研修等の場所がない，事務所のスペースがない，家賃負担が重いといった悩みが報告されている。公的施設については，利用制限がある，利用手続が繁雑にすぎる，使い勝手が悪い，管理がうるさい，終了時間が早いといった問題点が指摘されている。

規模が大きくなれば，専用事務所や活動拠点は確保されているが，今度は，その維持経費が悩みとなっており，逆に小規模NPOの場合は，規模が小さくなればなるほど，事務所を会員個人宅や勤務先に設けているため，維持経費はかからないが，活動拠点が不足している。

最近では，市民利用施設は，増加しているが，趣味のサークルなどの施設利用が相対的に多くなっていることやNPOにとっては，設備，場所などから利用しにくい面もあり，NPO活動のための施設の整備や公共施設の優先利用，利用料の減免等が課題である。

●情報

情報をめぐる問題については，団体の情報発信・処理能力の問題では，より多くの市民に周知されるような情報発信システムが欲しい，また，SNSなどの情報ツールを効果的に活用して，情報発信・情報処理を行いたいと考えているが，これをこなせる人材や能力が不足しているといった課題である。

情報交流・ネットワークでは，行政や他団体と協力して活動を展開したいと考えている団体や行政や助成団体の支援を受けたいと考えている団体も多い。他団体や行政との情報交流の機会・場，助成情報を的確に入手できる情報システム，団体間において連絡調整や情報交換を行う機能が欲しいといった課題が指摘されている。

●マネジメント

NPOは，一般には，経営管理やマネジメントに対する関心が低いが，組織を維持し，活動を継続するには，マネジメントが必要になる。

営利企業ならば，サービス提供と対価が一致するから，対価の獲得に向けたサービスの充実や効率化を第一義に考えればよいが，NPOの場合は，社会的意義や市民公益性が第一義であるため，NPOならではのマネジメントが必要になる。

また，組織が拡大するにしたがって，アマチュア精神が変質して，官僚化したり，メンバー間でギャップができたり，柔軟性・フットワークのよさが失われる場合がある。NPOを効率よく機能させるためのマネジメントが必要となる。

⑷自治体が公共主体としてのNPOを育てる制度

●助成・支援の考え方

助成・支援は，公共の担い手としてのNPOを育て，それによって住民の福祉を実現するためのものである。次のような点に留意すべきである。

- とかく一過的・お祭り的なイベントに助成しがちであるが，社会変革の可能性を秘めた社会性のある活動を積極的に助成していくべきである。

- 公益性の強弱が助成・支援を行う際の最も基本的な判断要素となるが，その公益性は，自治体の都合ではないことは注意すべきである。
- 知り合いだからといった個人的理由で助成が行われるのは妥当ではなく，公平・公正な募集，決定が行われる必要がある。だれでも助成情報を知りうるような助成情報の公開性を図る必要がある。決定過程についても，だれが，どういう理由で選考したのかを明らかにすべきである。
- 使途及び効果測定についても，助成金がどのように使われ，また，効果的に使われたかを明確にすべきである。
- NPOの自立性確保のために，助成・支援は，プログラム補助を基本にすべきである。ただし，公益性が強く，支援の必要性も高いが，経済的自立が困難なNPOもあり，この場合は，効果測定などを適切に行いながら，運営費補助も画一的に否定すべきではない。

●委託の運用上の配慮

NPOは，法人格もあり，収益活動もできる組織である。機能的には，非営利の企業と考えると理解が容易であるが，自治体や市民からは，ボランティアの一種として扱われている。

例えば，自治体からNPOに対して行われる委託事業における費用積算を見ると，事業に直接携わる人件費（の一部）と物件費だけが積算され，企業に対する委託事業ならば当然想定されるその他の直接費，間接費は考慮されないという運営がなされている。

委託事業の対価が適正に積算されないということは，NPOの安定的・継続的な運営を損ない，また新たなNPOの参入にも障壁になるということである。

＊法定福利費や租税公課，保険料，減価償却費などの直接費や，補助業務（事業の進捗・品質を管理監督する業務など）を担う直接サポート費用が考慮されず，事業費さえ十分にカバーしていないことが多い。また，間接費については，積算は全く行われていないか，積算されても，直接費又は人件費の10％から20％とされているケースが多いが，行政が言う間接費は，事業を実施するために補助的に必要となる事務経費や雑費を想定しており，本来は事業費の一部を構成するものである。したがって，本部機能や資金調達，組織のガバナンス及び戦略開発といった，本来的な意味での「間接費」をNPOは全く回収できていないのが実情である。

● NPOからの業務委託提案制度（協働化テスト）

委託の場合は，行政があらかじめ範囲や内容を決めて，行政の事務の一部を委託するものであるが，この制度は，NPO自らが，主体的に受託を希望する業務を提案できるものである。NPOならではの視点から，新たな行政サービスを提案できる。

東京都中野区では，2006年から，業務委託提案制度を実施している。提案を受けた業務のなかから，区民公益活動推進協議会の意見を踏まえ，区の業務としてふさわしいものを選定し，提案した市民団体に委託するものである。

ただ，実際にはNPOから新規に提案することは容易ではないので，直営事業のうちで，NPOが委託可能なものを行政が例示し，行政評価制度と連携させて，NPOの提案を誘導する仕組みが必要であろう。

● NPOのための予算枠制度

NPOのための予算枠制度とは，補助金の財源として市税の一定額相当分を使い，その使い道について市民活動団体が提案でき，活動に使える制度である。

こうした住民提案制度は特に珍しいものではないが，一般には「事業の実施にあたり，予算で定める額の範囲内で補助金として交付する」とされているのに対して，補助金の原資として税金の一定予算枠（例えば1％）を当初から予定するものである。財源を安定的なものとするとともに，原資を自分たちの税金とリンクさせることで，市民の税金の使い道に対する関心を高め，市民参加を促進するという面に配慮した仕組みである。

＊ニセコ町の町民提案予算制度で見ると，住民税の1％分は約100万円になるが，この使い道を町民が提案できる制度である。町民ならだれでも提案でき，審査機関は，町民で構成される町民予算検討委員会で，決定手続は，町民予算検討委員会が事業内容の確認，提案者のプレゼンテーションを経て町長へ提言するという組み立てになっている。

● 協働事業提案制度

協働事業提案制度は，NPOと行政が，それぞれの強み・特性を持ち寄り，一緒に活動する事業を提案するものである。NPOがイニシアティブを発揮するので，NPOの自立性を高めることになり，また，事業提案することでNPO

の政策企画力の向上にも寄与できる。行政にとってもNPOと協働することで，これまで取り組めなかった事業に取り組めるようになる。

しかし，この制度は，①行政とNPOが一緒に活動する事業（一緒にやる協働）であるため，事業内容が行政の枠内での提案にとどまってしまい，行政の行動原理や問題意識に左右されるという構造的な限界を持っている。②NPOの提案が，ときには行政側の助力（特に財政面）を求めるといった点（助成金獲得が目的）になってしまい，行政の意向や考え方に迎合してしまう場合も心配される。本来，公共主体を育てるはずの制度が，依存型の団体を育てる結果になってしまっては元も子もないので，制度運用にあたっては，常に注意すべきである。

⑸市民が公共主体としてのNPOを支える制度

NPOの支援に行政が関与すると，知らないうちに上下関係ができてしまうことから，行政を介さずに，市民同士の協力が行われることが好ましい。また市民がNPOを支えることで，自由で新しい発想が生まれ，育っていく可能性がある。

●市民による寄付制度

NPOへの寄付を促進することにより，NPOの活動を市民が直接支援していく仕組みが充実してきた。ただ，現実に寄付が大きく増えないことの理由の1つが税金問題だとすると，寄付にあたって税額控除ができる仕組みは効果的である。

個人が認定・特例認定NPO法人に対し，その認定NPO法人等の行う特定非営利活動に係る事業に関連する寄付をした場合には，所得控除又は税額控除のいずれかを選択適用できる（特定非営利活動促進法44条1項・58条1項）。

都道府県又は市町村の条例で個別に指定された団体（指定NPO法人）に対して寄付をした場合は，個人住民税の税額控除を受けられる（地方税法第37条の2第1項第4号の規定により控除対象となる寄附金を受け入れる特定非営利活動法人を指定するための基準，手続等を定める条例）。

団体希望寄付制度は，行政が運営する基金が受け皿として寄付を受け，基金は寄付者の意向を踏まえて，NPOに寄付を渡す制度である。寄付者は，税法上の優遇措置（所得税法上の所得控除，地方税法上の税額控除）を受けながら，自分の意向を反映できることになる（埼玉県など）。

最近では，ふるさと納税を使ったNPO支援も全国で試みられている。市民が支援したい（自治体の定める要件に合致した）NPO等を指定して寄付することができる（佐賀県など）。

●1パーセント条例

1パーセント条例とは，市民が，市民の支払った税金の1パーセントを自分が指定するNPO等が行う事業に使うように指示・指定できる制度である。その意味で，使途指定制度とも言えるし，また選択を投票と考えれば市民投票制度の一種とも言うこともできる。ハンガリーが起源の制度であるが，日本では2004年に千葉県市川市が最初に導入し，愛知県一宮市，千葉県八千代市，大分県大分市などで導入されている[22]。

1パーセント制度のねらいは，NPO等の支援，市民参加の具体的な実践，税に関する関心を高めるなど多義的であるが，この制度の最も評価すべき点は，市民が市民の活動を支える仕組みという点である[23]。

NPOが抱える最大の課題は財政問題であるが，行政が直接，財政的支援を行うと，上下関係が生じてしまう心配がある。そこで，市民自身が直接支援することで，NPO等の活性化を図るとともに，市民自身をまちづくりの当事者・主体とすることができる。

＊一宮市市民が選ぶ市民活動支援制度は，NPOが実施する事業に対して支援金を交付するもので，18歳以上のすべての市民が，支援したい市民活動団体の事業を選ぶという方法で参加する。市民は選択の対象となった団体から支援した団体を3団体まで選んで投票する。支援したい団体を選択した市民の数に，市民1人あたりの支援額をかけたものが，団体への支援額の上限となる[24]。

22） 松下啓一他『新しい公共を拓くパーセント条例――元気なまちづくりのための政策条例の提案』（慈学社，2006年）。

23） この制度には，市民は適切に選択できるかという問題が常について回る。公共性の高い，しかし，市民的支援が必要なテーマで活動しているNPOの支援に目がいくかどうかである。市川市は，「公平性」等の理由から，2015年にこの制度を廃止した。

24） 市民1人あたりの支援額とは，選択を届け出る年度の6月1日時点の個人市民税額の1％相当額を同日現在の18歳以上市民で割り戻して算出したものを言う。2017年度は，651円となった。

第3章 行政（長，職員）

1. 執行機関

日本の地方行政は，首長制，多元主義，執行機関法定主義等を採用している。

⑴執行機関の多元主義

執行機関とは，条例，予算その他の議会の議決に基づく事務及び法令，規則その他の規程に基づく自治体の事務を，自らの判断と責任において，誠実に管理し及び執行する機関である。

自治体の執行機関には，住民によって直接選ばれる長のほか，長から独立した委員会・委員も含まれる。日本の地方自治では，執行機関の多元主義を採用している。

自治体必置の委員会・委員としては，教育委員会，選挙管理委員会，人事委員会・公平委員会，監査委員があり，都道府県に必置のものとしては，公安委員会，労働委員会，収用委員会，海区漁業調整委員会，内水面漁場管理委員会，市町村に必置のものとしては，農業委員会，固定資産評価審査委員会がある（180条の5）。

長とは独立した執行機関をつくる趣旨は，政治的中立性の確保（教育委員会，選挙管理委員会，公安委員会），公平・公正な行政の確保（人事委員会，監査委員），利害調整を図る（農業委員会，労働委員会，海区漁業調整委員会，内水面漁場管理委員会），準司法的性格を有する（人事委員会，労働委員会，収用委員会，固定資産評価審査委員会）ため，長とは別の執行機関としたほうが好ましいからである。

また，法に規定されている以外の行政委員会を執行機関として設置することはできないと解されている（行政委員会法定主義）。

⑵長による執行機関全体の一体的運営の確保

地方自治法は，執行機関の多元主義を取りつつ，長による執行機関全体の一体的運営の確保を図っている（138条の3）。

執行機関の組織は，長の所轄の下に，明確な範囲の所掌事務と権限を有する執行機関によって，系統的に構成しなければならない。ここに，所轄とは，2つの機関の間で，一方が上級の機関であることを認めながらも，他方は相当程度，上級機関から独立した機関であることを表す。

執行機関は，長の所轄の下に，執行機関相互の連絡を図り，すべて一体として，行政機能を発揮するようにしなければならない。執行機関相互の間に，その権限につき疑義が生じたときは，長は，これを調整するように努めなければならない。

普通地方公共団体の委員会又は委員は，次に掲げる権限を有しない（180条の6）。

① 予算を調製し，及びこれを執行すること。

② 普通地方公共団体の議会の議決を経べき事件につきその議案を提出すること。

③ 地方税を賦課徴収し，分担金若しくは加入金を徴収し，又は過料を科すること。

④ 決算を議会の認定に付すること。

これらの事務については，委員会又は委員の所掌事務に関するものであっても，長が担任する（149条1～4号）。

執行機関多元主義を取りつつ，予算の調製・執行，議案の提出，決算の認定の付議に関する権限を有しないことに関する合理的説明は，容易ではないが，実質的妥当性に配慮したものと思われる。

2. 長の地位・権限とあるべき姿

(1)長の地位・権限

●地位

長の任期は4年である。起算日は，原則，選挙の期日（投票日）である。任期満了後の選挙の場合は，前任者任期満了の翌日からとなる。

長は，国会・地方議員，常勤職員（再任用短時間含む）との兼職ができない。また，その地方公共団体に対し請負をする者とその支配人，主としてその地方公共団体に対し請負をする法人の役員（政令で定める出資法人を除く）については兼業が禁止されている。該当すれば失職する。

長の失職については，被選挙権の喪失（裁判で決めるほか，選挙管理委員会で決定），兼業禁止に該当，選挙無効や当選無効（訴訟の場合，訴訟確定までは失職しない），退職，解職投票で過半数の同意，議会で不信任議決，任期満了，死亡があったときである。

ちなみに，知事及び市町村長の被選挙権には，地方議員にはある住所要件は課されていない[1]。首長と地方議員の間で求められる要件が異なるのは，「困難かつ重要な地方公共団体の首長の職務を遂行するに足る知識と経験を有する者を，地縁的関係にこだわることなくできる限り広く求める[2]」ためである。

●長の基本的権限

長は，当該地方自治体を統括し，これを代表する（147条）。統括とは，自治体の事務の全般について，長が総合的統一を確保する権限を有することを意味する。代表とは，長が外部に対して，自治体の行為となるべき各般の行為をなしうる権限を言い，長のなした行為そのものが，法律上直ちに当該自治体の行為となることを意味する。

---

1) 地方議員の被選挙権は，①日本国民であること，②年齢満25歳以上であること，③その選挙権を有することが求められる。選挙権を規定する公職選挙法第9条2項には，「日本国民たる年齢満18年以上の者で引き続き3箇月以上市町村の区域内に住所を有する者は，その属する地方公共団体の議会の議員及び長の選挙権を有する。」と規定されていることから，地方議会議員の被選挙権を得るには，継続して3ヵ月以上当該市町村の区域内に住んでいることが求められる。また，被選挙権は当選後の議員としての身分継続要件ともなっている。

2) 土井豊・佐野徹治『選挙制度　現代地方自治全集』第10巻（ぎょうせい，1978年）45頁。

長は，概ね次の事務を担任する（149条）。議案提出，予算の調整・執行，地方税賦課徴収・分担金等徴収・過料，決算提出，会計事務の監督，財産の総括的な管理，公の施設の管理，証書・公文書などの保管などである。これらは概括的に例示されたもので，議会の権限，他の執行機関の権限と事務とされたものを除き，自治体の事務の一切を管理，執行する（148条）。

長は，補助機関の職員を指揮監督し，その管理に属する行政庁の行為に介入する権限を有する（154条，154条の2）。

長は，支庁・地方事務所（都道府県），支所・出張所（市町村）などの地域的な行政機関，保健所などの行政機関を設置できる（155条，156条）。

長は，その権限に属する事務を分掌させるため，必要な内部組織を設けることができる。長の直近下位の内部組織の設置及びその分掌する事務については，条例で定めるものとする（158条）。

長は区域内の公共的団体等の総合調整，指揮監督権を有する（157条）。

長は，各執行機関を通じて組織・運営の合理化を図り，その相互の間に権衡を保持するため，必要があると認めるときは，委員会・委員等の組織，事務局等の職員の定数・身分取扱について，委員会・委員に勧告することができる（180条の4）。

⑵長のあるべき姿

●長のリーダーシップのあり方

リーダーシップ研究は，社会心理学を中心に発達したが，リーダー側の要因に注目する特性理論，リーダーが取る行動に着目する行動理論を経て[3)]，今日では，リーダーを取り巻く環境，すなわち組織やメンバー，社会環境などの環境や条件を踏まえて，リーダーが取るべき行動を変えていくべきとする理論へと進展した[4)]。

3） 特性があれば，その通りの成果が出るわけではないことから，特性論は理論的な限界があるとされた。行動理論は，リーダーが取る行動に着目したものであるが，ある時点で有効であった行動が，状況が変わると，有効でなくなってしまう場合があることから，リーダーシップの本質を十分に解明できないとされた。

4） パス・ゴール理論（Path-goal theory of Leadership）は，リーダーシップ条件適合理論の1つで，ロバート・ハウス（R. House）が1971年に提唱した。フォロワーが目標（ゴール）を達成すこれを地方自治に応用すると，自治体を取り巻く状況が，①合併等で新しい自治体の創業期なのか，②自治体を揺るがす大きな課題が発生して，自治体を二分する状況なのか，③これまでの延長線のやり方を今，大きく変えるときなのか，④職員，市民の持っている潜在的な力を発揮してもらうために，様々な公共主体におけるチームワークやメンバーのやる気を引き出すことが何よりも重要なのか，⑤職員や市民の自主的な取り組みや活動が盛んなので，それを見守り，後押しすることが重要なのか等によって，リーダーの取るべき行動は違ってくる。事情は自治体ごとに異なり，また社会経済状況も急変するので，リーダーは，様々な場面，状況に応じた指導性を発揮していくことが求められよう。

したがって，一律にあるべき首長像を示すことはできないが，分権・協働時代にあっては，首長は，自治体の経営者として，特に次の点に留意すべきである。

① 協働のマネジメント……行政や市民が，まちのためにパワーを出せるように制度や仕組みをつくるとともに，こうしたパワーを束ねて，大きなエネルギーとなるようにマネジメントする。

② 市民の自治力を育てる……自治が有効に機能するためには，市民自身が，共同体の課題に対し，自律的に関与し，公共的な態度で臨むことが前提になるが，争点を提起し，判断の素材を提示することで，市民自らが考え，決定ができるようにする。

③ 職員力を引き出す……職員は潜在力を持つが，自ら新たな課題を設定して，挑戦することは得意ではなく，逆にリーダーの明確な目標と具体的指示があれば，その力を存分に発揮できる。職員の思いに火をつけ，その潜在力を引き出して，その力を存分に発揮する組織と職員をつくる。

●リーダーシップの記述・明示

分権・協働時代にあっては，首長の役割がますます重要になるなかで，自治

るためには，リーダーがどのような道筋（パス）を通ればよいのかを示すものである。フォロワーの状況や環境状況に応じて，リーダーの取るリーダーシップ行動を「指示型」「支援型」「参加型」「達成志向型」と使い分けていくことになる。

体の代表として，首長の役割や責務を条例等で積極的，明示的に規定していく必要がある。

自治基本条例では，首長の役割，位置づけに関する規定が置かれているが，大別して2つのタイプがある。

第1が，地方自治法の統括代表権（147条），事務管理及び執行権（148条），職員の指揮監督権（154条）を分かりやすく規定したタイプである。

第2が，首長が行うべきことや首長の統率力・指導力を規定したタイプである。

＊三鷹市の自治基本条例では，自治体経営という項目で，市長の役割を簡潔に表現している。

（自治体経営）

第24条　市長等は，事業の実施に当たり，最少の経費で最大の効果を上げるよう努め，地域における資源を最大限に活用した事業の戦略的な展開を図るとともに，市民満足度の向上及び成果重視の観点を踏まえた自治体経営を推進しなければならない。

2　市長は，健全な財政運営に努めるとともに，市の財政，財務等に関する資料を作成して公表することにより，市の経営状況を的確かつ分かりやすく市民に伝えなければならない。

3　市長は，他の執行機関と連携を図りながら，各種の行政サービスを受ける市民間の負担の適正化及び社会資本整備等における世代間の負担の公平化が図られるよう，適切な財政政策を進めなければならない。

3. 長の補助機関

⑴副知事・副市町村長，会計管理者

長の権限に属する事項を管理執行するにあたって，これを補助するのが補助機関である。

長の最高補助機関が，副知事・副市町村長である。ただし，条例で置かないとすることもでき，定数は条例で定めなければいけない（161条）。副知事及び副市町村長は，普通地方公共団体の長が議会の同意を得てこれを選任する（162条）。副知事及び副市町村長の選任は，専決処分の対象から除外されている（179条）。

権限については，平成18年の改正で，副市町村長の職務として，長の補佐や職員の担任する事務の監督といったそれまでの職務形態に加え，長の命を受け，政策や企画をつかさどること，長の事務の一部につき委任を受け自らの権限と責任において事務を執行することが明確化された（167条）。

普通地方公共団体に会計管理者1人を置く（168条1項）。会計管理者は，当該普通地方公共団体の会計事務をつかさどる（170条）。会計管理者は，補助機関である職員のうちから，普通地方公共団体の長が命ずるが（168条2項），長，副知事・副市町村長，監査委員と親子，夫婦，兄弟姉妹の関係にある者は，会計管理者にはなれない（169条）。

(2)自治体職員

●地方公務員法上の職員

地方公務員法は，一般職に属するすべての地方公務員に適用される[5)]。地方公務員法では，「すべて職員は，全体の奉仕者として公共の利益のために勤務し，且つ，職務の遂行に当つては，全力を挙げてこれに専念しなければならない」（地方公務員法30条）と服務の根本基準を定め，その具体的内容は，以下の条文で詳細に規定している。

職務上の義務では，法令に従う義務（32条），上司の命令に従う義務（32条），職務専念義務（35条）がある。また，身分上の義務としては，信用失墜行為の禁止（33条），守秘義務（34条），政治的行為の制限（36条），争議行為等の禁止（38条），営利企業等の従事制限（39条）を定めている。いずれも自治体職員の行動を規律する内容で，監視の地方自治に基づく人事の諸規定である。

これら諸基準は，自治体職員にとって基本的な義務であることは間違いないが，他方，公務員は何をすべきか，公務員のあり方については，法律では規定されていない。

5） 公務員は，大別して一般職，特別職に分かれる。特別職には，①就任に選挙や議会の同意を経るもの〈公選〉知事・市町村長，議員，〈議会の選挙によるもの〉選挙管理委員，〈議会の同意によるもの〉副知事・副市長，人事委員，監査委員，教育委員），②非専務職（委員会・審議会などの委員・顧問・参与・嘱託等で臨時・非常勤の職，非常勤の消防団員・水防団員），③自由任用職（地方公営企業の管理者，長・議長の特別秘書）がいる。この特別職に属する職以外の公務員が一般職に当たる。

●分権・協働時代の自治体職員

行政職員は，地方自治法上では長の補助機関に位置づけられているが，それは単に首長の指示に従い，その手足となって動くという意味ではない。分権・協働時代にあっては，市民自らが主体性や責任を持ち，行政との信頼関係を維持しながら，自治の当事者として，考え，行動できるようにするために，職員の後見的，支援的な活動が重要になる。

補助とは，政策能力を持ち，まちづくりの専門スタッフとして，首長や市民を支えるという積極的意味を持っている。

① 資源・権限活用力

自治体（行政や市民）の持っている人的・物的資源は限られているから，その資源・権限を十二分に引き出し，活用する力が求められる。

② 合意形成能力

市民と情報を共有しながら議論を行い，合意形成できる能力が重要になる。知識，熱意のほか，分かりやすい資料をつくる能力，プレゼンテーション力等も重要になっている。

③ 制度化力

政策は実現されて意味があるから，政策を条例や計画等に結実させる能力である。とりわけ条例をつくる政策法務能力は重要である。

●職員と地域活動

職員は，「職務の遂行に当つては全力を挙げてこれに専念しなければならない」（地方公務員法30条）。また，「その勤務時間及び職務上の注意力のすべてをその職責遂行のために用い，当該地方公共団体がなすべき責を有する職務にのみ従事しなければならない」（同35条）。

しかし，公務員は，住民の福祉の実現のために働いていることから，職務専念義務に十分配慮しつつ，地域の公共的活動に積極的に参加することが好ましい。この点，法制度や解釈は，遅れ気味になっている。

消防団員については，消防団を中核とした地域防災力の充実強化に関する法律において，消防団員との兼職に関する特例が設けられ，「一般職の地方公務員から報酬を得て非常勤の消防団員と兼職することを認めるよう求められた場合には，任命権者……は，職務の遂行に著しい支障があるときを除き，これを認めなければならない」(10条）と，特に消防団への加入の促進のために具体的な法制上の手当がなされた。

民生委員・児童委員についても，公務員は選任できないとされているが，職務専念義務等に反しない範囲で，対応できるようにすべきである。

自治会長，区長，自治会連合会長，自治会等の役員に就任しやすいような職場環境づくりも重要である。

●新宣誓条例の制定

今後，どの自治体も取り組むべき課題として，新宣誓条例の制定がある。

地方公務員法では，その第31条には，「職員は，条例の定めるところにより，服務の宣誓をしなければならない」と定められている。この規定を受けて，全国の自治体で服務に関する条例（宣誓条例）が制定されて，宣誓書がつくられている。その文言は，全国1700自治体ともほぼ同一である[6)]。

＊どの宣誓書にも，「私は，ここに，主権が国民に存することを認める日本国憲法を尊重し，且つ，擁護することを固く誓います。私は，地方自治の本旨を体するとともに公務を民主的且つ能率的に運営すべき責務を深く自覚し，全体の奉仕者として，誠実且つ公正に職務を執行することを固く誓います。」(東京都）と書かれている。

監視の地方自治に基づき，自治体職員を民主的にコントロールすることが主眼であれば，このような宣誓書で足りるが，分権・協働時代になり，市民とともに考え，行動できる職員が必要になると，宣誓書に記述される内容も変わってくる。

また，宣誓が，単に首長に対して行うものではなく，市民に向かって，自治体職員としての決意を表明するものに変わると，新宣誓条例のつくり方も変わってくる。これまでのように，行政内部だけでつくるのではなく，市民も参加し，市民と議論しながらつくることになるだろう。その策定過程で，市民は自

6）茨城県ひたちなか市では，自治基本条例（自立と協働のまちづくり基本条例）の制定を受けて，従来の宣誓条例に次の一文を追加している。「私は，市民がまちづくりの主役であることを定めるひたちなか市自立と協働のまちづくり基本条例を尊重することを固く誓います」。

治体職員の仕事を理解するとともに，職員も市民の思いを受け止めて，仕事に取り組む契機になるだろう。

4. 附属機関

(1)意義

●附属機関とは何か

附属機関は，執行機関の担任する事項について，調停，審査，審議又は調査等を行う機関である。都市計画審議会などがその例である。地方自治法138条の4第3項において，「普通地方公共団体は，法律又は条例の定めるところにより，執行機関の附属機関として自治紛争処理委員，審査会，審議会，調査会その他の調停，審査，諮問又は調査のための機関を置くことができる」と規定されている。

附属機関の設置は，「法律又は条例の定めるところにより」とされていることから，附属機関には，①法律で設置が義務づけられているもの，②法律で設置することができるとされるもの，③自治体独自に条例で設置するものがある。

他方，専門委員（専門の学識経験に基づく鑑定，判定，調査等を単独で行うもので，独任制の市長の補助機関），庁内組織（職員により構成されたもので事務執行の一方法と言えるもの），外部連携組織（市と関係団体とによる連絡調整，意見交換，連携協力の確認，重要事項の連絡又は関係団体間との連絡調整を主な目的に設置するもの），実行委員会（市と関係団体とが主に一時的な事業を共同で実施するために設置されるもの）は附属機関ではない。

●なぜ条例設置なのか

調停，審査，諮問又は調査のための機関を設置する場合には，なぜ条例の根拠を必要とするのか，その理由は明確ではない。そもそも二元代表制の原則から考えて，執行部が政策判断の参考に，専門家等の意見を聞くにあたって調査会等を設置する場合，その根拠が議会が制定する条例でなければいけないという積極的理由が見当たらないからである。

昭和27年の地方自治法改正の際の国会審議では，提案者は，附属機関は自治体が独自に設置することができるかどうか疑義があったものを「又は条例の定めるところにより」という規定を入れることで，立法的に解決したものと答弁している[7)]。この立法者意思から見ると，設置根拠を限定したものではない。

あえて理由を探せば，執行部による乱立の弊を避けるために，議会によるチェックを行うためと考えることができよう。

(2)附属機関の活用

●要綱設置の懇話会

実務では，条例設置の附属機関のほか，要綱等に基づく懇話会等も数多く設置されている。しかし，これら懇話会等に対する住民監査請求，住民訴訟が起こり，違法とする判決が続いた。

判決の論理は，法138条の4第3項の文言を盾にするもので，調査・提言を行う機関を法律にはない「懇話会」と称し，そこから「報告」を受けるかたちにしたとしても，公募市民や有識者などで構成され，合議体の組織として政策課題の検討を行い，その検討結果を市長に提言し，行政内部では，その提言に基づいて政策案が作成するものは，実質的に見て「審査，諮問又は調査のための機関」であるから，それを要綱で設置するのは違法という論理である[8)]。

●附属機関の活用

しかし，立法者意思から言えば，この規定は，調査会等を条例で設置できる道を開いたにすぎない。また，法の解釈方法として，文理解釈ではなく論理解釈（趣旨解釈）すべきであると考えると，地方自治法に定める条例設置の懇話会と同時に要綱設置の懇話会も認めていくべきであろう。

もし，要綱設置の懇話会はすべて違法だとすると，行政は，政策提案内容をつめるための情報収集を任意の懇話会という形式によってはできないことになる。自立と相互協力・連携が基本の地方自治にあっては，政策立案にあたって

---

7)「附属機関は条例でも附属機関を置くことができるということを明らかにいたしますために，「又は条例の定めるところにより」という規定を入れたのであります」（昭和27年5月14日第13回国会参議院地方行政委員会における長野地方自治庁行政課長答弁）。

8) さいたま地方裁判所平成14年1月30日判決（平成11年（行ウ）第8号）は，埼玉県越谷市情報公開懇話会について附属機関に当たるとしたが，越谷市長に対する損害賠償請求権は認めなかった。

は，専門家，多くの利害関係者，市民の意見を聞きながらつくるのが正しい進め方である。実際，個々の有識者の意見なら聞くことができるが，何人かで集まって提言をもらったら違法であるというのは，合理的な説明は難しい。

このように考えると，条例設置か要綱でも設置できるかのメルクマールは，政策案の決定プロセスの際に，議会が実質的に関与して，内容の審議，判断，修正できるかどうかによって決すべきである。

例えば，専門的・公平的判断が求められ，執行部や議会においては，審査会等の判断をそのまま採用すべきもの，つまり，執行部や議会において事実上修正ができずに，審査会等の決定が自治体全体の決定となるような審査会等については，最初の組織設置（人選等）の段階で条例（議会）による関与が必要になる。他方，裁判になっている自治基本条例や市民参加条例を検討する市民懇話会では，そこから出された提言は，大いに尊重するものではあるが，行政や議会は拘束されるものではなく，政策案（条例案）の検討や審議を通して，その内容に議会が実質的に関与できることから，懇話会の設置自体は必ずしも条例設置である必要はなく，要綱でも構わないと考えるべきだろう[9]。

9）一時的か常設的かで分けるものとして，兼子仁「市民参加会議「要綱」設置の違法解釈判例について」自治総研通巻第398号，2011年12月号。

第4章 議会・議員

1. 地方自治法のなかの議会

(1)地方自治法と議会

●地方自治法の規定事項

地方自治法では，議会については，第2編第6章に89条から138条まで規定されている。その内容（節）は，組織，権限，召集及び会期，議長及び副議長，委員会，会議，請願，議員の辞職及び資格の決定，紀律，懲罰，議会の事務局及び事務局長で構成されているが，これだけを見ても，議会の組織や運営方法について，実に詳細に規定されていることが分かる。

本来，各議会が，それぞれの事情に応じて自律的に決めるべき議会運営に関する事項が，細部にわたり，しかも全国一律のルールとして規定されている。なかには「普通地方公共団体の議会の会議又は委員会においては，議員は，無礼の言葉を使用し，又は他人の私生活にわたる言論をしてはならない」(132条) などといった常識の世界に属する条文もある。これら規定には，1947年（昭和22年）に地方自治法がつくられた当時の地方議会・議員に対する評価がいみじくも投影されていると言えよう。

●町村総会

地方自治法では，町村については町村総会の制度が認められている (94条)。住民も非常に少なく，集まりやすい地理的状況等を満たせば，選挙権を有するものが，一堂に会して，会議を開き，団体意思を決定することが可能と言えるからである。この場合の町村総会は当該町村の議事機関であり，議会にほかならない[1]。

＊日本で唯一の町村総会は，1951年から1955年まで，東京都八丈支庁管内宇津木村で行われた。町村総会の運営は，地方自治法の議会の規定を準用することになるが（95条），そのまま準用すると加重にすぎ，事実上，町村総会の運営は困難となる。

⑵二元代表制と議会

●二元代表制

日本の自治体の特徴は，首長と議会の二元代表制で成り立っている点である（世界の地方自治との対比を参照）。二元代表とは，自治体の長と議会の議員は，ともに住民によって直接選挙されるものである（憲法93条2項）。これを住民から見ると，長と議会という2つの住民代表がいるということになる。

議会は，自治体の意思を決定する機関で，予算を議決し，条例を制定する。首長は執行機関で，議決機関で決定された事項を実際に執行する。議会と長との関係は，相互に独立，対等の関係にあり，切磋琢磨し，互いに牽制することで，住民ニーズに合致した民主的な自治体運営が行われるように組み立てられている。

これに対して，国の仕組みは，議院内閣制・一元代表制である。内閣総理大臣は国会から指名されて内閣をつくる（憲法67条）。つまり内閣は国民を代表する国会に基盤を置くという一元的な関係である（憲法66条3項など）。両者の違いはきちんと理解しなければいけない。

●牽制と優越

二元代表制は，相互に牽制することで，自治運営を推進しようとするものであるが，ときには長と議会で対立し，両者の調整がつかない場合がある。その場合の調整手段としては，

① 長の不信任と議会の解散……議員の3分の2以上が出席し，出席議員の4分の3以上が同意すれば，議会は長の不信任の議決を行うことができる。

---

1) 松本英昭『新版逐条地方自治法〔第5次改訂版〕』（学陽書房，2009年）337頁。

その場合，長は対抗手段として議会を解散することができる。これは住民の選挙による判断で事態の解決を図ろうとするものである。

② 長の再議（拒否権）……条例の制定・改廃，予算に関する議決に対する拒否権である。再度，議会の審議を求める権限が与えられている。

③ 専決処分……本来，議会が議決すべき事項について，長が議会に代わってその権限を行使することである。専決処分について議会の承認を得られなかった場合，長の政治的な責任は残るとしても，当該専決処分の効力には影響はないとされている。

このように，日本の地方自治は二元代表制ではあるが，実際の力関係は対等ではなく，強い首長，弱い議会という関係になっている。しかも福祉国家化・行政国家化の傾向が著しいなかで，執行権を持つ首長の権限はより強力になっている（これが首長の多選制限の議論につながっている）。

地方の首長選挙を見ると，首長が全党相乗りで選ばれることが常態化している。これも首長と議員の力関係の反映で，議員にとって，最大の関心事は自らの当選であるが，当選を果たすためには，執行権を持つ首長に与したほうが何かと有利になることから，こぞって与党になるのである。こうしたオール与党化は，議会の牽制機能を失わせ，結局，議会に対する市民の不信，さらには議会無用論に拍車をかけることになる。

⑶議会の役割

●議会の権限

議会の権限には，団体意思決定機能，監視機能，政策形成機能がある。

議決権（96条）は，自治体の意思又は議会の意思を決定するために議会に与えられた権限であり，議会の中心的な権能である。議会の議決すべき事項については，法96条1項各号に列挙されているが，同条2項において，条例で議決事件を追加することができる。

執行部への監視機能は，地方自治法に詳細に規定されていて，検査権（98条1項），監査請求権（98条2項），調査権（100条），議場への出席要求権（121条），不信任議決権（178条）等の規定である。議案の審議・議決を通じ，住民の代表機関という立場から，行政全般にわたる監視機能を果たす。

議会は，議事機関としての審議・議決，あるいは議案提出を通じ，政策形成機能を担う。政策形成機能に資する権能として，議員及び委員会の議案提出権（112条，109条），議案に対する修正の動議（115条の3）等が規定されている。

●自治の共同経営者として

これまで議会・議員を監査役になぞらえて，執行部に対する監視機能を強調することが多かった。しかし，地方自治の二元代表制とは，ともに住民を代表している長と議員が，両者の緊張関係のなか，政策競争を行うシステムである。首長と議員・議会の間で，どちらの主張・行動が，より市民ニーズを体現しているかを争うことで，市民にとって，よりよい政策を実現しようとするものである。これは議会・議員を単なるチェック役とするのではなく，自治の共同経営者とする発想である。

地方自治法には，議会・議員の基本的権限として，条例の制定改廃，予算の制定，決算の認定，重要な契約の締結や財産の取得・処分等の議決権が定められている（96条）。これも市政の経営者としての役割を体現する規定である。

ただ，議会・議員は，予算決定権や条例決定権を持っているが，組織や人員，予算の編成権はない。他方，長は，執行権や組織・人員の編成権，予算や条例の提案権を持っているが，予算や条例の決定権は持っていない。つまり，議会・議員と首長の2つの組織ともが，自己完結的ではなく，両者合わさって1となる仕組みになっている。つまり，ともに協力・連携しながら，自治経営することを前提にしている。

2. 分権・協働時代の地方議会

分権・協働時代になって，地方議会・議員に期待される役割が多くなり，それに対応した議会改革が行われている。

(1)議会権限の広がり

●議決事項の広がり

議会は，包括的に議決できるわけではなく，条例で議決事件を明示する制限列挙方式を採用している（96条1項）。

かつては，議決権の範囲を限定的に考え，列挙事項以外は，長の専決事項とするという考え方が取られてきたが，近年では，96条2項の任意的議決事項を積極的に活用する例も増えている[2)]。

平成23年の地方自治法改正では，法定受託事務に係る事件についても，国の安全に関することその他の事由により議会の議決すべきものとすることが適当でないものとして政令で定めるものを除き，条例で議会の議決事件として定めることができるとした。

＊必要的議決事件（96条1項）は，①条例の制定・改廃，②予算の議決，③決算の認定，④地方税の賦課徴収，分担金等の徴収（法令に規定するもの除く），⑤条例で定める契約の締結，⑥財産の交換・出資もしくは支払手段として使用，適正対価なしの譲渡・貸付，⑦不動産の信託，⑧条例で定める財産の取得・処分，⑨負担付の寄付・贈与の受領，⑩権利の放棄，⑪条例で定める公の施設の長期・独占的利用，⑫その団体のする不服申立て・訴えの提起・和解・斡旋・調停・仲裁，⑬支払義務のある損害賠償額の決定，⑭区域内の公共的団体等の活動の総合調整，⑮その他法令（基づく条例も含）により議会の権限に属する事項であり，任意的議決事項として，上記のほか，条例で議決事件を定めることができる（96条2項）。

●条例制定権

地方分権一括法によって地方自治法が改正される以前は，自治体が行っていた事務は，公共事務，委任事務，行政事務と機関委任事務に大別されていた。このうち，機関委任事務は，国の事務であることから，自治体は条例を制定することができないとされていた。

改正後は，自治体の事務・権能を幅広く認め（2条2項），これを自治事務（2条8項）と法定受託事務（2条9項）に区分して，機関委任事務は廃止された。自

2）　基本的な行政計画を議会の議決対象とする条例も活発に制定されるようになった。総合計画を修正したことが議会の権限を超えるものが争われたものとして，名古屋市会議決取消請求事件がある。名古屋地裁平成24年1月29日判決は，権限を越えず，適法なものとした。

図表Ⅳ-4-1　機関委任事務の廃止と条例制定権の範囲の拡大

	機関委任事務		自治事務	法定受託事務
条例制定権	不　可		法令に反しない限り可	法令に反しない限り可
地方議会の権限	・検閲，検査権等は，自治令で定める一定の事務（国の安全，個人の機密に係るもの並びに地方労働委員会及び収用委員会の権限に属するもの）は対象外 ・100条調査権の対象外	⇒ ⇒	原則及ぶ（地方労働委員会及収用委員会の権限に属するものに限り対象外）	原則及ぶ（国の安全，個人の秘密に係るもの並びに地方労働委員会及び収用委員会の権限に属するものは対象外）
監査委員の権限	自治令で定める一定の事務は対象外		原則及ぶ	原則及ぶ
行政不服審判	一般的に，国等への審査請求が可		原則国等への審査請求は不可	原則国等への審査請求が可
国等の関与	包括的指揮監督権 個別法に基づく関与		関与の新たなルール	

治事務，法定受託事務とも，自治体の事務なので，法令に違反しない限りにおいて条例を制定できることになった。また，自治体が，義務を課し，又は権利を制限する場合は条例によらなければならないことも明確になった（14条2項）。

このように，議会の役割が大きく変化し，条例制定権の範囲も大幅に広がった。

⑵議会改革の動向

議会改革の論点は多岐にわたるが，問題の根底には，議員の思いと市民の思いのギャップがある。議員の多くは，自治体の政策形成に影響を与える仕事をしていると考えているが，市民の多くは，議会の現状に不満を持っている。これは議員が市民の期待する仕事をしていないか，議員の活動を市民に伝える努力を怠っていることのどちらかが原因であるので，そのギャップをどう埋めるかが議会改革のポイントになる。

図表Ⅳ-4-2　地方議員数の変化

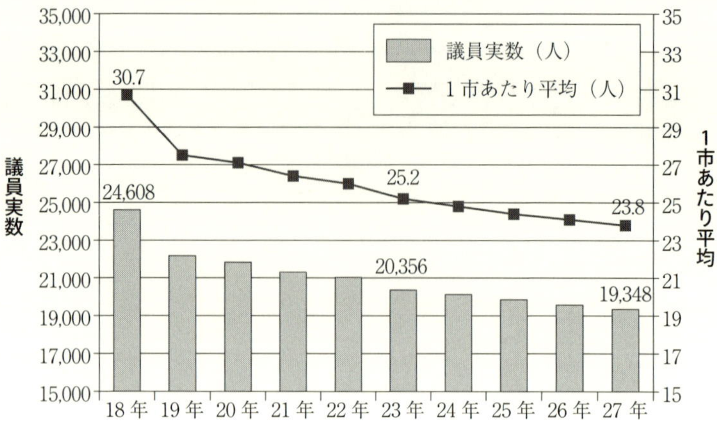

（資料）　筆者作成。

●**定数削減の取り組み**

自治体議会として取り組むべきは政策提案機能であるが，目に見えにくいこともあって，議会がもっぱら取り組んできたのが，定数や報酬の「削減」の動きである。

定数削減の動きは，すでに昭和57年7月の臨時行政調査会（第2臨調）「行政改革に関する第3次答申」（基本答申）で，「地方議会の議員定数については，現在，かなりの地方公共団体が，その自主的判断によって減数条例を制定し，議員定数を減少させており，この努力は正当に評価されるべきであるが，なお一層の簡素化を図るべきである」とされてきた。

議員実数，1市あたりの平均議員数とも，一貫して漸減傾向である。

●**改革の方向性**

①　市民の思いを体現する議会

市民代表である議会・議員が自治体の方針や政策を決定するシステムは，たとえ擬制であっても，正当性を持っている（逆に，議会の意見が反映させないシステムは市民の住民自治権の侵害とも言える）。しかし，そこに安住して，議員の意見は，市民の意見を体現しているとするのも無理があり，それでは議員と市民の乖離は広がるばかりである。

議会に求められるのは，市民の思いを代弁する機能の強化である。議会報告会等を行い，議員が地元以外にも出向くようにするなど，さまざまな機会をとらえて，市民の思いの把握に努める必要がある。

会議の公開，議会中継（インターネットの動画配信など），傍聴環境の整備などによって公開を徹底していくべきである。市民に対する公開や市民の参加は，議会制度と対立するものととらえるのではなく，議会活性化のための有効な手段として積極的に活用していくべきである。

② 議会と執行部との関係

議会・議員の監視機能，政策提案機能の強化である。いまだに執行部が質問作成を手伝うという慣行が行われている。執行部の反問権，反論権が導入されれば，議員の政策提案能力は鍛えられ，向上していくだろう[3)]。

③ 議会運営の改革

議論の場としての議会の実現である。現状では，審議の大半は，執行機関への質問・答弁に始終し，討議の場という意義が活かされていない。自由討議，専門的知見の活用，議案に対する議員の賛否の公表，議会事務局の体制整備等が有効である。

④ 議員の役割・責任

議員の役割・責任の見直しである。政務活動費[4)]，政治倫理，議員定数，議員報酬等が見直しの対象となっている。

＊歴史的には，議員は名望家の義務という側面が強かった。今日でも，海外では，地方議員は名誉職で，原則無償あるいは少額の報酬という国が大半である[5)]。日本でも地方議員はボランティアであるべきという議論も根強いが，ボランティア化を進

3) 松阪市は，反問権のほか反論権を認めている（松阪市議会反問権及び反論権に関する要綱．平成24年10月18日議会告示第5号）。反論権は，議会の審議において，議長又は委員長の許可を得て，議員又は委員会からの条例の提案，議案の修正，決議等に対して，行政側が，反対の意見や建設的な意見を述べることができる発言権である。

4) 地方議会の審議能力を強化するために，政務調査費として制度化（平成13年4月施行）され，平成24年の地方自治法の一部改正により，政務活動費へと改正（平成25年3月施行）された（100条14項から16項）。

5) 「諸外国における地方自治体の議会制度について」（www.soumu.go.jp/main_sosiki/singi/chihou_seido/singi/pdf/）。

めるには，その前提条件を整備する必要がある。

議員がボランティアになれば，他に自由の利く職も持っているか，高齢者しか議員になれない。議員が市民各層を反映したものとして選出されるために，思い切った制度改革が必要である。例えば地方自治体職員の兼職禁止規定を改め，勤務先でない自治体の地方議員にはなれるようにしたり，議員の半数は女性枠とするといった思い切った制度改革に踏み込むべきである。

議員のボランティア化では，議会の有していた牽制機能や政策立案機能が，相対的に弱体化するので，地域組織への大幅な権限移譲，市民参加による抑制機能（徹底した情報公開，政策形成過程への市民参加，外部監査人等の導入など）の徹底なども不可欠である。

3. 励ます議会・励まされる議会――チェックから支援・協働型へ

(1)励ます議会

●政策条例の提案

地方自治法に制約がない限り，議員が提案できる条例には制約はない[6]。しかし，議会の役割・権限や能力，また議会を構成する議員の役割や行動原理等から考えると，議員が提案するのにふさわしい条例がある。具体的には，次のような条例が考えられる。

① 議会・議員でなければできない条例……議会の役割，行動に関する事項を定める条例である。地方自治法には，議会運営に関する事項は詳細に規定されているが，議会や議員の活動に関する事項は，ほとんどない。その空白を埋める条例である。

② 地方自治のあり方を規定する条例……自治基本条例が典型例である。全国で制定されている自治基本条例の多くは，行政，市民が発意するが，飯田市では，議会がリードし，市民会議を開催し，市民や議会が活発に議論する機会をつくりながら条例案をつくっていった。

③ 広い視野から地域を概観した条例……行政が縦割りの運営になりがちな

6） 長にのみ提出権が専属する条例がある。市町村の支所・出張所等の設置に関する条例（155条1項），保健所など行政機関の設置に関する条例（156条1項），長の直近下位の内部組織の設置等に関する条例（158条1項）がある。これは二元代表制に由来する。

なかで，広い視野から地域全体を概観した条例でもある。地域振興条例，産業活性化条例など，いわばまちを元気にする条例である。

④　地域や住民の要望を反映する条例……地域に密着する議員ならではという条例である。犯罪のない安全で安心なまちづくり条例，深夜花火規制条例，サル餌付け禁止条例，自転車安全利用条例など数多くの条例が提案されている。

⑤　まちや市民のあるべき姿を示した条例……当面の解決に追われる行政に変わって，まちや市民のあるべき姿を示した条例である。理念型・宣言型の条例となるため，執行経費や執行体制が特に必要ないことから，議員が提案しやすい条例でもある。秋田市未来を築く子どもを育むための市民や社会の役割に関する条例，平塚市民のこころと命を守る条例などがある。

⑥　行政ではできない新しい政策課題を取り上げた条例……行政の行動原理は，公平・公正なので，多数の市民の合意が得られないと取り組むことができないという限界がある。国の議員提案の法律（議員立法）の場合は，行政の限界を乗り越える内容のものが目立つが（性同一性障害者の性別の取扱いの特例に関する法律など），これは地方議員が提案する条例でも見習うべきである。

⑦　少数者の思いを掘り起こす条例……行政は全体の利益のために活動するために，少数だが重要な意見を見落してしまう場合がある。もう一つの視点から問題提起する条例である（その分，否決率が高くなる）。渋谷区男女平等及び多様性を尊重する社会を推進する条例がある。

●市民に対する教育機能

「地方自治は民主主義の学校」と言われる。市民自身が，身近なまちの課題に対し，自律的に関与し，公共的な態度で臨むという実践を重ねることで，民主主義を自分たちのものとすることができるからである。たしかに防災，防犯，高齢者福祉といった課題ならば，だれでも意見を言うことができる。

この民主主義の学校において，議員の役割は重要である。議会は多数の議員で構成されており，多元的価値を体現している点が，執行機関にはない強みである。この強みを活かして特に期待されるのが，民主主義の学校である地方自治において，市民が学ぶ機会をつくる役割である。議員が地域課題を踏まえて争点，対立軸を示すなかで，市民自身が，自ら考え，判断する機会をつくることである。「民意をつくり出す役割」であるが，それによって，民主主義の担い手である市民を鍛えることができる。市民の前で話し合う仕組み（議会報告会や市民まちづくり集会）が重要になる。

●行政が安心して前に出られる仕組みをつくる役割

今日の行政を覆っているのは，誤ったコンプライアンスである。法律や規則に書いてあることだけをやる，あるいは，法律や規則に書いてある通りにやるというのがコンプライアンスであると誤解されている。本来，守るべきは，法令のほか組織倫理，社会規範なども含まれ，同時に市民の期待に応える（comply）ことがコンプライアンスの積極的な意味であることが忘れ去られている。行政の原理である説明責任が，「言い訳ができるかどうか」に転換してしまっているのである。

こうした風潮に合わせて，行政は，安全な基準で行動するようになった。こうしたなかで，議会・議員が取り組むべきは，行政が前に出ることができる仕組みの構築である。自治体職員が安心して仕事ができるような後押しである。

その仕組みの1つが議会が制定する条例である。条例というのは，市民代表である議会・議員が議論し，決定したという正当性がある。行政がその力を存分に発揮できるように条件を整備し，後押しするのが，自治の共同経営者である議会・議員の役割である[7]。

(2)励まされる議会へ

●議会基本条例

議会改革の方法として，議員を疑い，監視するというやり方も，1つの改革方法ではあるが，しかし，これでは議員は，萎縮し，あるいは市民との迎合に走り，他方，市民は，自治の当事者から評論家になっていく。結局，自治や民

7）　空き家条例ができる以前，職員が空き家の調査に行くと，「どういう根拠で来たのだ」と問われて，たじろぐことになる。職員が，安心して調査ができるように条例を整備するのが，自治の共同経営者としての議会・議員の役割である。

図表Ⅳ-4-3　議会基本条例を構成する主要項目

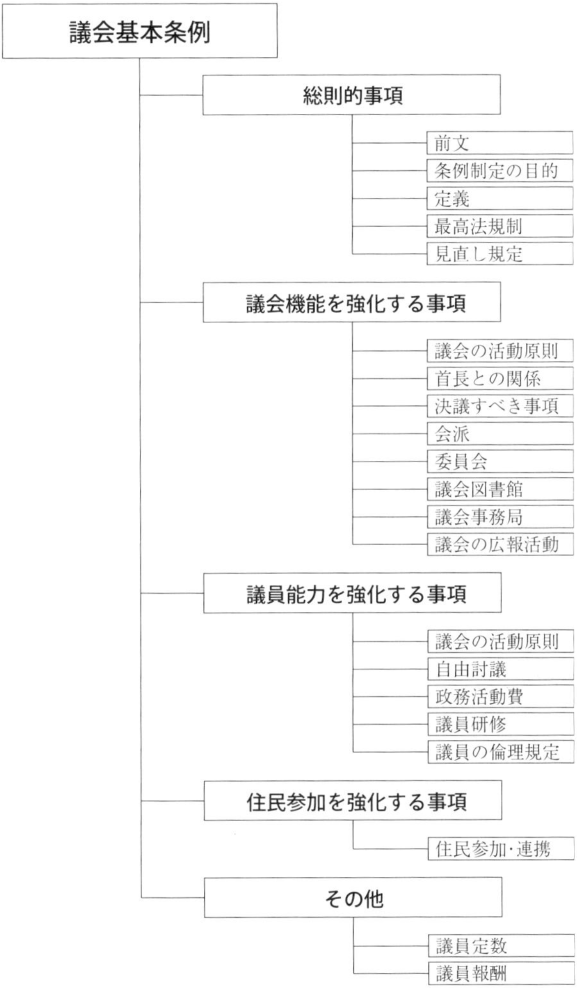

主主義を脆弱なものにしてしまう。

むしろ，地方議会・議員が，その力を存分に発揮できるように，議会・議員を励ます仕組みが必要である。その1つが，議会基本条例である。議会基本条例は，2006年に北海道栗山町が制定したのが最初であるが，その後，制定する議会は増え続け，2017年4月1日現在，797の自治体で制定されている（44.6%）[8]。今日では議会基本条例は，議会の標準装備になったと言えよう。その内容は，主には議会の機能を強化する事項と議員能力を強化する事項で構成されているが，これらは議会・議員を励ます規定と言えよう。

●市民まちづくり集会

市民まちづくり集会は，市民，市長，議員が一堂に会して，地域の課題やまちの未来について，情報を共有し，話し合う場である。新城市や焼津市の自治基本条例に規定され，毎年，実施されている（議会も主催者になっている）。

市民まちづくり集会は，決定することが目的ではない。決定権は，市長や議会にあるので，市民まちづくり集会は，地方自治法には違反しない。市民まちづくり集会は，代表民主制の仕組みを補完し，市民を自治の当事者にする仕組みの1つであるが，議員が，市民と対等の関係で話し合い，市民と議員の距離を縮める機能を果たしている。

> （市民まちづくり集会）
> 第15条　市長は，まちづくりの担い手である市民，議会及び行政が一堂に会し，ともに力を合わせてより良い地域を創造するため意見交換を通じて情報と意識の共有を図る市民まちづくり集会を開催します。
> 2　市長は，住民投票を実施する前に臨時市民まちづくり集会を開催します。
> （新城市自治基本条例）

●会派制の廃止

励ましたくなる議会へ転換する試みの1つが，会派制の廃止である。

そもそも議院内閣制と違って二元代表制の下では，会派は必然ではない。また防災，防犯，福祉などが主な政策課題で，しかも，地域代表の要素を色濃く残している地方議会においては，会派ごとの違いを踏まえて，会派としてまとまって（会派拘束までして），政策に対応する場合の方がむしろ稀である。その結果，会派が，政策提案よりも各委員会委員の割り当てや代表質問の時間配分，議長選出の母体として使われるようになってしまって，むしろ弊害が目立つよ

8）自治体議会フォーラム調べ。内訳は，道府県31（66.0%），政令市16（80.0%），特別区2（8.7%），市461（59.8%），町村287（31.0%）となっている。

うになった。

むろん，原点に戻って，会派を政策集団として再構築する方向もあるが，議員一人ひとりの力量を育てていく試みとして，会派制を廃止することも選択肢の1つである。会派をやめて，常任委員会で議論し，委員同士で相互にアドバイスすることで，議員や議会全体の質問や提案の質を高めようというものである。

先行事例を見ると試行錯誤をしているようであるが，励ましたくなる議会の試みの1つとして評価してよいと思う。

第5章 都道府県と市町村の新たな関係

1. 市町村間の連携

(1)水平補完のための制度

●水平補完

市町村間の水平補完とは，行政の効率化を図るとともに，一自治体ではできないサービスを実現するために，市町村間で行う事務の共同化を言う。水平補完は，すでに消防やごみの共同処理事業などで行われている。

また，市町村間で連携することで，スケールメリットをつくることができるという効果もある。各種サービス施設の設置には，一定の人口規模が必要になる。[1)]指定管理者制度やPFIなど官民連携の手法も，自治体の規模が小さすぎると，事業者が参入できない場合もある。水平補完することで，スケールメリットができると，これまでできなかったサービスや事業ができる可能性が高まっていく。

●主な制度

地方自治法では，多様な水平補完制度を採用している。

一部事務組合（284条）は，2以上の地方公共団体が，その事務の一部を共同して処理するために協議により規約を定めて設置する事務の共同処理機構であ

1） 国土交通省の「サービス施設の立地する確率が50％及び80％となる自治体の人口規模」では，通所・短期入所介護事業では，6500人から9500人，訪問介護事業では，2万2500人から2万7500人の人口規模が必要とされている。

る。

広域連合（284条）は，一部事務組合と同様の手続きにより，特別地方公共団体として地方公共団体の事務で広域にわたり処理することが適当な事務に関し，①広域にわたる総合的な計画の作成，②広域にわたる総合的な計画の実施のために必要な連絡調整，③事務の一部について広域にわたる総合的かつ計画的な処理を行う。一部事務組合と比較して，国，都道府県等から直接に権限等の移譲を受けることができることや，直接請求が認められているなどの相違がある。

その他，協義によって規約を定める協議会（252条の2），委員会・委員（地方労働委員会・公安委員会は除く）や附属機関の共同設置[2)]，事務の委託，事務の代替執行（252条の16の2～252条の16の4）等がある。

●連携協約

平成26年の改正で，「普通地方公共団体は，他の普通地方公共団体と連携して事務を処理するに当たっての基本的な方針及び役割分担を定める連携協約を締結できる」（252条の2）ことになった[3)]。連携協約は，国家間の条約のように，自治体間で協約を締結する制度である。

これまでの広域連携との違いは，①別組織（組合・協議会等）をつくらないでよいので，簡素で効率的な相互協力ができる。②連携協約では，議会の議決があるため，制度運用や事業継続も安定性が増している。③連携協約は，役割分担などに自由度が高い点も特徴的である。

連携協約で定めた内容は，事務の委託や民法の請負契約に加えて，新たに制度化された事務の代替執行により事務を執行することになる[4)]。

(2)水平補完の成功条件

水平補完が成功するには，まず，行政や議会，市民が，このままでいけば，単独自治体では，行政サービスの提供が困難になってしまうという危機感を持

2）平成23年の地方自治法の改正により，議会事務局，保健所等の行政機関，長の内部組織等も共同設置の対象となった。

3）平成26年度改正で，連携協約制度が創設された。連携協約に係る紛争があるときは，自治紛争処理委員による処理方策の提示を申請することができる（251条の3の2，252条の2第7項）。

4）鳥取県日野郡ふるさと広域連携協約は，鳥取県と日野郡3町（日南町，日野町，江府町）で締結された（平成27年7月1日）。

つことである。同時に，水平補完することで，圏域全体が発展し，それが各自治体の発展につながっていくという展望を持つことも重要である。

リーダーシップや責任感も大切な要素である。協議の途中で，構成自治体間で意見の不一致が出たり，様々な負担（負担金，議会・住民に対する説明・PR，事務局への職員の派遣，新たな業務量増大）が避けられないが，それらを乗り越えていくには，各自治体の責任感と，とりわけ圏域の中核都市のリーダーシップが欠かせない[5)]。また，首長間の信頼関係も重要な成功要素の1つである。

2. 都道府県と市町村

(1)進む市町村への権限移譲と課題

●第1期地方分権改革と権限移譲

第1期地方分権改革では，機関委任事務の廃止に伴い，そこから移行した事務が，市町村の事務に加わった。また地方自治体は，「地域における行政を自主的かつ総合的に実施する役割を広く担うもの」（1条の2）と位置づけられ，特に，「市町村は，基礎的な地方公共団体として，第5項において都道府県が処理するものとされているものを除き，一般的に，前項の事務を処理するものとする」（2条3項）とされたことから，これらを裏づけるかたちで，都道府県の権限が市町村に法定移譲された[6)]（図表Ⅳ-5-1）。さらには，都道府県から市町村への権限移譲については，条例による事務処理の特例制度も設けられている[7)]。

●第2期地方分権改革と権限移譲

第2期地方分権改革では，さらに市町村への権限移譲が進んでいくことになる。第1次から第4次にわたる一括法で，国から地方，都道府県から市町村への権限移譲が進められたが，特に2011年8月に成立した第2次一括法では，47

5）突出した中核自治体がない場合は，都道府県のリーダーシップが求められる。鳥取県日野郡ふるさと広域連携協約がその例と言える。

6）町村から市になる場合や市が人口規模に応じて特例市（2015年4月1日に制度廃止）や中核市，指定都市に移行する場合，建築主事など法令で定める有資格者を配置する場合などに，法令に基づいて権限が移譲されることを言う。

7）法令において都道府県知事の権限とされているものについて，都道府県の条例で定めることにより，市町村に移譲する。

図表Ⅳ-5-1　第1期地方分権改革における権限移譲の具体例

国から都道府県への権限移譲	• 重要流域以外の流域内に存する民有林に係る保安林の指定・解除など • 国定公園の特別地域の指定など • 公共下水道事業計画の認可など
市町村の規模に応じた権限移譲	○政令指定都市へ • 都市計画の決定（特に広域的な判断を要する都市計画を除く） • 埋蔵文化財包蔵地域における土木工事等の届出受理など
	○中核市へ • 都市計画法に基づく開発審査会の設置 • 県費負担教職員の研修 • 宅地造成工事規制区域の指定など
	○特例市へ • 騒音規制地域，悪臭原因物排出規制地域，振動規制地域の指定など • 開発行為の許可など • 再開発事業の計画の認定制度にかかる認定など
	○市（一部福祉事務所設置町村を含む）へ • 史跡・名勝・天然記念物の軽微な現状変更等の許可 • 児童扶養手当の受給資格の認定など • 商店街振興組合および商店街振興組合連合会の設立認可など
	○市町村へ • 犬の登録，鑑札の交付，注射済票の交付 • 身体障害児に対する補装具の交付，身体障害児及び知的障害児（知的障害者）に対する日常生活用具の給付 • 市町村立高等学校の通学区域の指定
	○その他（建築主事を置く市町村へ） • 建築基準法の許可事務などの一部（建築審査会を設置した場合に限る）

（出典）　神奈川県市町村研修センター「平成28年度　政策形成実践研究報告書　人口減少社会における都道府県と市町村——移譲と補完による自治体運営の新たな可能性——」。

の法律で，都道府県から市町村への移譲が行われた（図表Ⅳ-5-2）。

● 法定移譲の現状と課題

以上のように，基礎自治体への権限移譲が積極的に進められたが，当の市町村は，権限移譲をどのように感じているのか。

2013年に内閣府地方分権改革推進室が実施した「基礎的自治体への権限移譲の施行に係る状況調査」によると，権限移譲に伴う支障の有無について，32.1％の自治体が「おおむね支障はない」，15.2％の自治体が「具体的な支障

図表Ⅳ-5-2　第2次一括法により基礎自治体への権限移譲された事務の具体例

関係法律	主な移譲事務の内容	移譲先
社会福祉法	社会福祉法人の定款の認可，報告徴収，検査，業務停止命令等	市
障害者の日常生活及び社会生活を総合的に支援するための法律	育成医療の支給認定等，自立支援医療費の給付	市町村
母子保健法	低体重児の届出，未熟児の訪問指導等，養育医療の給付	市町村
身体障害者福祉法・知的障害者福祉法	身体・知的障害者相談員への委託による相談対応，援助	市町村
農地法	農地等の権利移動の許可	市町村
悪臭防止法	悪臭に係る規制地域の指定，規制基準の設定	市
環境基本法	騒音に係る環境基準の地域類型の指定	市
振動規制法	振動に係る規制地域の指定，規制基準の設定	市

（出典）　神奈川県市町村研修センター「平成28年度　政策形成実践研究報告書　人口減少社会における都道府県と市町村――移譲と補完による自治体運営の新たな可能性――」。

がある」，残りの52.7％が「今後の執行状況をみて判断したい」と回答している。今後の様子を見てという回答が半数を占めているため，大勢は判断しかねるが，支障はないとするのが約3割にとどまっているのは，決して高い数字ではない。

権限移譲のメリットとして，「住民サービスの向上」，「迅速な対応が可能」，「事務処理時間の短縮」など，一定の効果が上がっていることは窺えるが，反面，「専門職員養成のための支援が必要」，「業務増に伴う人員措置が必要」，「システム整備などの財源措置が必要」といった課題も多く挙がっており，権限移譲は，市町村に大きなしわ寄せが及んでいることが分かる。

●人員不足と長期病欠者

厳しい財政状況を受けた行財政改革は，取り組みのしやすさから職員の削減に向かうが，職員数を見ると，指定都市を除いて減少しており，全国的にも基礎自治体の人的体制は，慢性的に厳しい状況となっている[8]。小規模自治体にと

8）　総務省より示された行財政改革（平成17年3月29日付「地方公共団体における行政改革の推進

図表Ⅳ-5-3　主な疾病分類別の長期病休者（10万人率）の推移

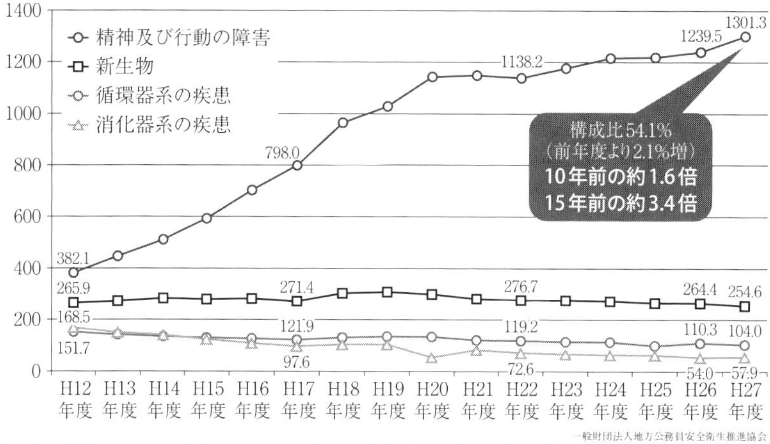

（出典）　一般財団法人地方公務員安全推進協会「地方公務員健康状況等の現況（平成27年度）の概要」。

って，とりわけ厳しいのが，建築・土木技師職員等の専門職員の確保で，賃金水準や経験・知識の蓄積という点でハンディを抱える町村の減少率が著しい。

慢性的で厳しい人的体制は，時間外勤務の増加，臨時職員の増加などにつながっていくが，他方，住民ニーズは，ますます多様化，高度化するなかで，職員1人あたりの業務量が増加していく。こうした職場環境の悪化が，職員の心のゆとりをなくし，長期病休者の増加につながっている。

長期病休者を主な疾病分類別で見ると，「精神及び行動の障害」が全体の54.1％を占め，10年前の約1.6倍，15年前の約3.4倍と急増していることが分かる。もはや職員個人の努力だけでは，対処できない状況になっている。

⑵都道府県と市町村による垂直連携

●垂直補完とは

こうした基礎自治体の窮状を乗り越える試みの1つが，垂直補完である。これは，都道府県と市町村が相互に連携し合い，いわば，1つのチームとなって

のための新たな指針」及び平成18年8月31日付「地方公共団体における行政改革の更なる推進のための指針」）の推進の影響が特に大きいと思われる。

行政サービスを提供するという発想である。

小規模自治体が，行政サービスを維持する方法としては合併があるが，合併には問題点も多い。そこで，都道府県が，市町村の意向に基づき，市町村に代わって業務を実施することで，地域住民に行政サービスを提供するのが垂直補完である。市町村間における事務の共同化は，水平補完であるのに対して，垂直補完は都道府県と市町村の共同化である。

住民にとってみれば，誰がサービスを提供するかは，さして重要なことではなく，効果的・効率的なサービスが提供されればそれでよい。身近なサービスの提供は基礎自治体が担うべきとの固定観念にとらわれることなく，都道府県と市町村が全体として，その持つ資源を総合化して提供するのも，1つの方法である。

＊1998年の地方自治法の改正で，都道府県と市町村は，どちらも「地域における事務」を処理するものとされ（2条2項），旧地方自治法（旧2条3項）にあった具体的な事務の例示が削除された。これによって，都道府県と市町村の役割分担は，画一的に線引きせず，「地域における事務」という共通の守備範囲のなかで，地域ごとの実情に応じて判断しやすくなった。

●垂直補完の手法

垂直補完は，市町村から都道府県への権限移譲（逆権限移譲）でもあるが，元来，基礎自治体に権限のある事務でも，新たに事務処理の特例に関する条例などを制定することにより，都道府県に事務の移譲を図ることが考えられる。また，事務処理の特例に関する条例により都道府県から市町村に権限移譲されている事務について，条例改正により権限を再度，都道府県に帰属させるという方法もある。

垂直補完のための制度が，地方自治法に規定する事務の委託，事務の代替執行である（252条の14～252条の16）。両者とも，自治体の事務の一部の管理・執行を他の自治体が行うものであるが，相違点としては，事務の委託は，管理・執行権限を譲渡するため，委託した自治体は執行の方針への関与が難しくなるが，事務の代替執行の場合は，管理・執行権限の譲渡を伴わないため，依頼された自治体は，依頼した自治体の意図のとおりに執行することが求められる。

●垂直補完が考えられる事務

都道府県が市町村に代わって処理することがふさわしい事務として，次のような事務が考えられる。[9)]

- 地方分権改革により国や県から市町村へ権限が移譲された事務。
- 技術職員の行う業務。土木職のほか，保健師や栄養士，指導主事などが挙げられる。
- 事務の専門性が高いもの。滞納整理や税務事務，法務・訴訟事務など。
- 事務が定型的で裁量の余地が小さいもの。各種統計事務など。
- 専門的知識を有する外部委員を必要とするもの。情報公開・個人情報保護審査会，行政不服審査会，介護認定審査会，公務災害補償審査会などの各種審査会事務。
- 新しく生じた事務でノウハウの蓄積がないもの。
- 事務の共同化や共同調達によりスケールメリットを生み出せるもの。国民健康保険や介護保険，特定健診や介護予防事業，障がい者の自立支援などがある。

(3)奈良モデル

●奈良モデルとは

奈良モデルとは，奈良県が行っている水平補完，垂直補完の取り組みである。奈良県は，小規模自治体が多い割に，歴史的背景から市町村の名称を後世に残したいという声も強く，合併が容易に進まなかった。[10)] そこで，合併以外の手法による行政効率化を果たすための仕組みとして，奈良モデルが考案された。[11)]

その発想の基本となったのは，次のような考え方である。

---

9)　神奈川県市町村研修センター「平成28年度　政策形成実践研究報告書　人口減少社会における都道府県と市町村――移譲と補完による自治体運営の新たな可能性――」77頁を参照した。

10)　平成の合併においては，全国では半数近い1505の市町村が減少し，その減少率は46.5％となったのに対し，奈良県では4地域での合併で市町村数は8のみの減少，減少率は17.0％にとどまった。この数値は，大阪府，東京都，神奈川県，北海道に次ぐ全国で5番目に小さい数値である。

11)　神奈川県市町村研修センター「平成28年度　政策形成実践研究報告書　人口減少社会における都道府県と市町村――移譲と補完による自治体運営の新たな可能性――」43頁以下に，奈良モデル誕生の経緯，概要等が簡潔に整理されている。

① 県と市町村それぞれは，一方が他方を支配し，又は積極的に補完を義務づけられる関係にはなく，対等な立場に立つ公共団体である。

② 県と市町村は，憲法と国法が禁止しない限り，それぞれの議会の承認を得て他の公共団体と平等な立場で，連携・協働を進めることができる。（公共団体間の契約自由の考え方）

③ 県と市町村が有する総資源（職員，予算，土地，施設）を，県域のニーズに対応して，連携・協働して，有効利用することが望ましい。

●奈良モデルの内容

奈良モデルでは，①県から市町村への権限移譲に加え，②市町村間の連携による効率化（水平補完），③小規模町村への支援（垂直補完）が内容である。

水平補完における奈良県の役割は，共同処理実現に向けて，後方的な支援・調整にとどまらず，市町村と同じ立場で積極的に参加して推進するものである。

垂直補完は，人口が一定規模以下である小規模町村に対し，町村の意向に基づき，町村が実施すべきものとされている事務を奈良県が実施するものである。例として道路インフラの長寿命化事業がある。実施手法としては，町村から県への事務の委任，県も加入した広域連合の設置などであり，対象となる事務の内容により個別に判断されている。

●奈良モデルから学ぶこと

都道府県が市町村に代わって事務を代行する垂直補完は，一見すると地方分権の流れに逆行するように見える。また奈良モデルでは，奈良県（特に県知事）が積極的にイニシアティブを発揮しているが，これも都道府県と市町村の対等性を明確に打ち出した新地方自治法に矛盾しているように見える。

しかし，身近なサービスの提供は基礎自治体が担うべきとの地方分権の考え方は，それが住民の福祉の実現に適切であると考えたからであって，現に小規模町村では，技術職員の不足から橋梁補修工事のように執行がままならない現状のもとでは，固定観念にとらわれる必要はない。

奈良県全体が持つ総資源（職員，予算，土地，施設）を有効活用して，課題を解決し，住民サービスを実現すればよいという視点は，資源，権限が限られた自治体にとって，大きなヒントになると思われる。

第Ⅴ部

励ます地方自治の基本制度
──法の欠缺を補う条例・制度と実践

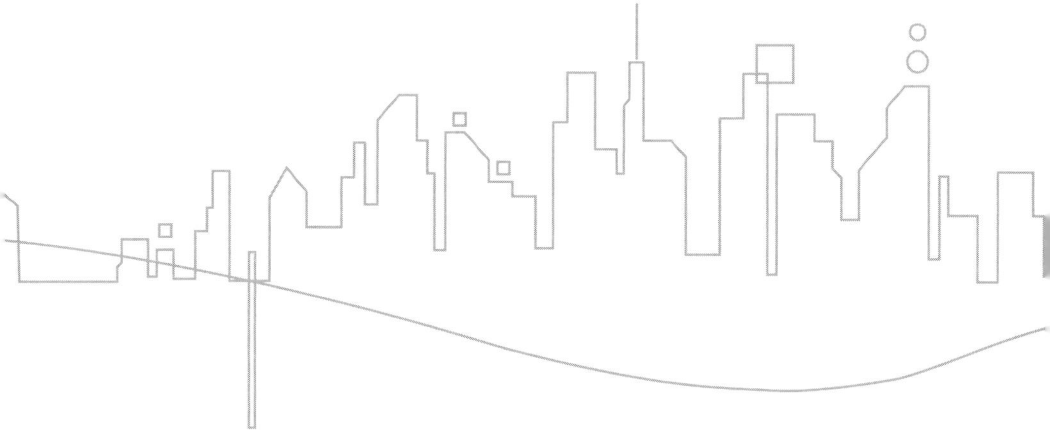

第1章 自治基本条例

1. 自治基本条例の意義

(1)自治基本条例の系譜

自治基本条例は，市民憲章や都市憲章を発展させた都市憲章条例を起源とするとされている。川崎市都市憲章条例案（1972年）や逗子市都市憲章条例（一試案）（1992年）は，自治体が目指すべき理念や運営の基本原則を定めるものであったが，いずれも条例として制定されるには至らなかった。

これら都市憲章条例のルーツが，アメリカのホーム・ルール・チャーターである。

連邦国家であるアメリカでは，自治体は州の創造物であるとされ，その権限も狭く解釈されていた。すでに述べたディロンのルール（Dillon's rule）である[1]。

ところが，州に自治体法の決定権限を付与するルールは，自治体への恣意的な干渉となり，住民による自治活動を阻害することになったことから，自治体法の決定権限を自治体に移す運動が興る。それがホーム・ルール運動であるが，その結果，州の自治体に対する特別立法の禁止や住民によるホーム・ルール・チャーターの創設など，自治権を拡大する規定が州の憲法に置かれることとなった。

ホーム・ルール・チャーターで規定できる内容は各州で異なるが，自治体政

1） 地方自治体には，明文の法文上認められた権限，明示の権限に当然に必要ないし付随する権限，自治体につき明言された目的・使命の遂行に不可欠の権限だけが与えられる。

府の形態，部局の設置と構成，市議会議員の選挙の方法等が自己決定できる[2)]。アメリカでは，市町村は，設立行為（法人化）があってつくられるから，こうしたホーム・ルール・チャーターは，自治体の憲法の名にふさわしいものと言える。

(2)まちづくりの基本法として

ホーム・ルール・チャーターでは，自治体選挙や自治体政府の組織や運営に関する事項を創設するが，日本でも，こうした条例を制定できないかが模索された。しかし，日本の場合は，選挙や自治体の組織等に関する事項は，憲法や地方自治法等に詳細に規定され，規律密度が高いので，住民自らが独自の制度を創設する余地がほとんどない。

そこで，わが国の自治基本条例では，法律で定められていない権利や制度を規定するとともに，法律で定められている権利・制度をより詳しく，具体的に記述する方向へ発展していった。

自治基本条例の嚆矢と言えるニセコ町まちづくり基本条例では，情報共有の推進，まちづくりへの参加の推進，コミュニティ，町の役割と責務，まちづくりへの協働過程，財政，評価，町民投票制度などが規定されているが，これは法の欠缺を補う条例となっている。統治機構に関する新たな規定はほとんどなく，その名称の通り，まちづくりを進めるための原則や制度・手続が書かれた条例になっている。

＊自治基本条例は，300以上の自治体でつくられている。ただ，何をもって自治基本条例とするか，基準の取り方で，その数も違ってくる。自治基本条例は，自治の基本を定めたものであるという点から立論すると，次のような要件を満たすものが自治基本条例と言える[3)]。

① 自治の基本理念やビジョンを示していること

---

2) オレゴン州のモデル・チャーターは，前文に続いて，第1章名称と地域，第2章市の権限，第3章政府形態，第4章議会，第5章公務員の権限と義務，第6章公務員制度，第7章選挙，第8章条例，第9章付則という構成になっている（福士明「アメリカのホーム・ルール・チャーター制度と自治基本条例」『世界地方自治憲章と各国の対応』比較自治研究会，自治体国際化協会，2004年）。

3) 松下啓一『協働社会をつくる条例――自治基本条例・市民参加条例・市民協働支援条例の考え方』（ぎょうせい，2004年）14頁。

② 自治の実現にとって欠かせない市民の権利を規定していること
③ 自治をつくるための制度や仕組みが規定されていること
④ 行政・議会の組織・運営・活動に関する基本的事項を定めていること
⑤ 自治体の最高規範として，他の条例や計画などの立法指針，解釈指針となっていること

(3)自治基本条例は自治体の憲法か

自治基本条例は，「自治体の憲法」と言われることがある。たしかに，地方分権によって自治体の自立性が喧伝され，自立した自治体が，憲法としての自治基本条例を持つべきであるという論理は魅力的である。国に対して，これまで下位・従属関係にあった自治体の自立性・対等性を後押しする意味から，自治基本条例が自治体の憲法であると強調することの実践的な意味も理解できないわけではない。

しかし，自治体の憲法といっても，憲法の意味が違うことに注意すべきである。それは，すでに述べた国と地方の違いである。

主権という絶対権を持つ国と自立と助け合いが基本である自治体とは，もともとの立ち位置や行動原理が違ってくる。国の場合は，絶対性を有する国家権力の専横から国民の権利を守る必要があり，そのために憲法が必要になるが(立憲主義)，自立と助け合いが基本の地方自治では，自治体政府は公権力としての一面を有するとともに，住民を支え，後押しする伴走者・後見者としての一面を持っている。

したがって，自治体の憲法(自治基本条例)は，自治体政府の専横から市民の権利を守るだけでなく，公共の担い手である市民を支え，その力が存分に発揮できるような制度や仕組みを持つものとなる。

2. 励ます自治の基本条例

(1)自治基本条例――2つの系譜

全国の自治基本条例は，監視型自治基本条例と励まし型自治基本条例に大別

することができる。

監視型の代表が，2000年に制定されたニセコ町まちづくり基本条例である。この条例は，公私二分論に立ち，政府の民主的統制を主眼とする条例である。そこで，この条例には，行政や議会を民主的，市民的にするための細かなルールが書かれている。そして自治基本条例の大勢は，この監視型条例になっている（筆者はこれをニセコの呪縛と言っている）。

最近では，励まし型の自治基本条例も制定されるようになった。新しい公共論の立場から，公共主体としての市民，自治会・町内会，NPO等の自立性や社会性に力点を置いた条例である（小田原市や戸田市など）。

両者の違いは，自治のあるべき姿やその理想を実現するために，課題はどこにあるのかの認識の違いにある。役所や議会こそが自治の担い手であり，そのさらなる強化が自治を強めると考えれば，前者の条例になる。その点も忘れてはいけないが，それ以上に市民自身（ここに市民とは，住民のほか，自治会や町内会，市民活動団体，企業，学校，その他の団体も市民も含まれる）が自治の担い手として，その持てる力を存分に発揮し，それには市民自身の自立性（自律性）や公共性を高めていくことが喫緊の課題があると考えると，後者の自治基本条例になっていく。

この点については，すでに見たように，人口減少，少子高齢化が急速に進み，まちを維持する税収が大幅に減少していくなかで，政府に対する民主的統制だけで，地方自治は到底，維持できないのは自明である。民主的統制を行う市民自身が，自ら自治の主体として，行動していくことが必要である。

このように考えると，自治基本条例は，まちを元気にする励まし型の自治基本条例であるべきだろう。

(2)励ます自治基本条例の内容

励まし型の自治基本条例では，市民，行政，議会の3者が，それぞれ力を発揮し，相互に連携協力していくための制度や仕組みが内容となってくる。これら自治の関係者間で，対立型，要求型にならず，その持てる力を存分に発揮し，そこから新たなエネルギーが生まれてくるように制度設計・運営していくことである。[4]

①市民が，自立（自律）し，他の市民や行政等との協力，連帯しながら，公共的なことに関わっていく仕組みをつくり，運営していくのが基本である。市民協働では，行政は黒子という意見もあるが，こうした舞台装置づくりを行う重要な責任者である。

②行政が，その持てる能力・資源を市民の幸せ実現のために発揮できるように，既存の仕事を見直し，変革していくことである。また，行政の変革が市民に見えると，市民自身の自立（自律），連帯にも弾みがつく。

③議会・議員は，市民にその役割，重要性を再確認してもらえるように，新たな努力が必要である。議会・議員の最も重要な役割は，市民が本来持つ活力を引き出す役割である。そして，それには，市民との対話が欠かせない。

(3)励ます自治基本条例のつくり方

励まし型の自治基本条例では，自治体職員が他都市の例を参考にパッチワーク的につくってはいけない。行政，議員，市民の一人ひとりが，自分たちの抱えている問題や自治の未来を考えながら，当事者となって考え，一緒になってつくっていくことが大事である。それゆえ，自治基本条例づくりでは，条文をつくるのが重要ではなく，自治の文化をつくるという思いが大事である。自治のために関係者一人ひとりが存分に力を出せるような社会づくりであることに心して取り組んでもらいたい。

4） 自治基本条例の全体像・内容については松下啓一『自治基本条例のつくり方』（ぎょうせい，2007年），『協働社会をつくる条例』（ぎょうせい，2004年）に詳しい。

第2章 市民参加・市民参画

1. 市民参加の意義と理論

(1)参加と参画

最近では，参加に変えて参画という言葉を使うようになった。言葉を変えることで，内実も変えようという意図である[1]。

参加と参画の違いは，一般には，参加は，すでに決定していることに形式に加わることであるのに対して，参画は，企画・計画段階から，市民が加わることとされる。参画の「画」の字が，企画や計画を連想すること，そして，何よりも従来型の形式的な参加から決別しようという思いが，この用語に表れている[2]。ちなみに，男女共同参画社会基本法では，参画は，企画・立案の段階から主体的に参加し意思決定に関わることという意味で使われている（5条）。

しかし，単に用語を変えただけで，その目指すことが実現するわけではないので，参画を使う場合も，参画の内実を充実したものとしていく必要がある。ちなみに，全国の自治基本条例や市民参加条例の参加，参画の定義を見てみると，結局，両者は同じ意味で使われている。やはり問題は内実である。

本書では参加を使うが，あくまでも企画・計画段階から加わっていくという

1) 男女共同参画社会基本法（平成11年法律第78号）が大きな契機となった。ちなみに参画という用語を使う法律は，これだけである。

2) 参画と言い換える意図はよく理解できるが，言葉として十分こなれていない点が気になるところである。参画を採用すれば，以後は，参加者を参画者に，参加申込みを参画申込みなどへの言い換えを行うことになるが，言葉としてやや違和感があるからである（参画を定義しながら，実際には「本日の参加者」と言っているケースも散見される）。

意味である。

＊自治基本条例では，「政策の立案から実施及び評価に至るまでの過程に主体的に参加し，意思決定に関わること」（杉並区）というのが参画の一般的定義である。これに対して，「参加」も，「まちづくりに関して，市民が意見を述べ，又は計画立案及び実施に主体的にかかわること」（柏崎市）と定義されていて，参加といっても，単に決定投階に形式的に参加するという意味ではなく，「参画」の意味であり，自治基本条例では，参画と参加は，ほぼ同じ意味で使われている。

⑵市民参加の理論――信託論

市民が集まって暮らすようになると，共通の課題を解決する必要が生まれてくる。そのために，市民が集まって，話し合い，問題解決の行動を取ることになる（本来の住民自治）。それが地方自治の原点である。しかし，課題が多様化して，複雑化してくると，すべてを自らの手での解決することが困難になるから，政府がつくられる。その政府は，もともと市民のためにつくられたものであるから，政府の決定に市民が参加し，市民が政府をコントロールするのは，当然のこととなる（制度上の住民自治）。市民参加は，政府から恩恵的・後天的に与えられるものではない。

この市民参加の理論が信託論である。信託論とは，市民が政府の創造主であって，その持てる権利を自治体政府に信託しているという考え方である。信託論に立てば，自治体は市民の政府であるという意味が明確になるとともに，市民参加は，市民の政府を担保する基本的な制度ということになり，その権利性が明確になる。

⑶市民参加の範囲と広がり

市民参加は，住民自治の具体化ということで，行政に対する市民参加が基本である。実際，公共政策において，イニシアティブを取っているのは，行政であるから，行政への市民参加が，もっぱら検討の対象になってきた。行政に対する市民参加の手法も数多く開発されてきた。

また，近年では，政策提案機関としての議会に対する期待が高まっていることから，議会への市民参加も重要なテーマとなっている。

さらに，市民（とりわけ市民セクター）も公共主体と考えると（新しい公共論），そこに市民や行政・議会が参加することも重要になってくる。自治会や町内会など地域コミュニティへの参加やNPOへのテーマコミュニティへの参加である（新しい市民参加）。

2. 市民参加の権利

⑴地方自治法

全体で473条にも及ぶ地方自治法のなかで，市民の参加権については，いくつかの関連規定が散見される。

法10条2項は，役務の提供を受ける権利，負担の分任義務を認めている。税金を払い，サービスの提供を受けるために，正しい情報の提供を受け，参加して意見を言うことができることが必要であるから，住民の参加権は，この規定の表裏をなすものと言える。

そのほか，日本国籍を有する住民は，条例の制定改廃請求権（12条1項），事務監査請求権（12条2項），議会の解散請求権（13条1項），長等の解職請求権（13条2項）等の直接請求権を有する。

住民は，住民監査請求権（242条）及び住民訴訟を提起する権利（242条の2）を有するが，これも参加権の一種である。

自治体に対して，請求し，訴えを起こすというのが地方自治法の住民の参加権であり，市民の政府をコントロールする権利としての参加権の性質を端的に示している。

⑵市民参加条例

●条例化の背景

自治にとって，参加は前提的・基本的事項なので，自治の実質化のために，全国の自治体で市民参加の試みを積み重ねてきた。これを条例で明確化するのが市民参加条例である。

その背景の1つが，地方自治法における参加規定の不足と，その内容の貧弱性にある。地方自治法では，住民が自治体に対して請求し，訴えるという参加権にとどまっているが，もともと住民自治とは，自らのことは自らで考え決定するということで，それには多様で創造的な参加も必要になる。これを条例として規定することで，住民自治を揺るぎのないものにしようというのが条例化の第1の目的である。

また，条例がなくても，個々のケースごとに，参加の可否を判断させるやり方もあるが，ときには行政側の都合によって，参加の可否や程度を判断してしまう場合もあるし，首長や担当者が変わるたびに，取扱の変更が起こってくる場合もある。これを統一し，記述すれば，市民の参加はより確実なものになる。

さらには，参加の権利や制度・手法を一覧できるようにすることも重要である。これまで様々な参加の制度・手法が開発されてきたが，その全体像は，専門家でない市民には分かりにくいからである。

●市民参加条例の類型

市民参加条例については，次のように分類できる。

① 一般条例・個別条例

一般条例とは市民参加に関する一般的事項を定めた条例である。市民参加条例がその例である。個別条例とは，パブリックコメント条例や住民投票条例のように，個別の市民参加手法や制度を対象に，その意義や内容，手続等を定めた条例である。

② 理念型条例と総合メニュー型条例

一般条例は，理念型条例と総合メニュー型条例に分けることができる。理念型条例とは，市民参加の基本原則や関係者の責務などの基本的事項を規定した条例である。基本的事項を中心に規定されていることから，全体に条文数が少なくなる傾向となる（箕面市市民参加条例は全9条である）。

それに対して，総合メニュー型条例は，審議会等，パブリックコメント，公聴会といった市民参加手段を条例上明記するとともに，従来ならば規則等で規定される具体的手続についても条例で規定している（このタイプの条例は条文数が多くなり，石狩市行政活動への市民参加の推進に関する条例では全34条にもなっている）。

3. 多様な市民参加システムと課題

市民参加は，市民の政府を担保するための基本制度であり，この立場から主権者として市民意思を表明できる様々な参加制度が開発されてきた。

(1)多様な参加システム

●参加のステージ

参加は幅広い概念で，シェリー・アーンステインは，世論操作（manipulation）から，市民のコントロール（citizen control）まで，8段階の「参加のはしご」を提案している[3)]。

これに対しては，市民コントロールという考え方は重要ではあるが，そこまで参加の概念に含めるのは無理があること，上に登れば登るほど優れているという，はしごの発想自体が，私は参加の実態に合致しないと考えて，参加のステージという考え方を提示している。

この参加のステージから見ると，参加は「周知」から「実質参加」まで幅が広いが，地方自治においては，実質参加をどのように内実のあるものにするかが最大の論点である。

●重層的な市民意思の把握

資源・権限が脆弱な自治体にとって，最大の強みは，市民がバックにいることである。ここが市民から距離のある国との違いで，それゆえ市民意思をしっかり体現して政策をつくるのが，地方自治体の基本的な行動原理となる。

多様な意見聴取ルートの確保，計画，実施，評価の各段階での最も適切かつ効果的と見られる意見聴取，審議会や懇談会への委員としての参加，アンケート調査，公聴会，ワークショップ等の多様な参加の仕組みを重層的に用意する必要がある。

3）原典はArnstein, Sherry R., “A Ladder of Citizen Participation,” *JAIP*, Vol. 35, No. 4, July 1969, pp. 216-224。この参加のはしごは，多くの著作で紹介されている。1960年代という時代背景のなかで書かれたこの論文の主眼は，持たざる者への「権力の再配分」であるが，いわば体制内の概念である参加には，一定の限界がある。

図表Ⅴ-2-1　市民参加のステージ

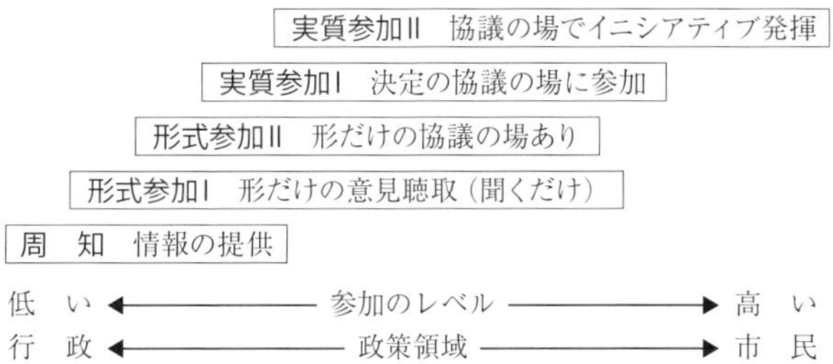

（資料）筆者作成。

●意見提出手続

重要な施策等の策定・改廃の際に事前に内容等を公表して，市民意思・意見を聴く制度である。パブリックコメント手続や市民意見提出手続の名称で呼ばれている。

対象は，基本的，重要な政策・計画の策定や改廃である。すべての政策・計画ではなく，市民意思・意見を聞くべきもの，あるいは聞くのにふさわしいものに限定される。案の公表は，意思決定前に行う。その際には，市民が内容を理解できるような資料を添付する。提出された意見等に対しては，そのままにせずに行政の考え方を提示するという点が重要である。

●意見・要望・苦情等への応答義務等

市民から意見，要望，苦情等に対して，的確な対応をするのは当然であるが，市民の苦情等のなかには政策の種が埋もれていると積極的に考えることが必要である。

応答義務とは，市民から意見・要望等があったときは，速やかに事実関係を調査し，誠実に答える義務である。説明義務は，市民から説明を求められたときには，分かりやすく説明する義務である。

市民の苦情，要望，提言，意見等に対応するため，不利益救済機関を設置する方法もある。具体的には，公的オンブズマン制度等が想定される。

●住民投票

住民投票制度は，間接民主主義制度を補完し，住民の総意を的確に把握するための制度である（5で詳しく論じる）。

(2)市民参加の課題

●多くの課題

市民参加については，多くの課題があり，調査もある。「参加型まちづくりの現状と課題に関する調査報告[4]（概要）」は，市民参加の課題を的確かつ簡潔にまとめている。

これによると，市民側から見て市民参加には，①自治体側の消極的態度・対応，②職員の市民参加への理解・認識，知識の低さ，③行政情報の公開・提供の不備や不足，④市民参加のシステム・方法が未確立，⑤市民参加を支援する制度の不足（持続可能な市民参加）が指摘されている。他方，行政側から見ても市民の参加には，①市民の参加意識や基礎知識の不足，②市民組織の縦割り，連携・ネットワークの不足，③コーディネーターとなる人材基盤の脆弱性，④参加者の偏り等があるとされる。要するに，市民参加の理念と現実との間には乖離があるということである。

●参加の民主性

市民参加をめぐる課題のなかで，最も本質的かつ困難な問題は，市民意見の正統性である。そこに集まった市民は，他の市民から信託を受けたものではなく，その意見は，市民の思いを代弁したものと言えるのかという問題である。

この難問を乗り越える方法の1つが，参加の民主性を追求する試みである。これまでの市民参加の一般的方法は，行政が指名した市民に参加してもらう方法（行政指名型市民参加）であったが，とりたてて専門的な知見を持たない市民が，団体代表として充（あ）て職的に参加する場合もあり，それでは役所の説明を追認するだけの市民参加になってしまう。

それを乗り越える試みが，住民投票や自由公募型市民参加の試みである。このうち，自由公募方式は，参加機会は平等で，全市民の思いを代弁する有為の市民を集めることができるように見えるが，ここでも，「応募する市民は，い

4）「地方都市再生のための人材基盤等地域力整備に関する調査報告書」（日本地域開発センター，2004年）。

つも同じメンバー」という参加者の固定化・特定化という現実がある。

●内容の民主性

これまでの市民参加は，自由公募制や住民投票など，「参加の民主性」に主眼が置かれてきた結果，「内容の民主性」に関する取り組みが弱いのが特徴である。

言うまでもなく民主主義の本質は，価値の相対性にあり，つまり数の多寡でAかBかを決める社会ではなく，AとBのよいところを止揚してCを生み出すことであるから，それには，まちや他者のことまで思いを及ぼし，それぞれの主張の持つ利点を伸ばし，課題を克服するという熟議の市民参加が求められる。今後は，熟議の観点から，市民参加制度を再構築していく必要がある。

4. 励ます市民参加・熟議の市民参加

(1)市民を参加の当事者に

●オルソンをヒントに

市民参加は，市民が集まり，行動することによって世の中を変えようという集合的行為である。マンサー・オルソン（Mancur Olson）[5)]は，集合行為について，自分は参加せずに，他者の活動の成果だけを亨受することは，ある意味では，理に適った合理的な選択なので，「ただ乗り（フリーライダー）」が起こりやすいと指摘している。オルソン問題と言われるものである。

たしかに，個人レベルではフリーライダーでいたほうが合理的かもしれないが，それではまちづくりなどは成り立たなくなる。また，実際には，まちづくりに参加する個人もたくさんいるわけで，合理的選択論だけでは説明できるわけではない。フリーライダーを乗り越える理論や仕組みを開発して，まちづくり・社会参画を進めていくのが，自治体政策論である。

この点に関しては，オルソンが示す対策は，①フリーライダーの特定と監視ができるぐらい小規模な集団にする，②権力や法律（罰則）の威圧を前提にし

5) マンサー・オルソン，依田博・森脇俊雅訳『集合行為論――公共財と集団理論』（ミネルヴァ書房，1996年）。

た強制，③参加者だけに与えられる選択的誘因（報酬等）の設定である。

オルソンをヒントに考えると，①市民参加のような活動を権力や法律によって無理矢理に強制することはできないが，何らかの誘因を用意し，準備することで，市民の自発的な参加意欲・貢献意識を引き出せば，参加の民主性を確保できるのではないか，②お互いの顔が分かるほどに小さな場をつくり，熟議を行うことで，内容の民主性を確保できるのではないかというものである。

●誘因別に考える

人が動く誘因には，①金銭的利益を求める金銭的誘因，②名誉や名声，地位や権力を求める社会的誘因，③満足や生きがいなどの心理的誘因，④倫理や宗教を背景に持つ道徳的誘因に分けられる。

このうち，金銭的誘因は，市民参加とは縁遠いと思われているが，謝礼的金銭を媒介とした市民参加もありえないものではない[6)]。

ボランティアの参加動機を見ると，30代以下では「自分の人格形成や成長」が最も多いが，60代以上では「社会やお世話になったことに対する恩返し」が最も多くなるが，こうした心理的誘因に着目することも，市民参加を広げる際のヒントになるだろう。

また，日本人の場合，他者や集団との関係のなかで，自分の存在を価値あるものとして受け止める傾向（自己有用感）があることから，まちづくりや社会貢献の機会に，他者から評価されること（社会的誘因）も市民参加を推進する要素になる。

⑵無作為抽出型市民参加

●プラーヌンクスツェレとは何か

プラーヌンクスツェレ（無作為抽出型市民参加）は，住民票から無作為抽出で選ばれ市民が，政策課題について討議し解決策を提案する方式である。ドイツから始まった方式であるが，日本でも広く採用され，そのやり方もドイツ方式

6）　ドイツのプラーヌンクスツェレでは，参加者には，報酬（4日分：通常1日8時間）として，一般的に1日50ユーロから100ユーロが支払われる。松下啓一他『熟議の市民参加――ドイツの新たな試みから学ぶこと――』（萌書房，2013年）。

に拘泥せずに応用され始めている。

プラーヌンクスツェレは，ドイツ語でPlanungszellen，英語でPlanning cellsであり，それを直訳して計画細胞とされる。これは複数の小グループに分かれて，ワークショップをするところが「細胞」のように見えるからである。集団で意見交換をし，熟議の結果として，意思決定する会議方式である[7]。

この方式で興味深いのは，参加という主体性と抽選という受動性をミックスした点であるが，抽選に当たるというのは，参加を逡巡していた市民を後押しする契機となる。

＊ドイツにおけるプラーヌンクスツェレの基本的な特徴は，次の通りである。

市民の関心が高い問題，行政機関が市民に意見を求めるべきだと思われる地域の重要課題が対象となる。大学や研究機関など公平で中立的な実施機関に委託して実施する。次のような進め方が一般的である。

- 25人程度の単位で4日間討議を行う。
- 無作為抽出により選ばれた多様な市民が参加する。
- 参加報酬（有償）により討議に参加する。
- 賛成意見と反対意見の両方の専門家による情報提供を行う。
- 情報提供の後は，5人の小グループに分かれて討議とまとめ（投票）を行う。
- 出された結論は，市民鑑定として行政機関に提出する。

ドイツでは，ここで出された市民の意見を市民鑑定として集約し，行政機関に提出することになっている。行政機関は，市民鑑定の意見を実施しなければならないという法律的な拘束はないが，市民から提出された意見ということで，市民鑑定を尊重し，その意見を取り入れ，行政施策を実施している[8]。

●プラーヌンクスツェレの日本的意義

プラーヌンクスツェレは，ドイツでは政策決定の方式としても使われているが，日本では無理がある。間接民主制との関係もあるが，1日程度の短期間の検討は，熟議の点で十分とは言えないからである。つまり政策決定されたと言

7）ドイツのペーター・C・ディーネル博士が1970年代に考案した。考案者のディーネル博士の息子であるベルリン工科大学のハンス・リウガー・ディーネル博士に，プラーヌンクスツェレの適訳を尋ねたところ，「Citizens' Jury」（市民陪審）がふさわしいとの意見だった。

8）プラーヌンクスツェレの意義やドイツにおける運用については，松下啓一他『熟議の市民参加——ドイツの新たな試みから学ぶこと——』を参照。

えるまでに議論が深まらないからである（熟議となるには，半年から1年間くらいの議論期間が必要ではないか）。

むしろ，この方式で最も興味深いのは，参加と抽選を組み合わせた点である。これまで自治体は，市民の主体性を前提とする数多くの参加の仕組みを開発してきたが，思ったほどの成果が上がっていない。要するに，市民参加の仕組みがあることと市民が実際に参加することとでは，大きな乖離がある。それを補うために，参加という主体性と抽選という受動性をミックスする制度設計が新鮮で，実際に参加した市民に聞いてみると，自分宛てに参加の依頼が来て，それに後押しされるように出席するという。

この制度は，市民を政策の当事者にするもので，支配と被支配の交代，つまり市民を支配の立場におく制度である。このように考えると，抽選に当たり参加するというのは，市民にとって権利であり，また責務でもある。行政側からみると，新たな市民の発掘方法にもなる。参加者を見ると，これまで参加した経験はない人が大半だからである。

＊2013年9月に相模原市南区で，若者を対象としたプラーヌンクスツェレが行われた。

一般にプラーヌンクスツェレは，市民各層をそのまま再現するため，一定の世代を抜き出した抽出はやらないが，ここでは16歳から39歳までの若者を住民票で抽出した。テーマが，「若い人の社会参加」であるので，若い世代に議論してもらいたいと考えたからである。参加率は1％程度であるが，大半は，行政主催のイベントに初めて参加する若者であった。

●プラーヌンクスツェレの応用

住民票によって，住民を無作為に抽出する方式には，①普通の市民が集まり，交流する，②市民の平均値を把握する，③市民が考え，決定する，④新たな市民の掘り起こし，⑤市民の教育効果等の機能があることから，様々な計画づくり，事業に応用できる。次のような例がある。

- 基本構想・総合計画（秦野市，武蔵野市）
- 戦略ビジョン（札幌市）
- 事業仕分け（白井市）
- 自治基本条例（東村山市，茨木市）

• 議員報酬を検討する第三者機関（名古屋市）
• 公募市民登録制度（三鷹市，箕面市）
• 討論型世論調査（藤沢市）

(3)市民PI（市民パブリックインボルブメント）

●パブリックインボルブメント

パブリックインボルブメントとは，「行政が計画の策定に際し，広く意見・意思を調査する時間を確保し，かつ，策定の過程を知る機会を設ける方法・しくみ」[9)]である。

行政の計画策定のプロセスに，地域住民にとどまらず，当該事業により影響を受ける様々な関係者（関係団体，企業，政府関係機関，さらには無関心層も含まれる）を巻き込みながら，計画策定の当初から関係情報を提供し，それに対する意見・意思をフィードバックし，あるいは意見交換しながら，行政と関係者との間で合意形成をしながら，計画を効率的に進める手法である。

同じ市民参加の制度であるパブリックコメントとの違いは，市民の意見や意思に対して，意見交換し，合意形成しながら，計画策定を行う点にある。

●市民PI（市民パブリックインボルブメント）

市民PIは，公募等で政策づくりに参加した市民が，ほかの市民に情報提供し意見交換をしながら，市民案をつくっていく方式である。

公募等で参加した市民で条例や計画をつくるケースが多くなったが，最も問題となるのは，参加した市民の正統性である。検討のために集まった市民は，思いのある市民であるが，市民から信託されたわけではなく，市民代表とは言えないからである。その弱点をどのように乗り越えるのか，その試みの1つが，市民代弁性の獲得である。たしかに条例づくりに参加した市民は市民代表ではないが，市民の思いを代弁することで，その弱点を乗り越えようとする試みである。

流山市の自治基本条例づくりでは，公募で集まった市民検討委員が市民のと

9）「国土交通省： 道路審議会用語解説」（http://www.mlit.go.jp/road/consider/kengi/explain.html）。

ころに出向き，市民の思いを聞いて，それを条例に反映しようとした。自治会の集まりがあれば出かけていき，小さな集会があれば出かけていった。その数は延べ124回，3400人から7000件の意見を聞いた。

小田原市の自治基本条例づくりでは，オープンスクエアという方式を編み出して，延べで1200人以上の市民から意見を聞いた。これは検討委員と市民との対話の場を積極的に設定したものである。

(4)熟議の技術

●ワークショップ

ワークショップという言葉は，演劇の分野で使われていたが，それがまちづくりの分野に導入され，意味も変容してきた。まちづくりにおいては，ワークショップとは，参加者が，互いの意見や立場を理解し合いながら，共同作業を通じて（手や体を動かしながら），目標に向かって，知恵やアイディアを出し合い，意見をまとめ，現実的で実現可能な計画を立案していく手法を言う。

決定過程を参加者全員で共有しながら合意形成していくことで，当事者意識・参加意識が生まれ，決まったことに愛着が生まれる。なぜそうなったのか，その意義や背景，限界が理解できる。互いの考えや立場の違いを理解することができるので，市民一人ひとりが，自立や主体性を高めていくことを後押しする手法である。

行政に対して要求し，批判するだけでなく，市民自らが主体的に考えることができる熟議型の参加手法と言える。

これまでの会議（説明会）とワークショップの違いを整理すると，図表V-2-2のような違いがある。

●市民ファシリテーター

参加した市民が楽しく主体的に話し合うための技術が，ファシリテーションである。ファシリテーターは，いわば熟議の引き出し役で，参加しやすい環境や雰囲気をつくり，参加者の興味や意欲を引き出しながら，会議の場を展開していくのが役割である。

このファシリテートを専門家に依頼するのではなく，自治体職員を養成しな

図表Ⅴ-2-2　ワークショップの特徴

	これまでの会議（説明会）	ワークショップ
基本的性格	一方向性	双方向の意見交換
行政と市民の関係	上下関係。別のテーブルで議論する	対等，並列の関係。一緒のテーブルで議論する
議論の仕方	•行政からの説明に対して市民が質問し，行政が答弁する •市民側からの要求に対して，行政が回答する	市民，行政の知識，経験等を共有しながら，知恵を出しながらともに考える
議論の内容	説明・質疑が中心	議論・提案が中心
結　論	答え（結論）が決まっていることが多い	考えながら答え（結論）を出していく
決定要因	•多数決 •事前の根回し •声の大きさ •権威や地位の高さ	•多数の総意 •その場の議論 •良い意見かどうか
会議の雰囲気	•堅苦しい雰囲気 •意見が言いづらい •一部の人のみが発言する	•穏やかで楽しい雰囲気 •発言のしやすさ •全員が発言する

（資料）筆者作成。

がら行う場合（富山県氷見市）と市民自身に担ってもらう場合（静岡県牧之原市）がある。

牧之原市では，一般市民を対象に市民ファシリテーター養成講座を開催し，市民による市民のための話し合いを行う仕組みを実践している。

5. 住民投票の意義と限界

(1)住民投票の種類

●根拠法令による区分

住民投票制度は，根拠法令によって，次の3つに分類することができる。

①　憲法に基づくもの

一の地方公共団体のみに適用される特別法の制定に係る住民投票（憲法95条），憲法改正の承認に係る国民投票（憲法96条）がある。

② 法律に基づくもの

地方自治法の議会の解散請求（76条3項），議員の解職請求（80条3項），長の解職請求に関する投票（81条2項）がある。市町村の合併の特例等に関する法律に基づくものとして，合併協議会設置協議に関する住民投票（4条14項，5条21項）がある。

③ 条例に基づくもの

条例制定改廃の直接請求により制定される住民投票条例による住民投票（74条），自治体独自の住民投票条例による住民投票がある。

●法的効果による区分

住民投票は，その対象や法的効果によって，レファレンダム（住民表決referendum），イニシアティブ（住民発案initiative），プレビサイト（住民意思表示plebiscite）に分けことができる。

① レファレンダム（住民表決）

首長や議会が決定した事項について，住民の投票によって効力を発生させる制度である。住民の承認を得ることが義務づけられている義務的レファレンダムと，住民投票にかけるかどうかを首長や議会の判断に委ねている任意的なレファレンダムがある。

日本国憲法では，憲法改正の国民投票（96条）や一の地方公共団体のみに適用される特別法の制定についての住民投票（95条）は，レファレンダムである。

② イニシアティブ（住民発案）

イニシアティブは，住民の側に条例の発案を認める制度で，それが直ちに住民投票に付されるもの（直接イニシアティブ）と，議会の審議に付されるもの（間接イニシアティブ）とに大別される。日本では，憲法上にはイニシアティブ制度はなく，地方自治法（条例の制定等），市町村合併特例法（合併協議会の設置）について，間接イニシアティブ制度が設けられている。地方自治法上の制度としては，条例の制定改廃請求（有権者の50分の1以上の者の連署），議会解散請求（有権者の3分の1以上の者の連署），議員・長・主要役員の解職請求（有権者の3分の1以上の連署)，また，市町村の合併の特例に関する法律に基づく住民投票(有権者の6分の1以上の署名)がある。

＊直接民主制度を広く導入しているのがスイスである。とりわけカントン(州)レベルでは様々な種類のレファレンダムやイニシアティブが認められている。ブント(連邦)レベルでは，義務的及び任意的レファレンダムと憲法を対象としたイニシアティブが認められている。

義務的レファレンダムの対象となるのが，連邦憲法の改正，集団的安全保障機構，又は超国家共同体への加盟，憲法に基づかない緊急の連邦法律で，効力が1年を超えるものである(第140条)。義務的レファレンダムでは，法案は国民とカントンの二重の承認に付される。任意的レファレンダムの対象となるのが，連邦法律，1年を超えて効力を有する緊急と宣言された連邦法律，任意的レファレンダムに付すことが憲法または法律で定められている連邦決議，重要な国際条約である(141条)。この場合は，法案は国民の承認のみで足りる。

スイス連邦憲法の全部改正，一部改正がイニシアティブの対象である。憲法の一部改正では，有権者10万人以上の署名により連邦憲法の部分改正を提案することができる。憲法の全部改正の場合は，まず「全部改正がなされるべきか」を提案し，次いで，その結果を受けて，議会が起草した草案について，国民とカントンの二重の承認を得るための投票に付されることになる。実際に，1999年4月には，スイス連邦憲法の全面改正案の国民投票が行われている。投票率は35.3％であったが，有効投票の59.2％が賛成し，カントンは賛成13，反対10で採択された。この新憲法は2000年1月より発効している。

③　プレビサイト(住民意思表示)

自治体の意思形成にあたり，住民投票の手段を用いて住民意思の表示を求めるものである。投票によって示された住民の意思には諮問的な効力しか持たず，法的な意味では首長や議会の意思を拘束しない。地方自治体で実施されている住民投票は，このプレビサイトである。法的性質から言えば，大掛かりな「アンケート調査」のようなものであるが，政治上の効果は，拘束的である。

●個別型・常設型による区分

①　個別設置型住民投票

住民意思の確認の必要性が生じた場合に，首長や議員の提案又は直接請求により，案件ごとに議会の議決を経て条例を制定し，住民投票を実施するものである。地方自治法に基づいて行われるものである。個別案件ごとに投票の必要性を議会で審議することから，投票の対象事案に適した柔軟な制度設計が可能である反面，住民による直接請求が成立しても，条例案を議会で否決した場合は，住民投票が実施できないという問題が生じる。

② 常設型住民投票

住民投票の対象事案や投票資格者，住民投票の実施に必要な請求要件や手続等を定めた条例を，あらかじめ議会の議決を得て制定しておくことで，発議要件を満たせば，個別の事案ごとに条例を制定することなく住民投票ができる。

⑵住民投票の論点——民主主義との関係を中心に

●多岐にわたる論点

住民投票の制度に限っても，たくさんの論点がある。住民投票の対象となる案件，有権者の範囲（年齢，居住地，国籍など），請求に必要な連署数と手続，投票の成立要件（投票率によっては開票しないなど）など枚挙にいとまがない。

＊川崎市住民投票制度検討委員会では，15の論点にまとめている。

1　制度の目的（間接民主制との関係）
2　制度の位置づけ（個別設置型か常設型か）
3　対象事項（住民投票に馴染まないとされる事項の取り扱い）
4　投票資格者（年齢，在住外国人）
5　住民投票の執行等（だれが執行するか）
6　住民投票の発議（住民の発議に必要な署名数，長の発議権）
7　投票資格者名簿（投票資格者名簿を調製や確認）
8　実施区域（特定区域か自治体の全域が対象か）
9　投票の形式（二者択一かそれ以外の方式を認めるか）
10　投票及び開票に関する事務等（投票や開票事務は公職選挙法の準用規定）
11　情報の提供（公平性に配慮しつつ，積極的な情報提供）
12　投票運動（基本は自由だが，制限される行為や範囲）
13　成立要件（成立要件を設けるか，不成立の場合の結果公表は）
14　尊重義務（拘束型，諮問型）
15　再発議の制限期間（再発議の制限期間を設けることの要否）

●民主主義との関係

住民投票の制度化については，詳細な議論が行われているが，反面，民主主義の本質にかかる基本事項については，所与のものとして，十分に議論されていない。

参加が民主制の本質だとすると，住民投票はまさに民主的な制度である。住民ならば，だれでも参加できるからである。しかし，民主主義の基本は価値の相対性で，様々な価値，意見のなかから，より良いものを作り上げていくことだと考えると，住民に二者択一に判断を迫る住民投票は，民主主義とは一定の距離がある制度になる。

自分の関心事だけでなく，まちのことや他者のことまで思いが及び，それらの人々が持つ不安を乗り越える対案を出し合うのが，私たちの民主制であるが，住民投票は，それぞれの利点を合わせて，よりよいものを創り上げる仕組みとしては十分とは言えない。

●住民投票の権力性・無責任性

住民投票では，結果として少数者を数の力でねじ伏せることになる。その結果，コストがかかるからと言って，福祉施設はできないことになる。図書館も必要ないということになる。福祉施設利用者も図書館利用者も少数だからである。市庁舎も立て直しができないことになる。市役所職員も少数だからである。

住民投票の無責任性も気になるところである。この制度は決定したことに責任を取る人がいないシステムとなる。少数者の立場からは，判断の間違いを訴えようと考えても，多数者の市民は訴えの当事者にはならない。住民訴訟で行政を訴えても，「住民の意思に従った」ことが，正当性の根拠とされてしまう。多数者によって権利を侵害された考える人たちは，訴えの持って行き所がないことになる。

●市民にとって荷が重過ぎないか

直接民主主義の制度は，市民自身が考えて判断することが前提である。ただ，地方自治は，市民の暮らしぶりを考えることであるから，個々の市民が判断できないほど難しいものはない。地方自治は優秀な選良しか行えないというものではなく，十分な時間的余裕があれば，だれでも適正な判断を下すことができる[10)]。ただ，問題はその時間的余裕である。多くの市民は，仕事の都合，家庭の

10）　原田尚彦『地方自治の法と仕組み〔全訂3版〕』（学陽書房，2001年，265頁）では，「複雑多面化した現代社会においては，国民（フツーの市民）は政策の総合的批判者ではありえても，一貫

事情等で忙しく，じっくりと考える時間的余裕がない。そのため，どっちを取るかを求められた市民は，多くの場合，ついつい目立つ論点だけ，しかも感覚的な判断で，答え（○×）を出してしまうことになろう。その結果，たとえ検討が不十分なままであっても，市民が決定し，市民が決めたのだからといって，市民に責任を負わせてしまう欠点があることに注意すべきである。

⑶励ます住民投票

以上のように，住民投票には，民主主義との関連で問題点も多い。したがって，その制度設計や運用にあたっては，前提条件をきちんと整備すべきだろう。それを怠ると，とりわけ地方政治に主体的参加する体験が乏しく，住民投票の経験もほとんどない日本では，住民投票が行政の行動にお墨付きを与え，その結果，少数者を数の力で押さえつける機能を果たすおそれがある。

そこで，最も大事なことは，投票に至る前段で，市民の主体性・自立性・責任・信頼関係を維持しながら，市民が自ら考え，判断できるようにするために，市民が熟議する機会を提供できるかどうかが，この制度運用のポイントになる。スイスでもこの点は，きわめて重要視されていて，投票法案の解説書を連邦内閣が作成し，配布することになっている。解説は簡潔で客観的であり，重要な少数意見にも考慮することが決められている。

新城市の自治基本条例では，住民投票の前には，市民が集まって議論する機会（市民まちづくり集会）をつくることとされている。

市民が，市民的徳性を発揮するためには，市民に参加と学習の機会が必要であるが，そのためには一定の時間と相当のコストをかける覚悟も求められている。

＊新城市の市民まちづくり集会（自治基本条例15条）
「住民投票を実施するに当たっては，その政策課題について，市民・議会・行政による情報の共有及び意見交換を通じての問題意識の共有が必要であることから，住民投票の実施が決定した後，すみやかに市民まちづくり集会を開催しなければならないものとします」（新城市自治基本条例解説）。

性・展望性をもって個別の政策を企画・立案・決定する余裕や能力をもっていない」としている。

第3章 行政評価

1. 意義と内容

⑴意義

行政評価は，政策（施策，事務事業も含む）について，あらかじめ設定した基準や指標に照らして，その達成度や成果，執行状況の妥当性を判定し，その結果を政策等に反映させることで，より効果的かつ効率的な行政運営，市民満足度の高い行政サービスの提供を目指すものである。

これまでの行政活動では，どれだけのコスト（予算や職員）を投入したか（インプット），あるいは，どれだけの成果が出たか（アウトプット）が評価の基準となっていた。これに対して，行政評価は，どれだけの効果があったか（アウトカム）を考えるもので，効率性や費用対効果の発想を自治経営に取り入れるものである。

観光客の誘致で考えると，インプットは，観光誘致キャンペーンでかかる経費（旅費，人件費，グッズやパンフレットの制作費など），アウトプットは，キャンペーンの回数，キャンペーンを取り上げた報道・ニュースの数，キャンペーン会場にきた人など，アウトカムは，キャンペーンを動機，誘因として，増加した観光客数である。

⑵背景

行政評価は，行政にとっては大きな発想の転換となるが，これが自治体で導入され始めた背景は，大別して次のような背景がある。

①厳しい財政状況……右肩上がりの経済成長は終焉し，自治体財政は，歳入の低迷に悩まされるようになった。反面，歳出（福祉．公債費等）は増加しているなかで，経営の視点からの自治体財政の見直す必要がある。

②分権・協働の推進……本格的な分権時代の到来で，自治体は地域の資源を活かし，自らの責任と判断で行政運営に取り組んでいかなければならなくなった。また自治体が，政策を実現していくには，市民とのパートナーシップが不可欠であるが，その前提として，市民に対して，事業の必要性や効果を明らかにする責任がある。

要するに，これまでの実績や既得権，既存の行政手法に頼った行政運営から訣別し，新たな自治を実現する手法として，行政評価システムが導入された[1)]。

(3)行政評価の種類

行政活動を政策－施策－事務事業の3階層で把握すると，行政評価制度も政策評価，施策評価，事務事業評価の3つが存在することとなる。

政策評価は，特定の行政課題に対応するための基本的な方針の実現を目的とする行政活動の大きなまとまりに対する評価，施策評価は，政策を実現するための具体的な方策や対策ととらえられるものに対する評価，事務事業評価は，具体的な方策や対策を具現化するための個々の行政手段としての事務及び事業であり，行政活動の基礎的な単位となるものに関する評価である[2)]。これらの政策，施策，事務事業は，一般に相互に目的と手段の関係を保ちながら，全体として1つの体系を形成しているものととらえることができる。

1）1995年頃に，各自治体でカラ出張や官々接待といった行為が発覚した。こうした行政組織の不正・腐敗を正すためというのも背景にある。カラ出張で得た「裏金」は庁内の各課で管理し，残業代の不足分や備品購入，中央官僚の接待費（官々接待）などに充てていた。

2）政策評価に関する標準的ガイドライン（平成13年1月15日政策評価各府省連絡会議了承）。

2. 行政評価の理論—— NPMからPPP

(1) NPM

● NPMの系譜

バブル経済の崩壊後に採用された行財政改革は，事業の見直し・削減，組織や定数の見直し・スリム化，外郭団体等の統廃合を内容とした縮減型のもので，ここで採用されたのが，減分主義に基づくゼロベース予算，一律カット方式である。これによって，たしかに行政コストは削減できたが，行政効果も削減してしまい，「最小の費用で最小の効果」になってしまった。

そこで，出てきたのが，NPM（New Public Management）で，民間企業のマネジメント手法を公的部門に導入し，公的部門の効率化・活性化を図るという公共経営の考え方である。このNPMが行政評価の理論的裏づけとなった。

NPMのモデルであるイギリスでは，1970年代前後，政府の肥大化，市場メカニズムの歪み等が，政府の活力を阻害していると見られていた（政府の失敗）。そこで，小さな政府を目標に，政府部門の縮小，競争原理の導入，規制緩和・自由化等が行われた。それが日本にも波及し，日本では，2001年6月に，当時の小泉内閣が閣議決定した経済財政諮問会議答申（骨太の方針）に登場して注目された。

経済財政諮問会議では，「納税者の視点に立ち，公的部門の無駄を排除する。この観点から，新しい行政手法に公的部門全体で取り組む」とされた。これは，「民にできるものは民で」という発想で，民間委託（アウトソーシング）やPFI[3]等の活用することで，行政組織をスリム化し，行政改革を進め，低成長，少子高齢化社会にふさわしい行政運営と財政基盤の強化を図ることにした。

＊骨太との方針には，「国民は，納税者として公共サービスの費用を負担しており，公共サービスを提供する行政にとっていわば顧客である。国民は，納税の対価として最も価値のある公共サービスを受ける権利を有し，行政は顧客である国民の満足度の最大化を追求する必要がある。そのための新たな行政手法として，ニュー・パ

3) PFIはPrivate Finance Initiativeの略で，公共施設等の設計，建設，管理，運営を民間事業者に任せるという手法である。民間資金やノウハウを活用して，質の高いサービスを提供しようとするものである。

ブリック・マネジメントが世界的な流れになっている」と書かれている。

● NPMの内容

① 市場メカニズムの採用……公的部門に競争を持ち込んで，少ない費用で大きい成果を生み出せるようにする。民間の経営手法を導入することで効率的な行政運営を行う（指定管理者制度，PFI事業，民営化，民間委託）。

② 顧客主義の重視……公共サービスの顧客である市民の満足度を重視するという考え方である。これは単なる接客マナーを改善するというレベルの問題ではなく，公共サービスの質的改善を目指すものである（パブリックコメント制度，行政評価システム）。

③ ヒエラルキー構造の簡素化……管理重視のヒエラルキー組織から，マネジメントの容易な小単位・フラットな組織にすることである。迅速な判断ができるようにするものである（チーム制・グループ制，組織内分権）。

④ 業績・成果による統制……インプット（資源投入量）の管理から，アウトプット（政策施行による直接的な結果）やアウトカム（政策施行によって生ずる間接的な成果）の管理への転換である（目標数値の設定，費用対効果評価）。

● NPMの課題

「住民は顧客であり，行政はその満足度の最大化を追求すべきである」という主張は，強いメッセージ性があるが，一定の限界も持っている。

まず，市民は，顧客というだけではなく，公共サービスの提供者としての役割を持っている（新しい公共論）。行政は，サービス提供者としての役割とともに，市民が提供するサービスの質の維持や継続性，公共性を確保する機能を果たすべきである。

そもそも民間手法を導入したのは，コスト削減だけでなく，公共サービスの質的向上を目指したものであるが，NPMは，行政サイドから見た供給改革になりがちで，コスト削減だけが目立ってしまい，公共サービスの質の低下やコミュニティの解体を招いたという批判がある。

そのためNPMの進化系として注目されたのが，PPPである。

(2)PPP

●PPPの意義

PPPは，Public Private Partnershipの略称で，官民のパートナーシップによる公共サービスの提供手法を意味する。

PPPは，NPMの成果と反省から生まれたもので，PPPを貫く理念としては，最も効率よく質の高い公共サービスを提供すること，つまりベスト・バリュー・フォー・マネー（Best VFM）の達成がある。Best VFMを達成するための基本原則としては，競争環境の構築と透明性の確保，顧客主義の確立，最適な手法を選択できうる環境の整備，新たな官民の役割の構築，新しい公益の多元的な提供の考え方の構築がある。

PPPの導入で，公共サービスのあり方は次のように変化していく。

- 市民は顧客というだけではなく，公共サービスの提供者の役割（サービス提供者の多様性）である。
- 民営化はコスト削減だけでなく，公共サービスの質的向上こそが重要である。
- 行政の新たな役割として，サービス提供者としての役割は減るが，質の維持や継続性，公共性を確保する機能（モニタリング機能）が重要視される。

●注意すべきこと

PPPでは，公共サービスの属性に応じて，民間委託やPFI等の様々な手法を活用するとともに，公共サービスの担い手として，民間企業やNPO等を活用する。

パートナーシップ（協働）は，もともと市民の主体性を基本とする民主主義の原理として，競争原理，市場万能主義に対抗するパラダイムとして生まれたものであるにもかかわらず，これを競争・市場化を補完するものとして利用して，公共の担い手であるNPO等が，単なる安上がりの道具として使われるようになってしまっては本末転倒である。協働の原点を忘れないように運用することが必要である。

3. 効果と課題

⑴効果

行政評価を行うことで，

- 政策の目標や現況が客観的な指標で示されることで，進捗状況を把握ができる。
- 行政に市場競争原理が持ち込まれ，効果（アウトカム）を考えながら政策を計画・実施することができる。
- 行政評価を契機に，業務の再編ができ，活性化に資する。
- 市民参加，市民と行政の協働が進む。

など，効果的・効率的な行政運営を推進し，市民満足度を高めることができる。

行政評価の方法は，まちづくりの状況の変化に照らし，常に最もふさわしい方法で行い，評価の結果を分かりやすく市民に公表するのが基本である。また評価は行うだけでなく，その成果を政策等に反映させなければならない。

行政評価を導入したからといって，直ちにこれまでの発想や行動が大きく変わるものではないが，行政変革のきっかけになるよう，実施していく必要がある。

⑵課題

行政評価は緒についたばかりであり，課題も多く，都市経営手法としては未成熟の段階である。

①都市経営と企業経営とは基本的な理念（公共の福祉と経済的利益）で異なる面も多く，その経営手法も同じではない。企業経営の考え方を行政に単純に導入してもうまくいかない場合もある。

②行政評価が導入される背景の1つが，厳しい財政状況を反映したものであることから，行政評価は，結果として予算削減を目的としたものとなりがちである。

③行政評価の意義や必要性が職員や市民に十分理解されているとは言えない。事務的な負担が大きい一方で，職員の意識改革や予算への反映など期待した効

果が十分でないととらえられており，コストに見合った成果が得られていないと感じている自治体が少なくない。

4. 励ます行政評価

⑴市民参加型行政評価

行政評価に市民参加の要素を導入するものである。

●外部監査制度

行政体制の整備と適正な予算執行の確保を図るため，地方自治体における監査機能の独立性・専門性の強化を図る観点から，監査委員の機能と併せ外部の専門家（弁護士，公認会計士等）による監査の実施を可能とした制度である。平成9年の地方自治法の改正によって導入された。都道府県・政令市については，導入が義務づけられている。

●市民参加

外部行政評価委員会を設置し，そこに市民が参加する形式である。行政評価に市民の視点を導入し，評価の客観性・公平性を高めるものである。市民の選出については，公募方式による場合も多いが，無作為抽出によってメンバーを選出する方法もある。

＊名張市自治基本条例では，評価等への参画として，「市は，市民の市政に対する監視機能を確保するため，行政評価の結果を市民に分かりやすく公表し，意見を求めるとともに，財務及び事務事業の執行について市民が考査できる機会を設けなければならない」（第29条）としている。

⑵励ます行政評価の展望

●励ます行政評価

これまでの行政評価は，行政事務をチェック・管理することで，業務の効率化を進め，公共サービスの向上を図ろうとするものである。それに対して，励ます行政評価は，行政自らが，どれだけ効率的・効果的な活動したのかだけではなく，市民に対して，どのくらい後見的，支援的な活動ができたか，あるいは，行政の仕事を後見的・支援的なものに転換できたかも評価の対象とするものである。ここで指標になるのは，行政の活動によって，どれだけの市民が主体的・自立的な取り組みを開始したか，あるいは存分にその力を発揮したかである。

＊千葉県我孫子市の提案型公共サービス民営化制度

提案型公共サービス民営化制度とは，民と官が対等な立場で，官の発想による委託化から民の提案に基づく委託・民営化への転換を目的に，例外なく市のすべての事業を公表し，民間から委託・民営化の提案を募集する事業である。民間からの提案は，市民と専門家を含めて審査し，行政で実施するよりも市民にとってプラスになると判断すれば，提案された事業の委託・民営化を提案した民間に随意契約で依頼するというものである。

●職員を励ます行政評価

行政評価では，職員の行動を規律するという観点が強調されるが，職員を励ますことも重要である。励ましによって，仕事が効率化し，公共サービスが向上すれば，それでよいからである。また，自治体の業務は，すべて数値化できるものではないから，協働の重要な手法である，温かいまなざしや寄り添う姿勢といった定性的な要素も評価基準にすべきであろう。

これまであった職員表彰制度も行政評価制度のなかに組み込み，積極的に活用していくべきである。

第VI部

励ます地方自治と政策

――市民が存分に力を発揮するための自治体政策

第1章 励ます地方自治の政策

1. 政策の基礎

(1)政策の定義

●代表的な定義

政策という言葉は，広く一般的に使われているが，その意味は必ずしも定まっているものではない。[1)]

国語的な意味では，政策とは，「政府・政党などの方策ないし施政の方針[2)]」とされ，方策・方針がキーワードになっている。

行政学者の定義では，「政府がその環境諸条件またはその対象集団の行動に何らかの変更を加えようとする意図の下に，これに向けて働きかける活動の案[3)]」，「一般個人ないし集団が特定の価値を獲得・維持し，増大させるために意図する行動の案・方針・計画[4)]」が代表的なものである。

政策科学の立場からは，政策を「何らかの問題についての目標志向的行動のパターンないし指針」とし，公共政策は，「社会全体あるいはその特定部分の利害を反映した何らかの公共的問題について，社会が集団的に，あるいは社会

1) 政策という用語は，目標，計画あるいは提案，プログラム，決定，効果というような語句と同義語して使用される場合が多いので，混乱の原因になっているという（白鳥令編『政策決定の理論』東海大学出版部，1990年，133頁）。
2) 『広辞苑』第6版。
3) 西尾勝『行政学』（有斐閣，2003年）245-246頁。
4) 大森彌・日本政治学会編『政治学の基礎概念』（岩波書店，1981年）130頁。

の合法的な代表者がとる行動方針[5]」とするものがある。

表現は様々であるが，要するに，政策とは，目標を実現し，現状を変えるための活動案ということになる。

●政策をめぐる諸論点

政策をめぐっては，数多くの論点がある。公共政策の主体はだれなのか。公共の担い手は，政府だけなのか。政府だけでは，公共性を担えなくなっている現状を踏まえて，公共の意義が問われている。これは既に述べた新しい公共論である。

政策論では，政策決定が主な研究対象である。この点では，数多くの理論モデルが示されているが，大別して，合理性モデル，満足化モデル，増分主義モデルのように政策の内容に比重を置いた理論モデルとプロセス論モデルやシステム論モデルのように政策の形成過程に比重を置いたものがある。また，今日では，政策の正当性は，決定内容だけでなく，手続の正当性（デュープロセス）まで要求される。市民への情報提供や市民参加も含めて，プロセス論を再構築する必要がある。

政策は実現してこそ意味があると考えると，政策形成技術は重要である。自治体職員ならば，こうした技術をジョブトレーニングで自然に体得するが，これまではこうした知識は内部事情ということもあって，記述されることがほとんどなかった。その結果，せっかく体得した技術も他人には承継されず，人の異動とともに消えてしまうことになる。こうした政策形成技術を客観化・体系化して，共有化すれば，より優れた政策をつくることができる。

●公共政策の行動主体

政策の一義的な担い手は政府である。言い換えると，政府は政策づくりを本務とする組織である。この政府には，中央政府（国）のほか地方政府（自治体）も含まれるが，地域の政策では，自治体が中心となる。

ただ，自治体の場合は，地方政府といっても，中央政府よりは権限・資源とも脆弱である。例えば，自治体の条例制定権も，法律の範囲内という制限を受けるし，税制決定権も国との協議を要するなど，限定的である。

5） 宮川公男『政策科学入門〔第2版〕』（東洋経済新報社，2002年）92頁。

このように自治体の権限・資源は限定的であるという点が，自治体の政策づくりを考える際には重要なポイントである。限られた権限や資源をフルに活用して，実効性のある政策のつくり方を考えるのが肝要である。

自治会・町内会などの地域コミュニティ，NPOなどのテーマコミュニティなどの市民セクターも，重要な公共政策の主体である。ただ，市民セクターは，もともと権力的な権限はなく，また資源も乏しいため，政策をつくるということは容易ではない。これらを励ます仕組みが重要である。

＊宮本憲一教授は，政官財主体の公共政策が公共性を歪めてきた。「住民が主体となって計画をつくり，運動をすすめ，行政は後見人としてこれにサービスをする」形態へ移行していくべきであるとする（『公共政策のすすめ――現代の公共性とは何か』（有斐閣，1998年）19頁）。

松下圭一教授は，「政策は，政府政策を含めて，究極には，個人思考の産物である」としている（『政策型思考と政治』東京大学出版会，1991年，12頁）。

●政策には実効性の裏づけがある

政策を体系的に見ると，政策－施策－事務事業という三層構造でとらえることができる。

この三層構造の最も上位に位置する「政策（狭義）」は，基本構想や基本目標を達成するための方針，方策である。次に，中間に位置する「施策」は，こうした政策を具体化，実現していくための方法・手段である。最後に，「事務事業」は，施策を達成するための具体的な方法・手段である。逆に言うと，事務事業の集合体が施策であり，施策の集合体が政策で，この全体をまとめたものが，広義の政策となる。

政策をこのような体系で説明する意義は，政策は最終的には，具体的な施策や事務事業に下支えされているという点が重要で，逆に言えば，実体的な裏づけのない政策は，政策とは言えないということになる。こうした裏づけを積み上げる作業が政策づくりである。

なお，政策の主体は政府だけに限られない。今日では，NPOなども公共政策の主体だからである。

このように考えると，政策とは，政府やNPOなどの公共的なセクターが行う，社会的な課題を解決するための活動で，施策や事務事業といった裏づけ（実効性）を持ったものと言える。

⑵政策の形式

●政策形式としての条例・規則

条例，規則という法規範は，最も有力な政策形式である。

条例は，自治体の事務に関する立法形式で，議会の議決により制定される。分権改革によって，機関委任事務が廃止されたことで，地域課題を解決する手段として，条例の役割が重要になった。

規則は，自治体の長がその権限に属する事務について制定する。長の決裁のみで制定されることから，迅速性・機動性に富んでいる。規則には5万円以下の過料を科すこともできる（15条）。

要綱は，上級機関が，その所管する機関又は職員に対して，その所掌する職務の運営や処理に関して発する命令である。行政機関内部を拘束する指針で，住民等外部に対する法的強制力を伴わず，裁判規範性もない。反面，臨機応変に対応できるという強みがある。

●政策の形式としての予算

予算とは，会計年度の収入（歳入）と支出（歳出）の計画である。

予算は議会で議決されるが，議会の歳出予算の承認は，執行機関に対する歳出権限の付与を，また歳入予算の承認は，執行機関による租税の賦課徴収，財政資金の借入についての承認を意味する。予算は，自治体の収支の見込みであるが，財政支出を拘束するから，条例と同様に強い効力を持つ。予算もまた議会において議決されるべき立法形式の一種である。

政策の代表的なものが条例であるが，実際に職員が条例づくりを担当する機会はあまり多くない。これに対して，予算は毎年つくられるから，職員にとってはなじみが深く，政策は予算要求過程を通してつくられていくというのが実感であろう。たとえ，どんなに良いアイディアでも，予算が付かなければ事業として日の目を見ないから，予算は，政策形式のなかでは，実質的には大きな影響力を持っている。

●政策形式としての計画

自治体の計画も，計画の性格，策定期間，内容等の点から，様々な分類ができる。しかし，重要なことは，計画は，単なる願望的を表現したものではなく，実行力を伴うかどうかがポイントとなる。

例えば，道路整備計画や学校建設計画のように個々の事業ごとに策定される事業計画は，国の補助金や起債等の財源に裏づけられた実効性の高いものである。

しかし，自治体の計画のなかには，予算や事業を規制する力が弱く，単なるガイドラインにとどまってしまうものがある。そこで，計画と予算のリンクし，また年次計画を定めて，目標水準を想定するなどによって，実効性が確保されるための仕組みづくりが重要である。

(3)政策づくりの理想と現実

●よい政策の条件

政策は，実現されることが前提である。つまり政策によって社会的問題が解決され，人が幸せになることが重要である。これに対して，実際に問題が解決されないような政策は，それは政策とは言えない。

では，どんな政策ならば実現されるのか。

まず，内容がよいことである。内容がよいとは，政策内容が理想的でかつ具体的であること，そして，政策内容の実現が手段・手法等で裏打ちされていることである。逆に言えば，政策内容が理念的にすぎ，あるいは現状維持的にすぎるもの，また，政策の実現手段や手法がなくて現実性がないものは，よい政策とは言えない。

次に，手続きがよいことである。これは政策形成のデュープロセスであるが，政策内容が一定の手順を踏んで慎重につくられていること，とりわけ，そのプロセスが，市民に公開され，市民参加が確保されていることである。これは政策が社会的な問題を解決するためのものであるから，社会（市民）が納得して初めて，その政策は尊重されるからである。逆に言えば，政策が作られる手順が乱暴であったり，市民参加や公開がなされずにつくられた政策は，よい政策とは言えない。

●制度的な制約

政策は一定の条件の下でつくられる。したがって，もともと最適選択は困難で，満足性の程度で我慢しなければならない。

自治体の場合は，自治体の権限・機能といった制度的制約が，政策形成，決定に影響を与える。政策は制度からのアウトプットとも言える。自治体の政策課題は，自治体のエリアを越えて発生するが，属地性という限定も受ける。

暗黙のルールも一種の制度的制約と言える。例えば，市民に影響を与える政策決定には，市民参加を経ることが事実上のルールとなっている。

●資源的な制約

政策づくりに使う，人，モノ，カネ，情報といった資源は無尽蔵ではない。限られた資源を使って優先順位をつけて政策がつくられる。

政策ニーズがあっても簡単に人的配置が許される時代ではないから，限られた人材を積極的・柔軟に登用することが必要である[6)]。行政だけでやろうとするのではなく，地域や産・官・学・住民間のネットワークを活用し，各種スキルやノウハウを持った有為な市民を掘り起こし，その力を存分に発揮することが必要である。

●時間的な制約

政策づくりは，時間的制約がある。4年（選挙），3年（職員の人事異動），1年（予算），3カ月（議会開催）というタイミングもある[7)]。

選挙サイクルでは，例えば，公共料金の値上げのような市民に直接負担を課す政策は，首長選挙や議員選挙の年やその前年は外され，選挙の中間年に集中する。これは政策担当者にとっては自明の制約条件である。

予算サイクルは，会計年度予算主義原則の下，予算の作成は，新年度のはじまる前，つまり前年度の3月末までに，議会の議決を得なければならない。予算は年間スケジュールが決まっているから，このタイミングを逸するとすると

6） 地域自治区の要となる地域協議会を支援する自治振興事務所の所長を市民任用する例（新城市）などがある。市民感覚と従来の発想にとらわれない事務所運営を行うためである。

7） 松下啓一『市民活動のための自治体入門――大阪ボランティア協会』（大阪ボランティア協会，2007年）。

政策（予算の裏づけ）ができないことになる。

人事異動サイクルは，人事異動は新たな政策を行うチャンスとなる。本来ならば，組織で仕事をするはずであるが，仕事は人が行うというのも1つの現実である。

これらの制約条件を踏まえ，乗り越えながら，政策はつくられていく。

2. 新しい政策の見方・つくり方

ここでは，新しい政策を立案する際のヒントという観点から政策を考えてみよう。

(1)信託論から

地方自治の政策は，信託論に基づき，市民は政府からサービスを受けるとともに，政府をコントロールする存在であるという観点から組み立てられてきた。この分野では，相手が行政内部ということもあって，いくつもの「先進的な」政策が提案・実現されてきた[8]。

●サービス提供者としての自治体

行政や議会の提供するサービスに不足はないかが，政策づくりを考える発想の視点となる。民間サービス手法，SNSなど新たな技術を活用したサービス導入等がヒントになる。

今後，可能性が広がるサービスとしては，市民生活と自治体の区域との齟齬にまつわるものである。交通基盤の整備，インターネットなどの情報通信手段の発達などで，住民の日常生活圏・交流圏は拡大しているが，他方，地方自治法は属地主義の原則で運営される。属地主義にとらわれない，区域外を対象とした行政サービスが，未開発の政策領域である。ふるさと納税の広がりも，その1つの表れである。

同時に，既存のサービスは行きすぎではないかという視点も重要になってき

8) サービスを無料化し，行政の内部管理を厳しくすればするほど，「先進的」という評価を受けることになる。

た。補完性の原則に基づくサービスの見直し，行政サービスと人口や年齢層とのミスマッチの是正など，人口減少・協働時代にふさわしいサービスのあり方を再構築することも重要である。

●主権者によるコントロールの対象としての自治体

これまで主権者である市民が，行政をコントロールするための政策が，数多く開発，制度化されてきた。情報公開制度，個人情報保護制度などがその代表例である。こうした政策が民主的統制という観点から十分と言えるものか，さらなるコントロールの仕組みが必要ではないかという視点で考えていくことになる。政策形成のデュープロセスや市民参加に関する政策では，まだまだ開発の余地があるだろう。

他方，行きすぎや委縮効果はないかという観点から，政策の見直しも必要である。首長のリーダーシップの下，監視の地方自治の視点からつくられる政策は，対象が役所内部ということもあって，ともするとその内容は厳しくなり，監視がすぎて，結果的に市民の利益を害する場合も出てくるからである。

例えば情報公開制度である。もともとは主権者による行政コントロールの制度であるから，請求には制約を設けず，手数料も無料のほうが好ましいとされてきた。ところが，それを濫用・悪用するケースも発生し，弊害も目立ってきた。行政の活動を停滞させることが目的のような請求，特定の担当者を困らせるための請求，常軌を逸する超大量の請求などがあると報告されている[9)]。納税者の立場から見れば，税金の無駄遣いのような情報公開請求は，容認できないことから，最近では権利の濫用になるような請求は，拒否できるという規定を置く自治体も増えてきた（富山市など）。

個人情報保護制度についても，過剰反応の結果，学校の緊急連絡網，災害時の要援護者リスト，自治会名簿をつくれなくなり，緊急時の対応ができなかったという事例も報告されている。行政内部でも，福祉・防災の担当部局間での情報共有が進まないといった問題も発生している。これは，ともかく個人情報

9） 札幌市の教育委員会に対する大量請求では，文書保存箱に換算して約500箱，文書を積み上げたると約150メートル，請求処理に必要な作業量は，延べ600人を超え，費用は諸経費を含めて総体で約1450万円という事例も紹介されている。

保護を徹底しておけば責任を問われることはないだろうという守りの姿勢が招いた過剰反応と言える。もともと個人情報保護制度は個人情報を有益に利用して，市民生活の充実を図るという側面も持っているが，こうした視点がなおざりにされている。[10)]

⑵新しい公共論から

新しい公共論からは，まだまだ未開発の政策領域，政策課題が残されている。

●行政領域の見直し

市民も公共主体であると位置づけると，自治体政府が，これまで無理に担っていた公共領域の見直しが可能になる。

この新たな政策発想のヒントとしては，官でやりすぎていないかを考えることである。「官が得意なところは官で，民が得意なところは民で」という補完性の観点から考えていくと新たな政策課題が見えてくるだろう。

例えば，地域内分権に限っても，地域自治区や行政区，地域組織への権限移譲などが，政策課題になってくる。

●従来の公共政策から抜け落ちるものが射程に入ってくる

これまでの信託論に基づく公共政策では，まちづくりに参加の意欲と意思のある者が対象であった。そこから，抜け落ちていた市民を公共政策の主体，対象とするものである。

発想のヒントとしては，これまで対象となっていなかった市民はだれかである。昼間は他都市に働きに行く成人，若者，在住外国人，企業等のまちづくり参加が課題となってくる。

●私的領域への積極的関わり

新しい公共論では，従来，私的自治だとして，見ないことにしていた領域も，無視するわけにはいかなくなった。発想のヒントとしては，市民からの相談，苦情等があるもののうち，公共性が高いと感じられるものはないかである。空き家，ごみ屋敷などが，その例である。

10）こうしたことから，最近，個人情報保護に配慮し，安心して名簿を作成し利用できるような制度（箕面市ふれあい安心名簿条例）が制定されている。

●既存政策の軸足を移す

情報公開制度には，狭義の情報公開と情報提供があるが，信託論では，狭義の情報公開が情報公開制度の基本となる。主権者である市民は，行政をコントロールするために，市政に関して知る権利を持っており，情報公開制度は，市民の情報公開請求権を基本に組み立てられる。それゆえ，情報は加工せず，ありのまま出すことが基本となる。情報の加工は，市民に疑義を抱かせることになるからである。

しかし，新しい公共論に立って，市民が存分に活動するために情報を自由に使えるようにするにはと考えると，情報提供のほうがむしろ重要になる。市民が理解し，使いやすいように情報を加工することも必要になってくる。

また，情報公開請求は，行政が保有する情報を市民へ提供するという一方向性の情報提供であるが，今日のように，市民が保有する情報や知識が増え，市民がSNSなどの情報ツールを自由に使えるようになると，市民が保有する情報も，社会的にも有用な場合が多くなってきた。励ます地方自治では，市民同士が情報を共有し，市民が持っている情報を行政が使うといった双方向の情報共有の仕組みづくりも政策の射程に入ってくる。

●公共主体としての市民をきちんと位置づけ，公共主体として育成する

公共主体としての市民が，その力を存分に発揮しているか，市民の活動を後押しするための施策が十分かを考えることになる。

自治会・町内会，NPO等の民間公共主体を法や制度において，きちんと位置づけることがまず必要である。次いで，これら民間公共主体が，主体性や自立性を持ち，行政やほかの公共主体と対等で信頼関係を維持しながら，存分に力を発揮できる制度や仕組みを考えるものである。また民間公共主体の活動に多くの市民が参加する仕組み，市民が持つ情報を市民間で共有する仕組みなど，未開の政策分野が数多くある。また企業の社会参加，社会的責任も今後の課題である。

●主権者だけが自治をやるという発想を超える

地方自治は，主権者だけによって行われているわけではない。地方自治法の住民は，外国人や法人も含まれる。住民ではないが，地域で活動している団体

等もある。さらには，そのまちのファンという人（交流市民）もいる。こうした「市民」もまちづくりの有用な資源である。ふるさと納税制度，クラウドファンディング，市外の大学生等からの政策提案事業など，住民以外の市民を取り込む政策を開発していく必要がある。

＊ふるさと納税については，総務省は次のような意義を示している。

第1に，納税者が寄附先を選択する制度であり，選択するからこそ，その使われ方を考えるきっかけとなる制度であること。それは，税に対する意識が高まり，納税の大切さを自分ごととしてとらえる貴重な機会になる。

第2に，生まれ故郷はもちろん，お世話になった地域に，これから応援したい地域へも力になれる制度であること。それは，人を育て，自然を守る，地方の環境を育む支援になる。

第3に，自治体が国民に取り組みをアピールすることでふるさと納税を呼びかけ，自治体間の競争が進むこと。それは，選んでもらうにふさわしい，地域のあり方をあらためて考えるきっかけへとつながる。

それだけにとどまらず，ふるさと納税には，住民（人的要素），領域（空間的要素）を基本要素とする地方自治の本質をあらためて問い直すことになる視点が含まれていることに注目すべきである。

3. 政策プロセス

(1)政策サイクル

● PDSサイクル・PDCAサイクル

自治体の政策形成プロセスは，自治体を取り巻く法制度と長い経験から事実上のルールができ上がっている。

政策プロセスは，政策の立案・決定（Plan），実施（Do），評価（See）で構成される。評価されて不十分ならば，再度，計画されるという循環になっている。このうち基本となるのは，政策の立案・決定（Plan）である。政策実施は，決定された政策を実行するものであるが，大事なのは，実行されるように立案・決定することである。評価も，することが重要ではなく，その結果を再び政策の立案・決定に反映することに意味がある。

他方，PDCAサイクルは，計画（Plan），実行（Do），評価（Check），改善

(Act) をプロセスととらえるものである。PDCAサイクルは，1950年代に品質管理の専門家であるウォルター・シュワート (Walter A. Shewhart) やエドワーズ・デミング (W. Edwards Deming) らによって提唱された。サイクルのなかに，改善という自らの行動＝Actionを取り入れている点が特徴である。品質管理のような事務改善では，PDCAサイクルのほうが適切かもしれないが，より広い視野から政策立案を考える場合，PDSサイクルのほうが向いている。

＊政策過程モデルの先駆的研究であるラスウェル (Harold D. Lasswell) は，政策の決定過程を情報収集，勧告，法規化，発動，適用，評価，終結の7段階に分けている。以後，ジョーンズ (Charles O. Jones) は11段階，ブレワー (Garry Brewer) とデレオン (Peter deLeon) は6段階，大森彌教授等は5段階とするなど，区分は様々である。現実の政策過程がこのような順序を必ずしも経るわけではないことから，「教科書モデル」と揶揄されるが，①政策課題の認識・集約，②政策課題として設定，③政策の生成・形成，④政策として採択・決定 (予算・条例)，⑤政策執行，⑥政策評価というほぼ共通の段階が想定されており，基本モデルと考えてよいであろう[11]。

● 2つの領域・3つのステージ

自治体の政策形成プロセスは，2つの領域に分かれている。

第1が，政策決定プロセスである。政策主体が政策課題を発見して，決定するまでの過程で，政策づくりの本筋の部分である。

この政策決定プロセスは3つのステージに分かれている。①政策の創生→②政策の錬成→③政策の公定である。

政策の創生とは，政策課題を発見・認識し，政策課題のノミネートテストを行い，政策課題として設定するまでの段階である。

政策の錬成とは，達成目標を設定し，現状の実態や課題を調査・分析し，複数の施策メニューを検討して，施策メニューを選定 (内定) するまでの段階である。この錬成段階が政策づくりのハイライトである。

政策の公定とは，決定された政策を公表し，政策の公式審査を行って，政策として決定する段階である。条例の制定手続として，地方自治法等に規定され

---

11) 荒木義修「過程モデル」白鳥令編『政策決定の理論』(東海大学出版部，1990年) 120-135頁。

ているのは，内部決定された条例が議会審査されるプロセスのみである。[12]

●デュープロセス

第2が，政策の適正化プロセスというべきものである。政策主体が政策をつくっていくプロセスと並行して，政策形成過程を公開し，市民参加を経るプロセスである。これらは政策づくりそのものではないが，政策が正当性を獲得するためには不可欠なプロセスである（政策デュープロセス）。最近では，このプロセスが特に重要性を増してきている。

政策の種類や内容，時間的制約等によって，多少の違いはあるが，政策はこうしたプロセスを経ていく。逆に言えば，このプロセスを経てつくられて初めて政策と言える。

●政策循環をめぐって

政策は，立案・決定，実施，評価によって一応完結するが，多くの場合，評価の結果，あるべき目標や計画との齟齬や予期しない課題が発生して，新たな対応が必要とされる。

評価の結果，見直しが必要と判断されると，あらためて新たな政策案が立案・決定されることになる。そして，この改正政策案が実施されることになるが，この改正案も再び評価され，見直しが必要と判断されると，再び新たな改正政策が立案・決定される。この循環の結果，政策は常に新しいものとなっていく。

原理的には以上の通りであるが，実際はこのように理想的にはいかず，むしろ一度決めた政策は，簡単には変わらない場合が多い。「役所は誤謬せず」というのが，議会やマスコミ等の期待値であり，それゆえ一般には，見直しは見通しの甘さと短絡してとらえられる傾向があり，それが評価に基づく見直し・再評価を躊躇させる原因となっているからである。

とりわけ条例の場合は，議会などの外部関係者が参加して決定され，また，その他の政策形式（要綱等）よりも慎重につくられることから，この循環サイクルがスムーズには動かない場合が多い。

---

12) 松下啓一『政策条例のつくりかた——課題発見から議会提案までのポイント』（第一法規，2010年）。

そこで，最近の条例では，条例に見直し規定（見直し期間）を規定するものが増えてきた。強制的・義務的に見直しを行うというもので，見直しの力学を踏まえた措置と言える。

⑵政策形成プロセス

●アジェンダの設定──政策の窓モデル

政策の窓モデル[13)]は，ゴミ箱モデルを出発点として，ジョン・W・キングダン（J. W. Kingdon）によって提示された理論である。この理論は，政策アジェンダの設定，複数の政策代替案の生成，そのうえでの政策代替案の選択・決定というプロセスが，どのように行われるかを解明しようとするものである。

このうち，アジェンダ設定過程について，キングダンは，問題，政策，政治という3つの流れに整理している。

①問題の流れとは，いくつかの政策問題のなかから，ある特定の課題が注目され，アジェンダとして関心を集めていく過程である。事件や事故などの注目が集まる出来事，統計資料など社会指標の変化，政策の評価結果などによって，問題として認識される。

②政策の流れは，いくつかのアイディアのなかから特定のアイディアが政策案として提案される過程である。政策の原始スープと呼ばれるいくつもの政策アイディアのなかから，政策案が取捨選択，淘汰されていく。この選択の過程では，政策企業家や専門家が，大きな役割を果たす。様々なアイディアが淘汰されていくが，そのなかで，実現可能性を有し，政策コミュニティの理念・価値と合致するアイディアが政策案として残っていく。

③政治の流れは，様々なアクターの影響によって，特定のアイディアが政策として位置づけられる過程である。世論の動向，選挙とその結果，利益団体による圧力，官僚機構や委員会のセクショナリズムなどが影響を与えるとされる。このなかで，近年では政治や社会を覆うムードや世論が大きな影響力を持っている。

13）キングダンの「政策の窓モデル」については，宮川公男教授による簡潔な紹介がある。これを参考にした。宮川公男『政策科学入門〔第2版〕』（東洋経済新報社，2002年）219-226頁。

これら3つの流れが合流するとき，つまり問題を認識し，解決案が用意され，政治的に好機なときに政策の窓が開くとする。

●政策の実施

政策実施については，決定された政策をただ実行するだけと思われがちであるが，そんなに単純ではなく，立案・決定された政策が，そのまますんなりと実現されるケースから，実施段階で強い抵抗に合い，ほとんど換骨奪胎されてしまう場合まで，様々である[14)]。とりわけ自治体政策の中心的な施策手法である誘導支援施策は，これをフォローする体制・仕組みの整備がないと，単なる作文にとどまってしまうという弱さを持っている。

政策実施は，政策立案と切り離して理解されることが多いが，それでは徒手空拳の政策実施になってしまうことから，政策実施と連動した政策立案・決定が必要であり，政策実施論の再構築が必要である。

●条例の評価

実施された政策条例を評価する段階である。

政策は，限られた条件（時間，資源・権限等）の下でつくられるから，もともと完璧なものはつくれない。また社会経済環境は常に変化しているから，制定された段階から直ちに陳腐化が始まる。

最近では，評価の重要性がクローズアップされ，外部監査制度の導入など実効を意識した監査制度も導入されるようになった。評価の基準も，従来の合法性や経済効率性に加えて，顧客満足度なども加わって，より積極的なものとなってきた。

評価にあたっては，指摘（批判）だけでなく，どうすればあるべき姿に実際に近づくことができるか，提案も含めた評価が行われるようになると，政策の質はさらに高まっていく。

14） 政策実施は，体験的・比喩的に言えば，「総合格闘技」である。ただ，いつまでも個人技に頼らず，自治体内で成功事例・失敗事例の共有化を目指す必要がある。

4. 政策実現手法

⑴政策実現手法の構造

●行政主導型・社会誘導型

政策の実現手法は，大別して，自治体自らが計画実施することで政策目的を実現するもの（行政主導型手法）と市民や企業等に直接働きかけることによって政策目的を実現するもの（社会誘導型手法）とに分けることができる。

行政主導型手法には，次のような手法がある。

- 事業手法……行政が直接事業を行う手法である。行政が自ら公園にゴミ箱を整備し，道路の清掃等を行うなどである。
- 計画的手法……計画を定め，市民，事業者を管理する手法である。計画の策定，指針の公表，目標基準の設定等がある。
- 買い上げ・管理契約手法……予算を使って，一定の財やサービスを購入・管理する手法である。ナショナル・トラスト（自治体による買い取り）やグリーン購入（リサイクル品を購入・使用）などがある。

公共政策を政府が担っていた時代には，行政主導型手法が有効に機能していたが，公共領域の広がり，政策課題の高度化・多様化，公共主体としての民間（NPOや企業など）が力をつけてきたこと，自治体の財政難や人材不足等で，この手法の限界が顕著になってきた。近年では，行政主導型手法に代わって，社会誘導型手法が重要になってきた。

●社会誘導型手法

社会誘導型手法は，その性質や強さによって，次の3つに区分することができる。

第1が，普及啓発手法である。ポスター等によるPR，講演会やシンポジウムの開催，PR・啓発のための各種イベントなどの施策がこれに当たる。

第2が，誘導支援手法である。目標やガイドラインの設定，各種相談，研修，融資や補助，顕彰などがこれに当たる。

第3が，規制指導手法である。立入調査や勧告・命令などの行政指導，罰則などが，これに当たる。規制手法は，法律や法律に基づく行政処分によって，命令・禁止し，その違反には，強制執行，刑罰を適用するものである。これに対して，指導手法は，規制権限を背景とした行政指導によって政策目的を達成する手法である。

ただ，これら手法は単独で行われるわけではなく，ときには重層的に組み合わせて，政策として体系化され，実施されることになる。

この3つの手法のうち，最も実施しやすいのが，普及啓発手法である。これは，不特定多数の市民や企業の意識に訴えるものであるが，それゆえ，比較的簡単に始めることができる。しかし，意識やモラルに訴えるものであることから，その効果は弱く，限界がある。

これに対して，規制指導手法の効果は強力であるが，この手法を採用できるのは，法的な権限の裏づけのある場合で，しかも，それを実施し，効果を維持できるだけの行政資源が用意できる場合に限られる。行政でもきわめて限られた場合しか使えない。

行政活動の本質を権力的・一方的なもの（行政行為）と考えると，政策実現の手法も，おのずと規制指導的なものが中心になる。ところが，空き家問題等で分かるように，規制指導手法の有効性はきわめて限定的で，地域の政策課題は，むしろ誘導支援手法や普及啓発手法のほうが有効な場合も多い。

●行政指導

行政指導とは，行政機関が，その任務・所掌事務の範囲内で，行政目的を実現するため，特定の者に一定の作為，又は不作為を求める指導，勧告，助言その他の行為であって処分に該当しないもの（行政手続法2条6号）を言う。行政指導は「強いお願い」であるという点が本質で，行政庁の処分ならば，処分を受けた者と地方自治体との間に権利や義務が発生し，また処分を実効あるものとするために，強制執行等が行われるが，行政指導の場合は，指導を受けた者が無視をしても法的な問題は生じない。逆に言えば，行政指導は，不服申立て（行政不服審査法4条）や抗告訴訟（行政事件訴訟法3条）の対象とならない。

行政指導が行われる背景としては，現代社会では，国民生活の維持には行政の積極的な関与が必要で，それには権力的な行政行為だけでは目的達成ができないからで，実際，公害行政などでは，行政指導が法の不備・欠陥を補って，多くの成果を挙げてきた。

行政指導の種類には，次のようなものがある。

① 助成的行政指導……市民活動を助成・促進する目的を持って行われる指導（経営指導，生活改善指導，技術援助，保健指導，税務相談）

② 規制的行政指導……規制権限を背景に市民の行為を制限する目的でなされる指導（建築指導要綱に基づく指導，公衆衛生の観点からの営業自粛指導）

③ 調整的行政指導……私人間の紛争の解決のためになされる指導（建築主と付近住民との建築紛争の調整）

⑵励ます政策実現手法

●誘因別の政策手法

人が動く誘因は，金銭的，社会的，心理的，道徳的誘因に分けられるが，市民の主体性や自立（律）性，市民との対等性や信頼関係を維持しながら，市民自らが，自治の当事者として，考え，判断できるように，これら誘因をテコに政策実現を図るものである。

金銭的動機に対応するのが，経済的手法である。①経済的助成措置（税制優遇，補助金，融資・利子補給，基金の創設等），②経済的負担措置（税金，課徴金，デポジットシステム等）がある。

社会的誘因に対応するのが，顕彰・表彰である。

心理的誘因については，全国社会福祉協議会の「全国ボランティア活動実態調査」[15)]が興味深い。

性別では，男性では「地域や社会を改善していく活動に関わりたかった」（42.1％）が最も多く，次いで「社会やお世話になったことに対する恩返しをしたかった」，「自分自身の関心や趣味の活動から自然につながった」，「自分の知識や技術を活かす機会がほしかった」が，それぞれ3割を超える。

一方，女性では「自分自身の関心や趣味の活動から自然につながった」が40.9％で最も多く，次いで「社会やお世話になったことに対する恩返しをしたかった」，「地域や社会を改善していく活動に関わりたかった」，「地域や社会を

15）（福）全国社会福祉協議会「全国ボランティア活動実態調査報告書」（2010年）。

図表VI-1-1　ボランティア活動参加の動機〈性別／年齢別〉

（複数回答：%）

		調査数	何か楽しいことをしたかった	今までの生活とは違うことをしたかった	地域や社会を知りたかった	仲間づくりがしたかった	自分の知識や技術を活かす機会がほしかった	生きがいになるものがほしかった	自分の人格形成や成長につながることをしたかった	自分自身の関心や趣味の活動から自然につながった	現在行っている活動について、個人的な強い経験があった	困っている人を助けたいと思った	社会やお世話になったことに対する恩返しをしたかった	地域や社会を改善していく活動に関わりたかった	非営利活動や社会貢献活動というものに関心があった	友達や仲間に誘われた	学校・職場で勧められた	特に理由はなく、なんとなく始めていた	暇だったから	その他	無回答
全体		2288	16.1	12.7	31.3	27.1	28.5	26.0	27.5	39.3	12.6	26.0	38.0	37.5	19.6	19.0	2.9	4.6	5.0	6.6	1.0
性別	男性	710	17.5	14.1	27.6	25.6	31.4	27.7	23.4	35.8	12.7	29.7	41.0	42.1	23.1	14.6	4.4	5.2	7.2	5.2	1.0
	女性	1573	15.5	12.1	33.0	27.8	27.2	25.2	29.4	40.9	12.7	24.3	36.6	35.4	18.1	21.0	2.3	4.4	4.1	7.2	1.0
年齢別	10代	11	27.3	18.2	—	18.2	9.1	36.4	36.4	36.4	—	36.4	9.1	18.2	9.1	18.2	9.1	—	9.1	27.3	—
	20代	83	44.6	31.3	27.7	33.7	24.1	18.1	60.2	44.6	8.4	33.7	14.5	21.7	18.1	25.3	19.3	10.8	7.2	4.8	—
	30代	102	16.7	17.6	27.5	17.6	20.6	5.9	33.3	28.4	8.8	22.5	19.6	23.5	16.7	19.6	4.9	3.9	4.9	5.9	1.0
	40代	184	23.4	14.7	27.2	26.1	27.7	18.5	30.4	40.2	8.7	22.8	25.0	37.5	15.8	23.9	5.4	3.8	2.2	6.0	—
	50代	404	16.3	11.4	28.0	24.3	30.4	20.0	30.0	46.0	13.6	22.3	28.7	32.9	16.8	17.6	3.2	3.7	5.9	5.7	1.0
	60代	936	13.9	13.1	35.3	28.1	26.6	26.0	26.1	37.6	12.3	25.7	45.8	39.6	20.3	20.1	1.6	5.4	5.9	6.5	1.0
	70代	514	13.2	8.9	31.1	29.2	33.1	37.0	22.6	38.1	14.4	30.2	43.0	42.4	22.2	16.1	1.4	3.5	3.3	7.2	1.6
	80代以上	53	7.5	3.8	20.8	22.6	30.2	41.5	7.5	41.5	22.6	24.5	45.3	39.6	26.4	9.4	—	3.8	5.7	9.4	1.9

（注）　白抜き文字は最大値，網がけ部分は2番目に大きい数値。

知りたかった」が3割を超えている。

年齢層別の動機では，30代以下では「自分の人格形成や成長につながることをしたかった」，40代や50代では「自分自身の関心や趣味の活動から自然につながった」，60代以上では「社会やお世話になったことに対する恩返しをしたかった」が最も多い。

こうした特徴を踏まえて，政策手法を展開していく必要がある。

●謝礼的金銭を介在した政策手法の開発

励ます政策手法として，今後，開発を進めるべきは，謝礼的金銭を介在させた政策手法である。

まちづくりへの参加が期待される団塊の世代に対する意識調査を見ると，ボランティアといえども，ある程度の報酬を望んでいることが分かる[16)]。ボランティア活動を継続する手段として，経済的負担を軽くするという方向は，重要なことである。

ボランティアを受ける立場でも，感謝の気持ちを表したいが，無償では気が引けるが，利用者が「対価」を払うことによって，サービスの受け手側が感じる精神的負担を軽くするという側面もある。

謝礼的金銭を介在した政策手法は，助ける者と助けられる者の対等性を目指すもので，地域における助け合いを推進していく方法として，まだまだ開発可能性のある政策手法と言えよう。

＊有償ボランティアの活動による収益が法人税課税の対象になるかが争われたのが，いわゆる流山裁判である。東京高等裁判所（平成16年11月17日）は，この活動事業は，会員の主観によれば精神的交流であるが，外形的には家事等のサービスであって，客観的形態からすれば，法的には法人税法施行令5条1項10号所定の請負業に該当し，法人税法7条及び同2条13号所定の収益事業に該当するとした。課税がボランティアのインセンティブを喪失させるという主張は，立法論としては傾聴すべきであるが，法解釈としては困難であるとしている。

16）（財）東京市町村自治調査会「多摩地域における新たな働く機会と場の創造に関する調査」（2006年）。

第2章 政策法務

1. 政策法務

(1)意義

●政策法務

政策法務とは，条例等の法務を使って政策目的を達成し，政策課題を解決しようとする考え方である。法務の戦略的意義を強調する立場とも言える[1)]。その内容は，以下の4点である。

① 政策目的に合致するように条例・規則等をつくる（自治立法）
② 政策目的に合致するように法令を解釈する（自治解釈）
③ 政策目的を達成するにあたって訴訟に負けないようにする（争訟法務）
④ 自治体の意向を国の法律に反映させていくように働きかける（国法変革）

このように，政策法務は，国法を意識し，ときには乗り越え，自治体の立法権・法令解釈権の確立を目指そうとする立場である。これは，国法と対峙する「守りの政策法務」にとどまらず，自治体から国法（というよりも国法を支えている社会システムや市民意識）を変えていこうという，国法創造型の「創る政策法務」とも言える。

●自治体法務

政策法務の類似概念に自治体法務がある。自治体法務とは，自治体の仕事を法的な視点で考え，取り扱っていくという考え方である。法務というと，法務

1) 松下啓一『政策法務のレッスン——戦略的条例づくりをめざして』（イマジン出版，2005年）。

担当職員や政策担当職員だけが関心を持つべき問題と考えられがちであるが，一般職員が行う仕事のすべてが，法的な知識や意識に裏打ちされて行われるべきとする考え方である。

法的に思考するという基盤がなければ，法務の戦略的意義は機能しないことを考えると，自治体法務と政策法務は，基本と応用という関係にある。

＊「法務能力は全ての自治体職員が身に付けておかなければならない」ものである。そして，かかる法務能力は，業種・職種や階層・職務経験によって当然異なるが，

- 憲法で定める基本的人権の尊重，民主主義の原理，法治主義の原則等に関する基礎的知識
- 地方自治の本旨や地方分権に対する正しい認識
- 行政サービスや行政手続を法律・条例等に基づき公正・透明に執行する実務能力
- 仕事や制度を法的な視点からとらえるセンス

がある（山谷成夫「政策法務研修をどのように行うか」『月刊自治フォーラム』第473号，1999年，67-70頁）。

●法制執務

これに対して法制執務とは，法令を立案する場合に心掛けるべき諸原理や諸技術を意味する。

法律は規範であるから，その内容がだれにでも誤解なく正確に伝わることが必要である。そこから，おのずと表現方法等に関する取り決めができ上がる。法務を理解するための共通ルールである。法令の種類と体系，法令の制定過程，法令の解釈，法令の用字用語，法令の立案（一部改正方式等）などが，法制執務の内容となっている。

＊例えば，「及び・並びに」は，ともに並列的接続詞であるが，「A及びB」とし，「A並びにB」とは表記しない。2段階なら「（A及びB）並びにC」とする。こうしたルールが決まっているが，法律に根拠があるわけではなく，内閣法制局が蓄積した膨大な先例と慣行のうえに成り立っている法令立案ルールである。

(2)背景

●条例制定権の拡大

地方分権改革によって，自治体の事務・権能を幅広く認める（2条2項）とと

もに，機関委任事務（条例を制定できない）が廃止され，自治体の事務は，①地域における事務と②その他の事務で法律又はこれに基づく政令により処理することとされるものに区分され，②の事務についても，条例制定権が及ぶことになった。また，「義務を課し，又は権利を制限する」（14条2項）場合は，条例によらなければならなくなった。

分権改革で自治体の事務が飛躍的に増加し，条例制定権の範囲が拡大したが，自治体は国の法律が制定されるのを待つのではなく，政策を創造・推進するために，条例を積極的に制定することが必要になった。

●法律の限界

政策法務が注目されるもう1つの理由が，法律の限界が顕在化した点である。

もともと法律は，全国に適用されるものであるから，全国の平均値や共通項でつくられるという制約・限界があり[2]，個々の地域事情とは適合しない場合もでてくる。特に，近年のように地域ニーズが，高度化，多様化し，かつ尊重されるようになると，地域ごとに対応が可能な条例に関心が寄せられるようになった。

2. 条例の積極的活用——自信をもって仕事をする裏づけ

(1)条例の優位性

●自主立法の種類

条例は，議会の議決を経て制定されることから，住民の意思を反映していること，審議過程の透明性に優れ，オープンな議論を通じ政策決定できるといった点が強みである。また裁判規範性があって，実効力も高い。

規則も優れた政策実現手段である。長の決裁のみで制定されることから，迅速性・機動性に富んでいる。規則には5万円以下の過料を科すこともできる。

これに対して，要綱は，長等がある事項について行政指導その他の事務を行

2）政策法務の提案者の一人である松下圭一教授は，「都市型社会では国法は論理必然的に，全国画一，省庁縦割，時代錯誤という限界を持つ」と指摘している（松下圭一『政策型思考と政治』東京大学出版会，1991年，286-287頁）。

うための一般的な内部基準である。要綱には，住民に対する法的拘束力や裁判規範性もない[3)]。しかし，職員は要綱に従って業務を行わなければならないから，結局，住民に対して要綱に従った行動を求め，その結果，要綱は事実上の法規として機能することになる。要綱は，臨機応変に対応できるというのが強みで，指導要綱，助成要綱，組織要綱，事業要綱，管理要綱等がある。

なお，条例・規則が，法的拘束力があると言っても，それを裏づける内容の合理性，社会的な合意，それを支える仕組みがあって初めて，強い規範力を発揮できる。

●条例とは何か

講学上，条例という言葉は，2つの意味で使われている。

1つが，形式的意味の条例である。地方自治法2条2項の事務及び法律が特別に委任した事項について，議会の議決を経て定立する法の意味である。

これに対するのが，実質的意味の条例である。実質的意味の条例には，形式的意味の条例のほか，地方自治体の長が制定する規則（15条1項），教育委員会などの委員会が制定する規則（138条の4第2項等）などが含まれる。憲法94条は，「地方公共団体は，その財産を管理し，事務を処理し，及び行政を執行する権能を有し，法律の範囲内で条例を制定することができる」と規定しているが，ここで言う条例は，実質的意味の条例である。

規則も条例の一種であるが，本書では，政策の実現手段として，議会の議決を経て定立する条例を中心に政策法務を考えるものである。

●長の規則——民主性の強さと弱さ

自治体の長は，法令に反しない限りにおいて，その権限に属する事項に関し

3）最判昭和43年12月24日民集第22巻13号3147頁。元来，通達は，原則として，法規の性質をもつものではなく，上級行政機関が関係下級行政機関および職員に対してその職務権限の行使を指揮し，職務に関して命令するために発するものであり，このような通達は右機関および職員に対する行政組織内部における命令にすぎないから……一般の国民は直接これに拘束されるものではなく，このことは，通達の内容が，法令の解釈や取扱いに関するもので，国民の権利義務に重大なかかわりを持つようなものである場合においても別段異なるところはない。通達は，元来，法規の性質を持つものではないから，行政機関が通達の趣旨に反する処分をした場合においても，そのことを理由として，その処分の効力が左右されるものではない。また，裁判所は，法令の解釈適用にあたっては，通達に示された法令の解釈とは異なる独自の解釈をすることができ，通達に定める取扱いが法の趣旨に反するときは独自にその違法を判定することもできる筋合いである。

図表Ⅵ-2-1　条例，規則，要綱の概要

	条　　例	規　　則	要　　綱
決定権者等	長の決裁・議会の議決	長の決裁・専決	長等の決裁・専決
法制部門のチェック	あ　　り	あ　　り	基本的になし
公表の有無等	あり（県公報登載）	あり（県公報登載）	ケース・バイ・ケース
裁判規範性	あ　　り	あ　　り	なし（行政の内部規範）
課題への即応性	弱い ◀―――	――――――	―――▶ 強い
制定の慎重さ	強い ◀―――	――――――	―――▶ 弱い

（出典）『シリーズ　図説　地方分権と自治体改革　④政策形成・政策法務・政策評価』（編集代表森田朗）。

て，規則を制定することができる（15条1項）。規則は，住民によって直接選挙される長が制定するところから，内閣の政令とは違って，条例の委任がなくても制定することができる自治体の自主立法である。

長が規則を制定できるのは，法令等で規則事項とされているもののほか，条例の委任規則や施行規則などである。規則に違反した者には，5万円以下の過料を科すことができる。公布，施行手続きは条例と同様に，長が決定したのち，公告式条例に従って公布し，期日の規定がなければ10日を経過した日から施行される。

原理的に言えば，共に民主的な存在である議会が制定する条例と長が制定する規則の間には，基本的には優劣関係はない（ただし，条例の委任による規則や条例の執行のための規則は，条例が優先する）。

しかし，民主性の強さという観点から，両者の役割分担が事実上，確定してきた。平成12年の地方自治法の改正で，法令に特別の定めのある場合を除いて，義務を課し，又は権利を制限するには，条例によらなければならないと明示された（14条2項）。実務においては，重要な事項については，条例で定め，軽微な事項や細部事項は，規則で規定するということが一般化してきた。

●条例の優位性――納得性

政策形式には，条例，規則，要綱，予算，計画などがあるが，このうち，条例が最も有用性が高い。

その理由は，条例は法規範であり，住民に対して強制力を持っているからではない。すでに見たように懲役，罰金という強制的手法は，高コスト，高リスクのため，容易には使えないからである（53頁）。

条例の優位性・有用性は，正当性（納得性）という政治的・社会的な意義にある。

条例は，市民によって選ばれた首長が提案して，市民によって選ばれた議員・議会の賛成で制定される。住民代表である首長と議員がともに賛成したという二重の民主性が，規則や要綱等とは違う正当性（納得性）の根拠となっている。

また議会の議論に晒されながらつくられていくが，議会審議の場で矛盾を指摘され，実効面での不備が指摘されないように，様々な視点から何重もの詰めが行われてつくられていく。また条例は，市民に広く公開されてつくられていくが，多くの利害関係者の目にふれるということは，それだけ注意深くつくられ，多面的なチェックが入るということでもある。条例は，このようなつくられ方をする分，高い説得力を持ち，課題解決能力が高い。

こうした条例の正当性・有用性を活用して，政策課題を解決する理論が政策法務論である。

⑵法律と条例の関係

●法律先占論から実質的判断説

自治体は，法律に違反しない限りにおいて，条例を制定することができる（憲法94条）。他方，地方自治法では，自治体は，「法令に違反しない限りにおいて」（14条1項）条例を制定できると規定されている。政令は法律の委任又は執行する場合に制定できるから（憲法73条第6号），「法令に違反しない限り」とは，「法律の範囲内で」（憲法94条）と同じ意味である。

自治体は，法律の委任に基づく条例（委任条例）を制定することができるとともに，法律の委任がない場合であっても，「法律の範囲内で」条例（自主条例）を制定することができる。

自治体の制定する条例が国の法律に違反する場合には，効力を有しないことは明らかであるが，問題は，「法律に反する」とは何かである。

かつては，法律がすでに規定している事項は，条例では規定できないとされていた（法律先占論）。条例に対する法律の優位性を形式的に見る考え方である。この立場では，法律に規定がない事項は，自治体の事務の範囲内に属する事項ならば，条例が制定できることになるのに対して，すでに法律がある場合，法律事項を超える横出し規制，上乗せ規制は許されないことになる。

しかし，法律には，現実の後追いになるという構造的な弱点があり，また全国を同一基準で律することは，もともと無理がある（公害・環境問題，まちづくり等）。

この法律先占論を転換したのが，徳島市公安条例判決（最判昭和50年9月10日刑集第29巻8号489頁）である。「法律に反する」かどうかについては，「法律と条例の対象事項や規定文言を形式的に対比するのみでなく，それぞれの趣旨，目的，内容，効果を比較し，両者の間に矛盾牴触があるかどうかによってこれを決する」として，実質に踏み込んで判断する立場（実質的判断説）を採用した。

そのうえで，次のような判断基準を示している。

① ある事項を規律する法律がない場合，法律がないということが，当該事項については，国は関心を示さず（関与せず），その対応を地域ごとの判断に任せる趣旨のとき，

② すでに法律が規定している事項についても，

ⅰ．制定しようとする条例が，法律とは別目的で（ねらいが別で），実質的にも，法律の意図する目的と効果を阻害しないとき，

ⅱ．同じ事項を法律と条例が規定し，しかも同じ目的の場合であっても，そもそも法律は全国一律に同一内容の規制を施す趣旨ではなく，地域の実情に応じて，地域ごとに別段の規制を施すことを容認しているとき

については，その条例は国の法律には違反しないとしている。

●実質的判断説の実践性

実質的判断説については，法律の意図や目的を基準に条例の法令適合性を考える点や判断基準の融通無碍さについても批判が多い。

そこで，次のような考え方も示されている。

- 法律は全国最低限の規制を行うものであり，条例による上乗せ・横出しを許容する趣旨である。自治事務については，条例は原則として国法に違反しないという推定が働く（阿部泰隆『政策法学と自治条例』信山社，1999年，123頁）。
- 規律密度が高い法律は憲法違反であるが，この規定を標準的規定と解することで，条例でこれと異なる規定を定めることも可能とする（北村喜宣「新地方自治法施行後の条例論・試論（下）」『自治研究』第76巻第9号，2000年，71頁）。

いずれの見解も，地方分権で国と自治体との対等関係になったこと，国は自治体との「適切な役割分担」を踏まえて法令を制定・解釈すべきとされたこと（1条の2等）等を踏まえ，国と地方の競争関係をさらに押し進めるものである。

その意図するところはよく理解できるところであるが，問題は，それに応えられるように，自治体側が条例をつくっていると自信を持って言えるかである。

むしろ，実質的判断説の基準の融通性は，自治体の事情や自助努力を反映できる余地があって，使い勝手が良いという側面もある。

＊宝塚市が制定したパチンコ店建築規制条例は，風俗営業等の規制及び業務の適正化等に関する法律と「趣旨目的が相当部分重なり」，法律よりもさらに強度の規制をする条例は，風営法に違反するとされた（神戸地判平成9年4月28日）。他方，伊丹市教育環境保全のための建築等の規制条例に関する神戸地裁判決（神戸地判平成5年1月25日）では，条例と法律が別の目的であり，その適用により法律の目的と効果を阻害しないから，条例は法令に違反しないとした。条例のつくり方の巧拙が，判断を分けることになった。自治体の努力が反映される証左だと思う。

⑶注意点

●政策法務の権力性

政策法務は，自治実現のために「法律の範囲」を乗り越え，また国の解釈権と争うものであって，要するに市民の権利を守るために，国（法律）と対峙しようというものである。

しかし，法という手段をもって国に対峙する発想は，反転して，法（条例）

をもって市民を統治するという発想に転換しやすい。何よりも政策法務の原点である「自治」そのものが，自治の現場においては決して揺るぎないものとは言えないからである。

そこで，政策法務の市民性が重要なテーマとなるが，それは立法技術の市民への伝授という些末な話ではない。政策法務の限界性の認識と権力性へ反転しない仕組みづくりが問われている。その1つの試みが，自治基本条例による市民自治の再構築であり，政策デュープロセスルールの確立である。

＊最近では，空き家やごみ屋敷の対策として，「緊急安全措置」として，「市長は，空き家の管理不全状態に起因して，人の生命，身体又は財産に危害が及ぶことを避けるため緊急の必要があると認めるときは，当該空き家の所有者等の負担において，これを避けるために必要最小限度の措置を自ら行い，又はその命じた者若しくは委任した者に行わせることができる」（京都市空き家の活用，適正管理等に関する条例第17条1項）といった即時執行の規定が置かれることが多い。即時執行は，「義務を命ずる暇のない緊急事態や，犯則調査や泥酔者保護のように義務を命ずることによっては目的を達成しがたい場合に，相手方の義務の存在を前提とせずに，行政機関が直接に身体または財産に実力を行使して行政上望ましい状態を実現する作用[4]」である。その権力性や限界にも十分留意する必要がある[5]。

●法治主義からの批判

法治主義の観点からの批判も重要な論点である。法治主義とは行政権も法によってコントロールされるというものであるが，政策手法として条例を使うという発想は，結果として法の厳格性に対して甘くなりがちである。政策法務論は法道具主義に陥り，法治主義を歪める危険性があるという指摘がある[6]。

たしかに，自治体の政策目的だからといって常に正しいわけではなく，また市民ニーズがあるからといって，それで正当ということにはならない。むしろ，市民ニーズに直面し，それを存立基盤とする基礎自治体の場合は，この市民ニ

4） 宇賀克也『行政法概説Ⅰ行政法総論〔第5版〕』（有斐閣，2013年）104頁。

5） いわゆるごみ屋敷の原因者には，認知症やコミュニティ障害の人たちが少なからずいる。こうした人たちに対しては，勧告，命令，代執行の強制的手法では解決しない。福祉的対応が必要になる。その先駆的な取り組みの1つが，豊中市社会福祉協議会の「ごみ屋敷リセットプロジェクト」である。

6） 阿部昌樹「分権時代の自治体政策法務」都市問題第91巻第7号（東京市政調査会，2000年）13-15頁。

ーズに流され，ときには行き過ぎてしまう場合もあるのも事実だからである。自治体の政策目的の達成手段であるとしても，恣意的でよいというわけではない。こうした自治体の行きすぎをチェックするのが法で，法の厳格解釈によって，自治体の行動にチェックがかかるわけである。その意味で，政策目的の実現が前面に押し出されている政策法務では，法治主義を形骸化するおそれがあるというのは，もっともな批判である。

ただ，現状レベルでは，こうした懸念が現実化するほど，自治体が法務（条例）を活用しているとはいえないため，すぎた心配と言えるが，こうした疑念が生じないように，制度的・システム的な担保制度を準備しておく必要があるであろう。

その際には，法律至上主義や国によるチェックシステムに戻るのは本末転倒である。自治や分権の視座で，新たな仕組みを考えるべきで，政策形成プロセスの適正化（政策形成のデュープロセスルール）が進むべき方向であろう。

⑷励ます法務に向けて

●法務の転換

一般に，法の本質は，強要性であると理解されている。法は，国家の権威によって制定され，国家の権力によって強行される。そこが単なる道徳律や宗教上の戒律との違いである。同様に，条例も規制の対象となる人に対しては，これに従って行動することを要求し，これに違反して行動することを自治体政府が許さないという性質，すなわち，法的強要性こそが，条例の本質であると考えられている[7]。

たしかに，強要性は法の核心部分であるかもしれないが，法がめざした目的を達成できるのであれば，それが国家の権威や権力によって強行されるものでなく，法の存在がきっかけとなって，本人の意思に誘導的に働きかけ，結果として，法の目的を達成したとしても，それは法としての存在価値はあるだろう。

とりわけ，市民の自立と相互協力が本質である地方自治においては，権力的に規制・指導する法務だけではなく，市民を励まし，誘導する法務も存在意義

7） 林修三『法制執務』（学陽書房，1979年）7頁。

がある。

●政策デュープロセス条例の制定

政策デュープロセスとは，政策内容が正しく，かつ政策形成手続が適正であることを言う。こうした政策内容・手続の適正化に関する事項を条例という形式でルール化したものが，政策デュープロセス条例である。既存の法律・条例のなかにも，政策デュープロセスにふれたものはあるが，十分とは言えないので，その不足を埋めるとともに，政策内容・手続の適正化に関する事項を体系化，明文化して，統一ルールとするのが，政策デュープロセス条例の意義である。

ここに内容が適正とは，政策内容が理想的でかつ具体的であること，そして，政策内容に合理性があり，かつ，その実現が手段・手法等で裏打ちされていることである。つまり，条例の目的，内容，目的達成手段等に関する事項の合理性が，条例立案当時も，そして現在も，社会的，経済的，文化的事実によって基礎づけられていることである。

その裏づけをつくるためには，①理論・理念，②法律・条例等，③現状・実態（現行制度の運用も含む），④市民意識・意向，⑤他自治体等における先行事例，⑥海外事例，⑦社会やマスコミ等の動向，⑧行政内部の事情（総合計画等），⑨政策利害関係者（事業者・議員等）の意向・動向など多面的な調査を行う。

また手続が適正とは，政策が一定の手順を踏んで慎重につくられていること，そして，そのプロセスが，市民に公開され，市民参加が確保されていることである。

＊栗山町議会基本条例第6条では，町長による政策等の形成過程の説明を求めているが，これが政策デュープロセスの内容でもある。

（町長による政策等の形成過程の説明）

第6条　町長は，議会に計画，政策，施策，事業等（以下「政策等」という。）を提案するときは，政策等の水準を高めるため，次に掲げる政策等の決定過程を説明するよう努めなければならない。

⑴政策等の発生源

⑵検討した他の政策案等の内容

⑶他の自治体の類似する政策との比較検討

⑷総合計画における根拠又は位置づけ
⑸関係ある法令及び条例等
⑹政策等の実施にかかわる財源措置
⑺将来にわたる政策等のコスト計算

2　議会は，前項の政策等の提案を審議するに当たっては，それらの政策等の水準を高める観点から，立案，執行における論点，争点を明らかにするとともに，執行後における政策評価に資する審議に努めるものとする。

●励ます法制執務

自治体の条例制定の約7割は，新規条例の制定ではなく，条例の一部改正である。その改正方式は，多くの自治体では，内閣法制局のやり方に準拠し，溶け込み方式・改め文方式を採用している。これは，一部改正の法令それ自体は独立した法令ではあるが，施行されると同時に，改正の対象となった法令の内容に溶け込む方式である。

その溶け込むために改正文を書く手法が改め文方式である。改め文は，改正された箇所をピンポイントで押さえるやり方で，改正点が明確であるし，スペースも取らないという利点もある。反面，溶け込む改正条例案だけを見ても，全体像が分かりにくいという欠点がある。

自治体を取り巻く状況が厳しいなか，市民の力を結集して，地域の課題に対応していくべきときに，市民には理解できないやり方を続けていてよいのかという疑問が生まれてくる。励ます法制執務の観点からの見直しである。

近年，採用され始めた新旧対照表方式は，補助資料としてつくられていた新旧対照表そのものを条例にしてしまうものである。その完成度にはまだまだ物足りないものがあるが，市民を励ます仕組みとしての試みと考えれば評価できる。知恵を絞れば，さらなる工夫ができるであろう。

第3章 励ます自治体財政

1. 自治体財政の特徴

⑴国のイニシアティブ

財政から見ると，国と自治体の関係がよく分かる。

自治体の歳入は，地方税，地方交付税，国庫支出金，地方債，その他で構成されているが，地方税は地方税法で枠が定められ，地方交付税は国による配分であり，国庫支出金は国の予算や政策が反映し，地方債は国との協議といったように，自治体の歳入は国によって決定されている。また歳出も，地方自治法等の法律，国の指導等によって，厳格にコントロールされている。

⑵自主財源の不足

自らの責任と判断に基づく自治経営を行うには，国からの依存財源（地方交付税や補助金など）を減らし，自主財源（地方税）を拡充することが必要である。しかし，実際の収入構造をみると，歳入のうち地方税は35％程度にとどまっている（3割自治と揶揄される一因である）。

同時に，担税力には地域的な大きな格差がある。財政力指数[1)]で見ると，2.07（愛知県飛島村）という村がある一方，0.05（鹿児島県三島村）という村もある。

1) 地方交付税法の規定により算定した基準財政収入額を基準財政需要額で割って得た数値の過去3年間の平均値を言い，指数が高いほど裕福ということになる。1を超える（収入のほうが多い）と，地方交付税は交付されない。

図表Ⅵ-3-1　国・地方の歳入歳出（平成27年度決算）

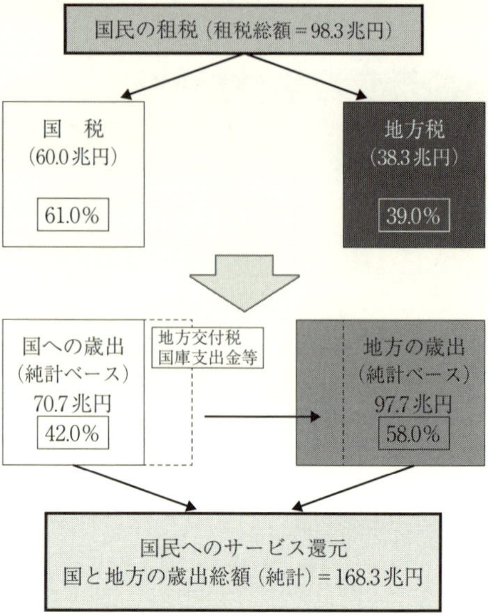

＊財政力指数の上位ランキングを見ると，①原子力発電所などの迷惑施設がある（泊村，六ヶ所村，東海村，刈羽村），②自動車産業などの基幹工業がある（飛島村，豊田市，神栖市），③空港等の大規模施設がある（田尻町，成田市），④観光・温泉などの観光地（軽井沢町，箱根町），⑤その他（武蔵野市，東京都港区）に大別できる。

⑶財政調整システムによる補完

この不均衡を是正する仕組みが，国による財政調整システムである。

歳入と歳出の不均衡であるが，平成27年度の租税総額は98兆円で，そのうち国税は60兆円，地方税は38兆円で，国民が納める税金では，国対地方は，3対2の比率になっている。他方，歳出で見ると，国対地方の比率は，2対3になっている。地方から見た場合，税収と歳出の大きな乖離を国の調整権限（地方交付税，国庫支出金）によって埋める仕組みが用意されている。

これによって，どこに住んでも，医療や教育のような基本的な行政サービスは，差異なく受けられることができる反面，財政面での国への依存関係が，自治体（市民も含めて）の自律を妨げる結果となり，国への依存体質が抜けきらない原因となっている。現行システムの下では，自治体が，予算節減や歳入増加の努力をしても，その分，地方交付税が削減されるといった不合理も起こってくる。

2. 予算制度

(1)予算制度

●会計年度

地方自治体の事務事業は連続しているが，それを一定期間で区切ることで，その期間内における事務事業の進捗状況を行政自らが把握し，議会や住民が民主的統制を行えるようにするのが会計年度である。わが国では，会計年度は4月1日から始まり，翌年の3月31日に終了する（208条1項）。

会計年度独立の原則は，一会計年度の歳出は，その年度の歳入をもって充てなければならないとするものである（208条2項）。これによって，一定期間における財政責任を明確にすることができる。この原則の例外として，繰越明許費，継続費逓次繰越，事故繰越などの制度がある。

近年，民間企業では経営環境の変化に柔軟に対応できるように，半期，四半期単位の予算制度が導入されている。行政にもスピード感が求められる時代にあっては，1年単位の会計年度制度は硬直的にすぎるという批判がある。また現金主義・単年度主義でつくられた会計制度のため，事業効果と費用が連動して理解できないという課題もある。

しかし，わが国では，4月から始まり3月で終わる会計年度を前提に各種制度が網羅的に構築されているため，1年間を単位とする会計年度制度を根本から変更すること自体は容易ではない。ただ，半期ごとに財政見通しを立て，財政分析を行い，行政評価を行うなどによって，歳出抑制や政策的な予算配分を行うことは，現行制度の下でも十分に可能である。

● 一般会計・特別会計

自治体の財政状態を記録・整理するには，単一の会計で括って，一体経理することが望ましい。ただし，事業によっては，独立して会計を行ったほうが，妥当な場合もあることから，地方自治法では，自治体の会計を一般会計と特別会計とに区分している（209条）。

一般会計は特別会計に属さないすべての歳入歳出を記録するものである。特別会計は，特定の事業を行う場合に，その特定の歳入を財源として独立した会計によって経理するもので，法律の規定にある場合を除き（国民健康保険事業会計，介護保険事業会計等），条例で設置することができる[2]。

● 予算の基本原則

予算は，地方自治体の一定期間（一会計年度）における収入と支出の見積りであり，行政がどのような形で行われるか具体的に表現し，一覧表（予算書）にしたものである。予算は，自治体の政策を金銭面から裏づけたものと言える。

予算の基本原則が，総計予算主義である。会計年度内におけるすべての収入・支出を相殺することなく，すべて歳入歳出予算に計上するという原則である。総計予算主義の特例が，補正予算（調製後に生じた事由を予算に反映する。議決後，本予算と一体化する），暫定予算（一定期間の予算で，当初予算成立後，効力を失う。支出・債務負担は有効で当初予算と一体化する）である。

事前議決の原則は，都道府県・指定都市では年度開始30日前，その他の市町村では20日前までに長が調製し，議会に提出し（説明書を添付），議決を得る。自治体の政策は，議会によって承認されなければ，実施ができない（自治の共同経営者たるゆえんである）。ただ，議会といえども，長の予算発案権を侵すことはできず（増額修正の限界），長の再議権もある。

● 収入と支出

収入のうち，地方税は，法律（地方税法）の定めるところにより賦課徴収するものである（223条）。都道府県では，事業税（法人，個人），住民税（法人，個人）

2）地方自治体が特定の事業を行う場合（地方公営企業法の適用のない公営企業，市場事業等），特定の歳入をもって特定の歳出に充て一般の歳出と区分して経理する必要がある場合（例えば，土地取得事業特別会計，各種資金特別会計等）がこれに該当する。

のウェイトが大きいが，特に法人関係税（法人事業税，住民税法人税割）は，景気循環の影響を受けやすい。市町村では，住民税（個人，法人），固定資産税（土地，家屋，償却資産）が二本柱である。

分担金は，条例で，受益の限度において徴収するものである。

使用料は，公の施設の利用，又は行政財産の目的外使用について，地方自治体が利用者から徴収する金銭を言う。

手数料は，地方自治体が，特定の者のために提供する公のサービスについて徴収する対価である。手数料は，特定個人の必要から，地方自治体に特別の手数を煩わしたことに対する実費弁償という性格を持っている[3)]。行政サービスの対価という性格は，使用料・手数料とも同じであるが，使用料が施設の利用に対するものであるのに対して，手数料は人的サービスの対価である。

地方債は，特定の歳出に充てるため地方自治体が年度を越えて元利を償還する借入金である。地方債を起こすことを起債というが，地方債を起こすことができる事業は，地方財政法第5条によって，5つの場合に制限され，経常経費等の財源としては認められていない（非募債主義の原則）。

予算は，会計管理者が長の命令を受け，法令・予算違反がないこと，債務が確定していることを確認して支出する。ただし資金前渡，概算払，前金払，繰替払，隔地払，口座振替という例外がある。

⑵励ます予算制度

予算制度では，市民の主体性や自律性，市民との対等性や信頼関係を維持しながら，市民自らが，自治の当事者として，自治体予算を考え，判断できるようにするための仕組みづくりや活動も重要である。

●情報共有の試み

当面，進めるべきは財務情報の公開である。財務に関する情報の公開・提供を徹底し，市民との共有を進めることが急務である。行政側も，財政担当だけではなく，職員全員が自治体の財務状況を正しく理解し，市民に明確に説明で

3)　戸籍や住民票の届出，受け付け，登録などの仕事は，行政が必要のためにする事務であるから手数料を取ることはできない。

きるようにしておくことが必要である。

行政側に不都合と思われる情報であっても，広く公開し，財政指標が悪化している場合は，悪化の原因を明らかにし，予算，決算の状況を市民に分かりやすい形（言葉，表現方法）で公開することが必要である。

財務情報の公開と説明責任を徹底するために，バランスシートの導入や自治体公会計制度の整備も求められる。

＊予算，財政状況に関して，市民との共有に先駆的に取り組んだのが北海道ニセコ町である。平成7年から，予算説明書「もっと知りたいことしの仕事」を全戸配布している。通常の予算書は「事業名」と「金額」の記載が主になっていて，実際にどのような事業が行われるのか，その内容が分かりにくいが，具体的な事業の内容が町民にも分かりやすいように工夫されている。予算説明書は，その年の目玉事業や主要な施策だけでなく，すべての事業や町の財政状況について掲載している。これは「町にとって都合の良いことだけでなく，悪い部分も隠さずお知らせ」するためである。

●予算編成過程の公開と市民参加

予算編成過程は内部管理的で技術的な要素が強いため，市民参加が難しい分野だと考えられてきたが，近年では，予算編成システムに市民が関与する試みが行われている。

千葉県我孫子市の予算編成過程の公開システムは，予算案（査定結果）の公開にとどまらず，予算要求段階から公開するもので，新規事業項目ごとに要求内容や評価，予算要求が，どのように査定されたか（額，理由）が時系列で分かるようになっている。要求から決定までのそれぞれの段階で市民が意見を言う機会（パブリックコメント）が保障され，それに対する市の見解も示される。

●予算の庁内分権

庁内分権の1つとして，財政課による予算の一括査定方式を改めて，予算編成の権限と責任を事業部門に移譲するのが枠配分方式である。この方式では，配分された枠内であれば各部の判断で予算化でき，執行における制限も可能な限り緩和するもので，これによって，部の判断で現場ニーズにあった独自事業を先駆的に実施でき，各部が歳入を意識しながら責任を持って業務を遂行することができる。

他方，この方式は，自治体全体としての戦略性や管理部門による統制力が弱くなるという課題がある。近年では，枠配分方式を廃止して，従来の個別査定方式へ回帰するという動きが見られる。自治経営主体としての事業部の自律性・主導性が問われてくる。

3. 委託制度

(1)委託

●委託の意義と種類

委託は，受託者の創意と工夫によって，効率的で，より良質かつ低廉な公共サービスを実現するものである。

委託に適するのは，①他者に委託して実施させる方が効率的な業務（庁舎，施設等の清掃業務，集計・入力業務等），②民間のアイディアやノウハウを活用することにより良質のサービスの提供が期待できる業務（広報，企画，制作業務，職員研修業務等），③特殊な技術，高度な専門的知識あるいは特殊な設備等を必要とする業務（設計，測量業務，システム開発，設計業務等），④事務が一時期に集中する業務及び不定期に発生する業務（イベント等の運営業務等）などである。

●委託の分類──委託業者の選定方式

委託は，様々に分類できるが，次のように区分すると分かりやすい。

① 価格が決め手になるもの

供給者が誰であっても同じ結果が保証されるもの（例えば物品購入）。この場合は委託料が安い方が好ましい。

- 競争入札：一般競争入札，指名競争入札，公表型指名競争入札がある。
- 随意契約：見積り合せで行う。

② 品質が決め手になるもの

受託者の能力（創造性，技術力，経験等）が発揮されるもの。この場合は委託料が安ければよいというものではない。

- プロポーザル方式：企画力・実現力を争うもの。公募型プロポーザル方式もある。

- コンペ方式：作品・成果の優劣を争うものである。

③　両方を重視するもの

- 総合評価方式：価格と能力（創造性，技術力，経験等）を同時に評価するもの。予定価格の制限の範囲内の価格をもって申し込みをした者のうち，価格その他の条件を総合的に勘案し地方自治体にとって最も有利な申し込みをした者を落札者とする入札方式である。

●競争入札と地元優先（地域要件を付加できるか）

地域要件とは，入札に際して，その自治体に本店又は営業所があることを入札参加資格とするものである。経済の地域への囲い込み，地域経済の活性化が狙いで，地域業者を下請けなどで使うことで，地元産業の振興を図り，同時に地元住民の雇用を確保すること等によって，税収の増加等をもくろむものである。

地方自治法施行令167条の5の2は[4]，一般競争入札の参加者資格については，限定的な位置づけで，地元要件を認めている。しかし，実際の運用では，地域要件をつけるのがむしろ一般的になっていて，地元企業に受注させるために，行きすぎた地域要件の設定や過度の分割発注などが問題になっている[5]。

判例の立場は，「地元の経済の活性化にも寄与することなどを考慮し，地元企業を優先する指名を行うことについては，その合理性を肯定することができる」としつつ，価格の有利性確保（競争性の低下防止）がないがしろにされることがあれば，裁量権の濫用にあたる可能性があることを示している[6]。

地域要件は，自治体の規模が小さすぎる場合は，適正な企業が乏しく，デメ

4）「普通地方公共団体の長は，一般競争入札により契約を締結しようとする場合において，契約の性質又は目的により，当該入札を適正かつ合理的に行うため特に必要があると認めるときは，前条第一項の資格を有する者につき，更に，当該入札に参加する者の事業所の所在地又はその者の当該契約に係る工事等についての経験若しくは技術的適性の有無等に関する必要な資格を定め，当該資格を有する者により当該入札を行わせることができる」。

5）　地域要件の弊害も指摘されている。国会における議論であるが，「地元企業に仕事を下ろすというのは首長さんにしては大事なことであることは理解できますが，それが本当に一方で，いいものを安く調達するということを忘れて，もう地元要件オンリーと，ほかの業者は入ってくるなと，こういうことをやりますと，結局高い買い物になる。それから，おのずと人数が限定されますので，これは場合によっては談合をやってもいいというサインにもうなりかねない」（2009年6月2日参議院経済産業委員会での質疑）。

6）　最判平成18年10月26日集民第221号627頁。

リットが大きくなるので，広域連合を単位とすることも1つの方法である。

(2)励ます委託

●文化の歩み寄り

委託を行う際には，委託する目的を踏まえ，受託者側の能力，持ち味を存分に発揮できるように配慮しなければいけない。

それには，受託者側の行動原理や強みを正しく認識することである。企業ならば，利潤追求が行動原理であり，それゆえ機動性に富んだサービス提供が行われる。NPOならば，自分たちの関心事であることが行動の出発点であり，それに由来する専門知識やネットワークを活用できる。

また，それぞれの文化の歩み寄りも重要である。委託手続では，自治体とNPOとの連携協力のなかで，契約保証金の免除，委託料の支払い方法（概算払，前金払，部分払）の改良等が行われてきた。NPO側にも，法制度や行動原理から受ける行政側の事情（制約）も，十分，理解する必要がある。

●自治体職員の力量

委託方式のうち，とりわけプロポーザル方式は，自治体職員の力量が問われる方式である。この方式は，委託側である自治体職員が受託者の能力（創造性，技術力，経験等）を適切に判断できて初めて有効に機能する。また，成果は自治体職員と受託者との共同作業でつくり上げていくことになるから，自治体職員は受託者の創意工夫やノウハウを引き出し，受託者と協力して，つくり上げることができる能力が求められる。自治体職員の判断力，プロデュース能力・創造力などが問われることになる。

4. 補助制度

(1)補助制度

●補助

補助は，地方自治法第232条の2の規定に基づき，「公益上必要な場合」において，個人又は団体に対して行う金銭給付であり，相当の反対給付を求めないものである。

類似のものとして，負担金は，地方自治体が法令又は契約に基づいて，他の主体が行う事業から特別の利益を受けることに対して負担しなければならない経費（市長会その他各種協議会等の負担金，各種研修参加負担金）であり，交付金は，法令等により，団体，組合等に対して地方自治体の事務を委託している場合に，当該事務処理の報償として支出するもので，一方的に交付されるものを言う。

補助は，市民団体や企業を支援し，市民活動や地域経済活動を活発化するという機能とともに，行政の補完的な役割も期待するものである。

補助には，一度創設されると既得権化してくるといった課題もある。本来，行政の責任においてなされるべき事業が，補助金の支出という形で市民団体等に委ねられたり，逆に，市民の自助努力によるべきものに補助金が支出されるといった行政と市民の役割分担にかかわる難しい問題もある。

●公益性の判断基準

公益性の認定は，全くの自由裁量行為ではなく，「客観的にも公益上必要であると認められなければならない」（行政実例昭和28年6月29日自行行発第186号）。

判例の考え方等を敷衍すると[7]次のような点を考慮すべきである。

① 補助金支出の目的，趣旨（公益上の必要性など）

② 他の行政支出目的との関連での当該補助金の目的の重要性・緊急性（事業活動の目的，視点，内容などが社会経済情勢に合致していること，行政と民間の役割分担のなかで真に補助すべき事業・活動であること）

③ 補助が公益目的に合致し，適切かつ有効な効果を期待できるか

④ 補助金を受ける個人又は団体の性格や活動状況（団体の会計処理および使途が適切であること，団体の事業活動の内容が団体の目的と合致していることなど）

⑤ 他の用途に流用される危険性がないか（交際費，慶弔費，飲食費，親睦会費等，補助事業の実施とは直接関係のない団体運営にかかる一般管理的な費用への補助はしない）

⑥ 支出手続き，事後の検査体制等がきちんとしているか

7） 神戸地裁昭和62年9月28日判決。

⑦　目的違反，動機の不正，平等原則違反，比例原則（当該目的と補助の程度，補助を受けた者に期待する行動と補助の程度）違反など裁量権の乱用・逸脱にならないか

⑵励ます補助制度

補助制度を考えるにあたっては，補助を受ける者の主体性・自立性・責任感等を阻害することなく，また，その持ち味を存分に発揮できるように運用しなければならない。

●運営費補助の是非

補助においては，運営費補助は好ましくないとされる。本来，団体は，自主財源で自立した運営を行うべきであるから，団体設立当初に自立を促すための補助は必要だとしても，団体の運営が軌道にのった段階で事業費補助へ切り替える等，経常的な経費に対する補助は，段階的に縮小・廃止していくことが望ましい。

しかし，団体の性格上，経済的に成り立たない団体もあり，運営費の補助が必要なものもある。運営費補助をする場合には，その公益性・公平性，効果等を十分に吟味した上で実施していく必要がある。

●公開審査方式

市民協働事業に対する委託・補助事業を中心に，公開審査方式（公募型プロポーザル方式）が一般化してきた。これは，公開の審査会を開催し，応募書類とプレゼンテーションで示された企画提案を評価する方式である。審査にあたっては，外部有識者が参加する審査委員会が設置されることが多い。

この方式は，①審査過程や基準が市民に公開されることで公正性を担保する（特に審査員に与えるプレッシャーが大きい）ことが主たるねらいであるが，②選考の基準が事前に示され，それに沿った提案を誘導することで，提案者（市民）を育てるという副次的な効果も期待できる（市民の提案は自分たちの想いを提案しがちで，公益性や実現性（資金・計画）といった面が弱くなりがちである）。

他方，手続に過度な負担をかける公開審査方式も散見される。今後は，負担軽減も考慮すべき重要な要素である。

5. 財政基本条例の提案――励ます自治体財政に

市民が自分たちで自治を考え，決定するためには，財政状況を的確に把握して初めて適切な政策判断ができる。そこで，自治体の財政運営を自立性，公開性，効率性，健全性等の観点から見直し，その全体像を示すのが財政基本条例である。

財政基本条例の基本的理念は，限られた財源を次の世代のことも考えて活用し，国や他人まかせではなく自分たちで考える機会とし，また財政と計画との連動させることで市民生活の変化が実感でき，市民がその力を存分に発揮できる財政運営とすることが基本である。

こうした理念を担保する仕組みと手続きとしては，

- 情報公開……対象は，財政見通し，予算査定資料，バランスシート，施策別行政コスト計算，決算書等で，その公開にあたっては，市民の分かりやすさが大事である。
- 参加の仕組み……多様な参加の機会の保障や重要事項に関する住民意思把握等がある。
- 説明責任……様々な機会をとらえて分かりやすく説明する。

が要件になる。

いくつかの自治体で，財政運営基本条例等が制定されているが，規律の確保（安定的な財源確保と効率的な予算執行，地方債や補助金の適正化等），計画性の確保（中長期試算を策定等），透明性の確保（財政情報の市民との共有，市の全会計及び第3セクター等を連結した財務書類の作成等）等が盛り込まれている[8]。

8） 箕面市財政運営基本条例。そのほか，多治見市，大阪府，富士見市，草津市，竜ケ崎市等で財政基本条例が制定されている。

■著者略歴

松下啓一（まつした　けいいち）

相模女子大学教授（前大阪国際大学教授）。パートナーシップ市民フォーラムさがみはら顧問。専門は現代自治体論（まちづくり，NPO・協働論，政策法務）。

主要著作

『自治基本条例のつくり方』（ぎょうせい），『協働社会をつくる条例』（ぎょうせい），『新しい公共と自治体』（信山社），『政策条例のつくりかた』（第一法規），『図解地方自治はやわかり』（学陽書房），『協働が変える役所の仕事・自治の未来――市民が存分に力を発揮する社会――』（萌書房），『励ます地方自治――依存・監視型の市民像を超えて――』（萌書房），『若者自治体政策・愛知県新城市の挑戦――どのように若者を集め，その力を引き出したのか――』（共編：萌書房）ほか

現代自治体論
――励ます地方自治の展開・地方自治法を越えて――

2018年3月31日　初版第1刷発行

著　者　松下啓一
発行者　白石徳浩
発行所　有限会社　萌（きざす）書房
〒630-1242　奈良市大柳生町3619-1
TEL（0742）93-2234 / FAX 93-2235
［URL］http://www3.kcn.ne.jp/~kizasu-s
振替　00940-7-53629

印刷・製本　共同印刷工業・新生製本

ISBN978-4-86065-123-7

●〈市民力ライブラリー〉好評発売中●

松下啓一著

市民協働の考え方・つくり方

四六判・並製・カバー装・142ページ・定価：本体1500円＋税

■真の市民自治・地方自治を実現するための基本概念となる「協働」について，数々の自治体の協働推進に携わる著者が，自ら経験した豊富な実例を踏まえて易しく解説。市民やNPOのイニシアティブが働き実効の上がる協働の仕組みを提起。

ISBN 978-4-86065-049-0　2009年6月刊

松下啓一著

協働が変える役所の仕事・自治の未来

――市民が存分に力を発揮する社会――

四六判・並製・カバー装・132ページ・定価：本体1500円＋税

■お役所依存型や・要求・要望型自治を乗り越え，真の自治を創るパラダイムとしての「市民協働」を優しく解説。「協働は楽しく」をモットーに，みんなが幸せに暮らせる社会を次世代にバトンタッチしよう。

ISBN 978-4-86065-076-6　2013年5月刊

松下啓一著

励ます地方自治

――依存・監視型の市民像を超えて――

四六判・並製・カバー装・132ページ・定価：本体1200円＋税

■市民が役所や議会・議員を監視・チェックする従来の地方自治を超えて，超少子高齢・人口減少社会となり，さらに私たちの生活の根本を脅かす大災害の襲来が懸念される今こそ，協働・信頼・連携に基づく新たな「励ます自治」を築き始めよう。

ISBN 978-4-86065-100-8　2016年1月刊